泛在网络中的信息过载与信息组织模式研究

王娜 著

FANZAI WANGLUOZHONG DE XINXI GUOZAI YU
XINXI ZUZHI MOSHI YANJIU

WUHAN UNIVERSITY PRESS
武汉大学出版社

图书在版编目(CIP)数据

泛在网络中的信息过载与信息组织模式研究/王娜著.—武汉：武汉大学出版社,2019.12
ISBN 978-7-307-21360-9

Ⅰ.泛…　Ⅱ.王…　Ⅲ.信息组织—研究　Ⅳ.G254

中国版本图书馆 CIP 数据核字(2019)第 286486 号

责任编辑:林　莉　喻　叶　　责任校对:汪欣怡　　版式设计:马　佳

出版发行:**武汉大学出版社**　(430072　武昌　珞珈山)
(电子邮箱:cbs22@whu.edu.cn　网址:www.wdp.com.cn)
印刷:广东虎彩云印刷有限公司
开本:720×1000　1/16　印张:14.25　字数:254 千字　插页:2
版次:2019 年 12 月第 1 版　　2019 年 12 月第 1 次印刷
ISBN 978-7-307-21360-9　　定价:45.00 元

作者简介

王 娜

　　女，1979年生，副教授，博士，硕士生导师，河南省高等学校青年骨干教师，河南省教学标兵。毕业于武汉大学，研究方向为信息组织与信息用户。现已主持完成国家社会科学基金项目1项（2012年），主持在研国家社会科学基金项目1项（2018年）。

本书为国家社会科学基金青年项目"泛在网络中的信息过载与信息组织模式研究"（12CTQ027）的研究成果之一

前　　言

随着信息技术的发展和用户需求的变化，泛在网络的建设与实现受到了世界各国的关注。泛在网络的实现，将大大丰富网络中的信息内容，提高用户使用网络的便捷性。但与此同时，泛在网络的实现也会带来信息的急剧增长，使得信息过载问题更加凸显。由于科学合理的信息组织方式有助于建立良好的信息环境，提升用户获取信息的效率与效果，因此，可在一定程度上防控泛在网络中的信息过载问题。基于以上考量，本书针对泛在网络中的信息过载问题与有效信息组织模式的建立展开了系统的研究。

本研究的基本思路是：首先依据信息资源管理理论，在分析泛在网络发展现状及基本架构的基础上，研究泛在网络中信息资源的类型、特征、层次结构等基本问题，并以此作为后续研究的基础；再通过问卷调查的方式，从用户的视角分析泛在网络中信息过载的现象、危害及原因，并在此基础上研究泛在网络中信息组织对信息过载的防控作用；然后在前期理论研究和调查分析的基础上，通过分析泛在网络中信息组织的特征与过程，并比较研究常用的信息组织方式在泛在网络中的应用，从系统论的角度探讨泛在网络中信息组织的机制；最后面向信息过载的实际状况，根据泛在网络中信息组织的机理，研究泛在网络中信息组织的目标与原则，以用户需求为中心探索性地设计泛在网络中信息组织模式的宏观架构，并尝试性地制定泛在网络中的信息描述标准，进而探讨泛在网络中信息组织模式的技术实现问题及特点。

本书共分为七章，主要内容如下：

第一章为引言，概括介绍本书的研究背景、研究框架及研究实施方法。在泛在网络兴起和大数据时代到来的大背景下，本书主要研究泛在网络中的信息过载问题和用于防控信息过载的信息组织模式的构建问题。该章在分析国内外相关研究现状的基础上，介绍了本书的研究框架与具体研究方法。

第二章是对泛在网络中信息资源基本问题的研究。泛在网络是一种由多种网络融合构成的，能够支持人与物间充分信息交流，并为用户提供无所不能、无所不在的信息服务的网络。该章节首先研究了泛在网络发展的现状和基本架

1

构，并以 ITU(国际电信联盟)提出的泛在网络架构为基础，探讨了泛在网络与互联网络间的关系。继而分析了泛在网络中信息资源的载体及其内在属性和外在属性，揭示了泛在网络中信息资源的类型及特征，并探讨了泛在网络中信息资源的层次结构。本书将泛在网络中的信息资源划分为自在信息、认知信息和再生信息三种，认为其具有来源泛在、形式多样、数量无限、内容时效强、价值可增值的特点，在结构上可被划分为本体论层次、感知层次、集约层次和再生层次四层，这四个层次的信息在数量上会呈现出金字塔式结构，而在价值上则会呈现出倒金字塔式结构。

　　第三章主要研究泛在网络中的信息过载问题。本研究采用问卷调查的方式，从信息过载与信息组织间的关系出发，基于信息组织的原理，深入研究了泛在网络中信息过载的现象、危害及原因。调研发现，用户认为现在网络及未来泛在网络中均存在较严重的信息过载现象，该现象会给用户带来心理和生理的健康危害，并会降低用户的工作和学习效率，而用户认为造成信息过载的主要原因是信息量过大、缺乏有效筛选手段及缺乏监管。在调研结论的基础上，本研究探讨了信息组织对信息过载的防控途径。

　　第四章是对泛在网络中信息组织机理的研究。该章分析了泛在网络中信息组织的特征和过程，认为泛在网络与互联网络相比，其信息组织具有环境复杂、对象多粒度、模式动态、方式易用、目标以用户为导向等特征。其信息组织的过程包括信息筛选、信息分析与聚类、信息描述与揭示、信息整序与存储四个基本环节，四个环节中的具体工作与互联网络环境中的信息组织过程相比均有所不同。继而本研究对常用的信息组织方式进行了比较研究，并探讨了它们在泛在网络信息组织中的应用。以泛在网络中信息组织的特征与过程的研究为基础，本书进一步从系统论的角度研究了泛在网络中信息组织的机制，着重分析了信息组织机制中的各组成要素及要素间的相互关系。

　　第五章探讨泛在网络中信息组织模式的构建。该章首先分析了泛在网络中信息组织应遵循的目标与原则，认为泛在网络中的信息组织应以信息有序化、信息聚合化、信息服务化为目标，遵循以用户为中心、系统性、协同性、动态性、可扩展性等原则。随后以前文研究为基础，该章通过应用与改进现有信息组织方式，从系统科学视角出发，探索性地设计了泛在网络中信息组织模式的宏观架构，并从参与方、基本理念和工作程序三方面对该架构进行了详细说明。为了实现泛在网络信息资源的有效组织，本书还在分析泛在网络中信息描述需求的基础上，尝试性地制定了泛在网络中的信息描述标准，涉及元数据的内容结构、语义结构、语法结构以及元数据元素的扩展方式。继而进一步研究了泛在网络中信息组织模式中的关键实现技术及组织模式的特点。

　　第六章结合目前应用泛在技术较多的旅游领域中具有代表性的网络服务平台进行案例分析。该章在分析用户对网络旅游信息组织需求的基础上，选取了政府型、电子商务型、社交网络型等三种类型共六个旅游信息服务平台，对其各自所采用的信息组织方式、形成的信息组织成果及信息组织特点分别进行了研究。并探讨了网络旅游信息服务平台中信息组织的特色与不足，进而提出了泛在网络中旅游信息服务平台信息组织的发展建议。最后得出案例分析的结论：本研究所提出的泛在网络中的信息组织模式具有实现的基础和可行性，且在基本理念和特点上可弥补目前信息服务平台中信息组织模式的不足，具有实现的必要性。

　　第七章对本书的研究内容进行总结，并展望未来需要进一步深入研究的问题。

作　者

2019 年 10 月

目　　录

图 表 目 录

1 引　言

1.1　研究背景和意义

1.1.1　研究背景

1. 泛在网络的兴起与发展

21 世纪以来，芯片、传感器、云计算、智能体等技术的迅猛发展，推动了信息网络的发展和各种信息网络的融合。将新技术应用于现今的信息网络，拓展人类的沟通维度和沟通对象，构建能够实现人与人、人与物、物与物之间在任何时间与地点自由沟通的泛在网络，成为了世界各国推动技术变革的目标。泛在网络的概念最早由 Xerox（施乐）实验室首席科学家 Mark Weiser 于 1991 年提出。Mark Weiser 认为网络发展到一定阶段，能够像空气和水一样，自然融入人类的工作和生活中，这种网络即"泛在网络"。其实泛在网络并不是一个新的网络，而是由现在发展较为成熟的互联网、电信网、广播电视网，以及正在发展的传感器网络、物联网等共同构成的。由于泛在网络能够根据人类需求的变化，拓展网络能力和网络服务，因此该网络架构一经提出就被学术界和工业界所关注，甚至有许多国家将其纳入国家发展战略。例如，日本政府在 2004 年提出以发展"泛在社会"为目标的 U-Japan 战略构想，该计划的目标是在 2010 年将日本建设成一个所有人和物在任何时间、任何地点都能够连网并充分享受信息化便利的网络社会。目前，U-Japan 战略中的物联网等相关信息技术已渗透到了日本居民的衣食住行中，如日本提倡的数字化住宅可以让用户在屋里屋外的任何地方通过有线和移动通信网以及数字电视网自由地享受各种信息服务。韩国同样在 2004 年公布了 U-Korea 战略，旨在让所有人可以在任何时间、任何地点享用现代信息技术带来的各种便利服务，经过十年的发展韩国现已将首尔、釜山等地列为泛在城市的示范区。在试点城市中，利用无线传感器网络可以实时监测城市的水压和火灾，利用交通控制系统可以让居民了解公众车辆运行信息、获取出行最优线路和实时导航服务。此外，以提高移动设备交互能力为重点的美国"普适计算"项目在近十年也取得了很大的进展，手持和可穿戴的智能设备、智能家电等都已有了商业化的产品。2009 年美国开始在其物联网建设运营的基础上建设第一个智慧城市。欧盟现也在其"环境感知智能"项目研究工作的基础上提出了建设智能城市的具体计划，并决定投入 100 亿至 120 亿欧元用于建设城市中的智能建筑、智能能源网络、智能城市交通和智能医疗系统。而我国自从 2009 年温家宝总理提出"感知中国"理念以来，也进入了物联网的快速发展时期，一方面我国在抓紧研制物联网的相关标准，另一方面我国也在电力、医疗、交通、物流等关键领域进行试点应用。纵观世界各国的情况，虽然各国在泛在网络建设方面的具体计划和关键突破点不尽相同，但都将泛在网络的发展建设作为国家信息化战略的重要组成部分，而且近十年泛在网络无论是宏观架构的研究与构建方面，还是微观技术的发展与应用方面都取得了长足的进步，可以预见不久的将来整个社会的网络架构将从现在的互联网络演变为泛在网络。

2. 大数据时代的到来

互联网的发展与物联网的崛起正在改变着信息的生产与传递方式。一方面，信息的生产者已从人类扩展到了物体，现今智能手机中的距离感应器、光线感应器、电子罗盘、摄像头等各类传感器，每时每刻都可产生大量的数据，这使得人类社会中的信息呈现出爆炸式增长的态势；另一方面，在 Web 2.0 环境下，信息的生产与传递工具日益多样化和便捷化，导致信息的生产与传递频次日益增多。苹果公司 2012 年公布的运营数据显示① iMessage 每秒为用户传递信息可达28,000条；iCloud 已为用户提供 1 亿多份文档；iBooks 中图书下载量超过 4 亿。从 CNNIC(China Internet Network Information Center，中国互联网络信息中心) 2015 年 1 月发布的《第 35 次中国互联网络发展状况统计报告》②中的数据也可对以上两点进行佐证，截至 2014 年 12 月，中国网页数量为1,899亿个，年增长 26.6%；中国网民规模达 6.49 亿，互联网普及率为

---

① 新浪科技. 苹果最新运营数据：iMessage 发送 3000 亿条信息［EB/OL］. ［2014-12-25］. http：//tech. sina. com. cn/it/2012-10-24/01187731403. shtml.

② 第 35 次中国互联网络发展状况统计报告［R/OL］. ［2014-12-25］. http：//www. cnnic. net. cn/hlwfzyj/hlwxzbg/hlwtjbg/201502/P020150203548852631921. pdf.

47.9%；有60%的网民对互联网上的信息分享行为持积极态度，有43.8%的网民喜欢在互联网上发表评论。由此可见，近年来一系列技术与理念的发展变化，使得人们现在正处于一个信息数量急剧增加且增长速度也在逐渐加快的网络空间。在这个空间中，从图像到人类的基因，越来越多的事物正在数据化，我们可获取的信息也正从海量增长至无穷大。据艾瑞咨询发布的《大数据行业应用展望报告》①显示，目前每分钟新浪微博有9.5万条微博发送，迅雷有1.1GB文件被下载，QQ空间中有14万张照片被上传，百度则需要处理70TB数据。IDC(Internet Data Center，互联网数据中心)和EMC公司联合发布的报告《2020年的数字宇宙》②预测，到2020年全球数字宇宙将会膨胀到40,000EB(注：1EB = 1024PB)。以上种种数据显示，人类已进入大数据时代。

所谓大数据，是指"大小超出常规的数据库工具获取、存储、管理和分析能力的数据集"③。在大数据时代，如何从海量信息中迅速准确地获取自己所需的信息成为了每位用户都要面对的难题。一方面，泛在网络的兴起与发展导致信息源快速增长，给人类带来了大数据时代，人们极度渴求信息，希望物联网和各种终端源源不断产生的类型丰富的大量数据，能够帮助人们获得新的认知、完成创新，甚至解决一些世界性问题；另一方面，信息的增长速度远比人类对其理解的速度更快，在人类认知能力、辨别能力有限的情况下，人们对铺天盖地的信息束手无策。牛津大学的维克多教授认为"资料仅仅是真相的幻影，更多的数据并不能引导我们发觉更多的真相，相反它只会引导出更多的数据以及更多的问题。"④因此，在每时每刻都在产生数据的大数据时代，人们在享受丰富信息的同时，也要承受数据爆炸的困扰，花费更多的精力与时间来筛选信息。如果没有更好的信息管理方法，用户利用信息的效率将会逐渐降低，而信息过载在影响人们工作效率的同时，也会危害用户的心理与生理健康，使用户觉得疲惫、焦虑与沮丧。

---

① 艾瑞咨询. 大数据行业应用展望报告［R/OL］.［2014-12-25］. http：//www. iresearch. com. cn/Report/2065. html.

② . IDC最新调研报告：2020年的"数字宇宙"［EB/OL］.［2014-12-25］. http：// tech. ifeng. com/it/detail_2012_12/26/20554584_0. shtml.

③ 赵国栋等著. 大数据时代的历史机遇：产业变革与数据科学［M］. 北京：清华大学出版社，2013(6)：21.

④ 赵伟著. 大数据在中国［M］. 南京：江苏文艺出版社，2014(6)：58.

1.1.2　研究意义

本书针对泛在网络中的信息过载问题与信息组织模式进行研究，具有下述现实意义和理论意义。

1. 现实意义

从现实情况来看，自从 2009 年我国政府提出"感知中国"战略以来，我国已进入物联网的快速建设时期，物联网的相关技术研发与相关标准制定工作都已取得一定进展，而物联网则是泛在网络的实现基础。在未来的泛在网络中除了人与人之间相互交流所产生的信息之外，还会有大量人与物以及物与物之间交互所产生的信息，信息的数量与现今互联网中的数量相比必然会大幅度增长。那么如何有效地组织这些实时产生、增长迅速的信息，减轻信息过载对用户产生的负面影响，就成为了亟需解决的问题。本研究采用问卷调查的方式，分析了泛在网络中信息过载的危害与原因，研究泛在网络信息组织的机制，并进一步构建有效的信息组织模式，对于提高各种服务机构的信息组织与服务水平具有一定的参考价值。

2. 理论意义

从目前的理论研究情况来看，一方面国内外学者虽然对互联网中信息过载问题有一定数量的研究成果，但对泛在网络中信息过载问题的研究较为鲜见，由于泛在网络中信息资源的类型、特征、层次结构等与互联网中的不同，因此应专门针对泛在网络中的信息过载问题展开相关研究，能够为在新的网络环境下缓解信息过载的危害提供理论导向；另一方面，目前对泛在网络信息组织问题的研究主要集中在技术应用和理念策略方面，研究视角仍需拓新。本书深入研究了泛在网络中信息组织机理和描述标准，并尝试构建了泛在网络中信息组织的模式，能够促进现代网络信息组织理论体系的完善与发展。

1.2　国内外研究现状述评

随着信息技术的发展，各国相继将泛在网络建设提升到国家信息化战略高度，然而泛在网络中信息的快速增长引发了信息过载问题，继而导致用户的信息焦虑。如何有效地组织泛在网络中的信息，减轻信息过载的负面影响，成为了国内外学者们关注的热点问题。

1.2.1　国外研究现状

1. 国外信息过载研究现状

国外学者对信息过载的关注和研究开始较早，1950 年社会学家 Georg Simmel 就已经注意到了信息过载的现象。在 1961 年至 1962 年间，Karl Deutsch、Richard Meier 等学者也注意到了在交流中存在着信息过载的问题。1974 年，Galbraith 给出了信息过载的定义，该定义在 1978 年被 Tushman 和 Nadler 进一步扩展，学者们认为当信息处理的需求超过了信息处理的能力则会出现信息过载。随着互联网的出现与普及，信息过载的问题日益严重，逐渐成为研究热点。Noyes 和 Thomas 认为信息过载问题从何时开始被关注可能无法知晓，但在 20 世纪末逐渐变成了一个严重的问题[1]。经过文献梳理，可发现近年来国外信息过载的相关研究主要集中在网络中信息过载的原因、危害与对策等三个方面。

（1）信息过载的原因研究

如，Eden B(1998)认为社会范围内信息的加速生产，以及信息与通信技术发展使得信息被更有效地传递，是造成信息过载的原因[2]。Eppler M J 等(2003)认为信息过载是由信息特征、个人因素、任务与过程因素、组织设计、信息技术五个因素共同作用的结果[3]。Bergamaschi S 等(2010)认为可获取的数据与用户需求间的不匹配是引起信息过载的主要原因，并指出目前对信息过载的研究中最大的挑战来自于如何满足不同领域、不同用户、不同目的的个性化需求，以及如何解决用户的实时需求与不断增长的可获取信息数量之间的问题[4]。Jackson T W 等(2012)提出了一种描述信息过载影响因素的理论模型，在该模型中影响信息过载的因素分为内在因素、外在因素和内外因素三种，其中内在因素包括信息数量、信息处理能力和可用时间；外在因素包括信息特

---

①　Noyes J M, Thomas P J. Information overload: an overview [C]. London: IEEE Colloquium on information overload, 1995: 1-3.

②　Eden B. The information age: economy, society and culture[J]. Cities, 1998, 48(2): 132-134.

③　Eppler M J, Mengis J. A Framework for Information Overload Research in Organization[J]. Inglese, 2003(9): 1-37.

④　Bergamaschi S, Guerra F, Leiba B. Information Overload[J]. IEEE Computer Society, 2010(11): 10-13.

征、信息质量、任务和过程参数、个人因素；内外因素仅包括信息来源①。Sasaki Y 等（2015）研究了用户发布在 Twitter（推特）中的信息，认为 Twitter 中的信息过载与用户在 Twitter 中接收到的信息数量、用户的好友数量以及自我中心网络密度三个因素有关，并研究了这三个因素是如何影响信息过载的②。

（2）信息过载的危害研究

如，Swain 和 Haka（2000）认为信息过载会使用户对信息搜索策略的制定更加不系统化③。Baldacchino 等（2002）认为信息过载容易让用户变得沮丧④。Denning P J（2006）认为信息过载使得用户成为需要花费更多时间消费信息的受害者，而且使得人们不能集中精力在接收的信息块中⑤。Schoop M 等（2006）认为信息过载会影响决策的制定过程，使人们基于错误的信息作决定或无法从不必要的信息中筛选出有价值的信息⑥。Otterbacher J（2009）认为信息过载会导致人们由于没时间检查信息的真实性，而作出低质决策⑦。Sevinc G 等（2010）认为为了避免信息过载，人们会对信息进行规则性地检查，从而破坏了工作进程，导致了时间的浪费和工作质量的降低，例如太多的电子邮件会使用户无法全部认真阅读从而忽视了其中的重要细节⑧。Denning P J（2011）认为在心理学层面，信息过载会导致人们对自己的工作和能力的评价呈现负面性，甚至造成精神疾病⑨。Chen C Y 等（2012）认为信息过载会影响学生参与

---

① Jackson T W, Farzaneh P. Theory-based model of factors affecting information overload[J]. International journal of information management, 2012, 32(6): 523-532.

② Sasaki Y, Kawai D, Kitamura S. The anatomy of tweet overload: How number of tweets received, number of friends, and egocentric network density affect perceived information overload[J]. Telematics & Informatics, 2015, 32(4): 853-861.

③ Swain M R, Haka S F. Effects of information load on capital budgeting decisions[J]. Behavioral Research in Accounting, 2000(12): 171-199.

④ Baldacchino K, Armistead C, Parker D. Information overload: It's time to face the problem[J]. Management Services, 2002, 46(4): 18-19.

⑤ Denning P J. Infoglut[J]. Communications of the ACM, 2006, 49(7): 15-19.

⑥ Schoop M, Moor A D, Dietz J L G. The pragmatic web: A manifesto [J]. Communications of the ACM, 2006, 49(5): 75-76.

⑦ Otterbacher J. "Helpfulness" in online communities: a measure of message quality[C]. Boston: Sigchi Conference on Human Factors in Computing Systems. ACM, 2009: 955-964.

⑧ Sevinc G, D'Ambra J. The influence of Self-Esteem and Locus of Control on Perceived Email Overload[C]. Pretoria: European Conference on Information Systems Ecis 2010, 2010: 86.

⑨ Denning P J. The Profession of IT, Managing Time[J]. Communications of the ACM, 2011, 54(3): 32-34.

在线讨论和讨论中的认知水平，但信息过载并非会影响所有的学生，例如对知道如何管理信息过载的学生似乎就没有影响①。Pedro S A 等（2014）发现信息过载与用户在线购买意愿间呈正相关性，而且网络经验会加强这种正相关性②。Peter M 等（2014）认为信息过载会带来一些问题，主要包括增加心理压力、导致决策错误和使得人们忽视相关信息③。

（3）解决信息过载问题的对策研究

如，Ozgur T 等（2004）提出了一种鱼眼可视化检索模型以解决网络中的信息过载问题④。Lin C C（2006）提出了一种二进制程序模型，并进行了验证和广泛测试，该模型可增强用数据挖掘获取的网页间的聚合度，减少信息过载⑤。Himanshu K S 等（2006）利用问卷调查方法研究了对于管理者而言能够消除信息过载的对策，调研结果显示该文所提出的对策与信息过载的原因之间呈显著的正相关性，也即管理者的资历和经验，以及组织所提供的技术和资源能够有效地帮助管理者制定决策⑥。Simperl E 等（2010）提出了一种克服企业信息过载的计划，该计划拟通过三个途径来整合知识管理工作区从而消除信息过载的影响，三个途径分别为：通过标签、维基和本体共享信息；通过理解用户现实任务环境优先考虑需传递的信息；利用非正式途径从用户行为中进行学习⑦。Hu S C 等（2011）认为现有的 RSS 应用无法减轻网络中大量数值型数据

① Chen C Y, Pedersen S, Murphy K L. The influence of perceived information overload on student participation and knowledge construction in computer-mediated communication［J］. Instructional Science，2012，40(2)：325-349.

② Pedro S A, Francisco J M C, Carolina L N, Ricardo C P. The effect of information overload and disorganisation on intention to purchase online［J］. Online Information Review，2014，38(4)：543-561.

③ Peter M, Tolja K, Dirk S. Information Overload：A Systematic Literature Review［J］. Perspectives in Business Informatics Research，2014，194：72-86.

④ Ozgur T, Ramesh S. Development of a fisheye-based information search processing aid for managing information overload in the web environment［J］. Decision Support Systems，2004，37(3)：415-434.

⑤ Lin C C. Optimal Web site reorganization considering information overload and search depth［J］. European Journal of Operational Research，2006，173(3)：839-848.

⑥ Himanshu K S, Ambalika D K. Managing information overload for effective decision making：an empirical study on managers of the south pacific［J］. A New School of Thought，2006(3)：1-13.

⑦ Simperl E, Thurlow I, Warren P, Dengler F. Overcoming information overload in the enterprise：The active approach［J］. IEEE Internet Computing，2010，14(6)：39-46.

7

造成的信息过载，于是提出了一个扩展的框架用于正式的表示 RSS 文档中的
数值型数据项，以供数据提供者向订阅者发送数值型数据和文本消息，并设计
了一个客户端生产工具的原型用于从 RSS 订阅中检索和处理数值型数据，从
而减轻网络中大量数值型数据所导致的信息过载问题①。Whelan E 等 (2013)
认为信息过载在当代知识密集型组织中影响很大，作者在探讨交互式记忆系统
作为协作过滤器如何能够减轻组织团体中信息过载潜在危害的基础上，进一步
利用社会网络分析和访谈法研究了生命科学领域的两家高科技企业的研发部，
发现目前的协作过滤系统都缺乏集中控制，均是由个人自发组织形成的，如部
分专家过滤小组外部信息，而另一部分则过滤内部信息②。Hernani C 等
(2013)提出了一个多代理持续推荐系统，该系统可从不同的资源中收集异构
信息，并基于用户偏好、团体趋势和用户的情感来有选择地传递信息，从而克
服网络中的信息过载问题③。Liu C L(2014)开发了一个新的本体订阅与阻隔
系统，可以帮助社交博客用户设置特殊的订阅规则和阻隔博客中的消息以消除
信息过载。该系统用本体、元数据和规则来传递订阅的贴子，阻隔不想要的贴
子，并检测规则冲突，实验证明该系统是有效的④。Memmi D(2014)研究了虚
拟机构的功能以及有助于管理信息过载的程度，并指出虚拟机构需要更强大的
规范和合适的社会框架来应对信息过载⑤。Gloria Y M K 等(2015)设计并评价
了多源书评系统的性能，该系统被设计用于利用因特网减少信息过载和适应不
同学者的偏好，系统工作时会先从书店、博客等在线资源中收集评论，再通过
高级过滤和存储算法减少信息过载并提供统一的用户界面，实验证明该系统比

①　Hu S C, Chen I C. Alleviating information overload caused by volumes of numerical web
data：the concept and development process[J]. IET Software, 2011, 5(5)：445-453.

②　Whelan E, Teigland R. Transactive memory systems as a collective filter for mitigating
information overload in digitally enabled organizational groups[J]. Information & Organization,
2013, 23(3)：177-197.

③　Hernani C, Luis M. Emotion-Based Recommender System for Overcoming the Problem of
Information Overload[J]. Communications in Computer & Information Science, 2013, 365：178-
189.

④　Liu C L. Ontological subscription and blocking system that alleviates information overload
in social blogs[J]. Knowledge-Based Systems, 2014, 63(6)：33-45.

⑤　Memmi D. Information overload and virtual institutions[J]. Ai & Society, 2014, 29
(1)：75-83.

Google 更能减少与检索有关的信息过载①。

2. 国外泛在网络中信息组织研究现状

国外学者对于泛在网络中相关技术的研究开展较早,从 1988 年 Mark Weiser 提出"泛在计算"这一概念开始,国外众多学者就将其视为第三波计算机革命。随后国外学者主要从泛在网络中的软件与硬件架构、组件、标准等视角展开了相关研究,具体内容涉及普适计算、可穿戴设备、情景感知系统、虚拟现实、环境智能等方面。如 Inakage M 等(2008)设计了用于从泛在内容中获取情感和娱乐体验的关键组件②;Cui Y 等(2014)设计了一种系统可利用 UPnP 技术从家庭设备中收集元数据,并使用云计算技术来存储和处理从泛在传感网络环境中收集的元数据③;Lee C S 等(2014)提出了伴随着情景感知和智能资源管理的智能泛在网络的框架,给出了支持环境感知和新的细粒度交通在方法和流程方面的建议④。但是对于泛在网络中的信息组织问题,国外学者的研究较少,目前的相关研究主要是从微观和宏观两个视角展开,微观视角主要集中于某种信息组织方法在泛在网络中的应用,宏观视角主要集中于泛在网络中信息资源的整合。

(1)微观视角的相关研究

如,Takenouchi T 等(2007)认为应该将泛在计算与语义网结合,形成泛在语义网,并提出了一种知识过滤代理,该代理可通过现实世界中不断变化的用户情境,将必要的信息进行动态分类,以快速响应泛在语义网中用户的即时查询⑤。Han X G 等(2010)研究了如何通过分众分类法收集用户标签,以及将标签映射到现存的领域本体中,来更有效地构建用户兴趣模型,并通过实验验证

---

① Gloria Y M K, Peng C C. A multi-source book review system for reducing information overload and accommodating individual styles[J]. Library Hi Tech, 2015, 33(3): 310-328.

② Inakage M, Tokuhisa S, Watanabe E, Yu U. Interaction Design for Ubiquitous Content[J]. The Art and Science of Interface and Interaction Design, 2008, 141: 105-113.

③ Cui Y, Kim M, Gu Y, Jung J J, Lee H. Home Appliance Management System for Monitoring Digitized Devices Using Cloud Computing Technology in Ubiquitous Sensor Network Environment[J]. International Journal of Distributed Sensor Networks, 2014(1): 1-10.

④ Lee C S, Lee G M, Rhee W W. Smart Ubiquitous Networks for future telecommunication environments[J]. Computer Standards & Interfaces, 2014, 36(2): 412-422.

⑤ Takao Takenouchi, Naoyuki Okamoto, Takahiro Kawamura, Akihiko Ohsuga, Mamoru Maekawa. Development of Knowledge-Filtering Agent along with User Context in Ubiquitous Environment[J]. Systems and Computers in Japan, 2007, 38(8): 11-19.

了该方法的确可精确捕获用户在语义网中的多种兴趣，进而可提高网络搜索引擎的个性化检索性能①。Yang S Y(2010)提出了一种应用于泛在服务的信息代理框架，该框架包括映射爬虫、映射抽取器、映射分类器、映射推荐器四个主要组件，具有信息分类和排序等信息组织功能②。Jan P. A. M. J 等(2012)提出了一种相对信息测量方法，该测量方法可被用于动态因素模型或主索引构建的第一步骤③。Shi L 等(2014)提出了一种泛在计算环境中基于用户情境的本体驱动的推荐方法，该方法可用本体描述和整合旅游信息资源，并可获取用户的直接信息需求与潜在偏好间的关系，最终可根据用户的需求向用户推荐满足其需要的旅游信息资源④。Kim J H 等(2014)为实现泛在医疗环境开发了一个基于本体的医疗情境信息模型，在该模型中可用本体来定义医疗情境信息，并实现情境信息的抽取和分类，从而实现医疗信息服务。

（2）宏观视角的相关研究

如，Luong V P(2008)在考虑信息资源的冗余、互补性和连续性，以及假设每条信息资源的信息元素都和格结构相关的基础上，提出了整合信息资源的不同方法，并建立了这些整合方法之间的关系⑤。Chen H 等(2009)提出了一个泛在个人研究框架，作为一个个性化的虚拟研究框架，该框架可支持获取、管理、组织、共享和推荐信息，作者还进一步探讨了框架的设计问题，以及如何利用 Web 2.0 中的混合技术和开发资源软件实现该框架⑥。Chen H 等(2012)引入并界定了一套比喻——滴、流、河、海，来表达不同阶段的各种

①　Xiaogang Han, Zhiqi Shen, Chunyan Miao, Xudong Luo. Folksonomy-Based Ontological User Interest Profile Modeling and Its Application in Personalized Search[J]. Active Media Technology, 2010, 6335：34-46.

②　Sheng-Yuan Yang. OntoIAS：An ontology-supported information agent shell for ubiquitous services[C]. International Symposium on Computer Communication Control and Automation. IEEE, 2010, 1(6)：142-145.

③　Jan P. A. M. Jacobs, Pieter W. Otter, Ard H. J. den Reijer. Information, data dimension and factor structure[J]. Journal of Multivariate Analysis, 2012, 106(1)：80-91.

④　Lin Shi, Feiyu Lin, Tianchu Yang, Jun Qi, Wei Ma, Shoukun Xu. Context-based Ontology-driven Recommendation Strategies for Tourism in Ubiquitous Computing[J]. Wireless Personal Communications, 2014, 76(4)：731-745.

⑤　V. Phan-Luong. A framework for integrating information sources under lattice structure[J]. Information Fusiong, 2008, 9(2)：278-292.

⑥　Chen H, Jin Q. Ubiquitous Personal Study：a framework for supporting information access and sharing[J]. Personal & Ubiquitous Computing, 2009, 13(7)：539-548.

社会数据流，进而提出了通过有机流的框架组织社会数据流，且探讨了相关原型系统的设计与实现问题①。Pang L Y 等（2015）认为泛在企业中信息的整合对决策的有效性和效率有重要的影响，因此至关重要，并提出了一个支持创新性的数据源互操作的服务中间件，该中间件可以提供查询服务和异构数据源的信息整合服务，也可以为用户在企业中管理和配置不同的数据资源提供可视化的工具集②。

1.2.2 国内研究现状

1. 国内信息过载研究现状

国内学者对信息过载的研究始于 20 世纪 90 年代，如 1994 年陈小娓曾论述过我国连续出版物的信息过载现象，并探讨了信息过载产生的影响③。国内的早期研究主要是综述性研究，如顾犇（2000）对信息过载问题的研究进行过历史回顾④；周玲（2001）也曾对国内外学者就信息过载问题、信息过载成因及问题解决方案的认识进行过综述⑤。从 2004 年之后国内学者对信息过载的研究开始深入和细化，如曾晓牧等（2004）研究了信息过载的原因和危害，并提出了图书馆解决信息过载的方案⑥；洪跃等（2006）研究了信息过载的成因，以及如何利用特色数据库的建设来解决信息过载的问题⑦。进一步进行文献梳理，可发现近年来国内学者对信息过载的相关研究主要集中在新闻传播与图书情报两个学术领域，在研究内容上与国外学者类似，也主要集中在互联网中信息过载的原因、危害与对策三个方面。

---

① Chen H, Zhou X K, Jin Q. Socialized ubiquitous personal study：Toward an individualized information portal［J］. Journal of Computer and System Sciences，2012，78（6）：1775-1792.

② Pang L Y, Zhong R Y, Huang G Q. Data-source interoperability service for heterogeneous information integration in Ubiquitous enterprises［J］. Advanced Engineering Informatics，2015，29（3）：549-561.

③ 陈小娓. 谈连续出版物的信息超载问题［J］. 情报探索，1994，49（2）：8-9.

④ 顾犇. 信息过载问题及其研究［J］. 中国图书馆学报，2000，26（5）：42-45，76.

⑤ 周玲. 信息超载综述［J］. 图书情报工作，2001（11）：33-35.

⑥ 曾晓牧，孙平. 信息超载与图书馆的应对方案［J］. 图书情报工作，2004，48（6）：106-109.

⑦ 洪跃，赵霞琦. 特色数据库建设和信息超载的悖论研究及解决方案［J］. 图书情报工作，2006，50（3）：37-39，122.

（1）信息过载的原因研究

余向前（2008）认为网络信息过载的原因来源于网络环境和用户自身两个方面：在网络环境中信息源、信息服务等因素会造成信息过载，而用户的信息获取意识、获取行为也会造成信息过载①。李江天（2008）等通过构建概念模型，用实证研究的方法提出信息的数量、信息分布的离散程度和消费者决策的时间压力是造成消费者感知信息过载的主要因素②。梁劳慧（2011）认为信息过载出现的原因可分为客观原因和用户主观原因两个方面：客观原因包括网络信息量绝对值的增加、网络信息有序与无序间的矛盾、各种媒体信息内容的交叉重复、信息传播中的缺陷或障碍；用户主观原因包括用户获取信息的能力、用户需求的不稳定性、用户搜集和选择信息的心理分析③。

（2）信息过载的危害研究

贺青等（2010）认为信息过载对信息用户的影响包括生理和心理健康、工作效率、生活和人际关系、信息迷航这四个方面④。罗玲（2011）研究了信息过载的影响及对策，认为信息过载会造成牺牲深度、形成技术压力、产生信息焦虑等负面影响⑤。张念照（2013）研究了信息过载对网络消费者购买意愿的影响，发现网络消费者已感受到选择过剩会负向影响其购买意愿⑥。廖建国（2015）指出信息过载会给信息用户带来信息反客为主、身体疾患增加、催生精神疾病、弱化社交能力、影响创新能力等危害⑦。徐婷婷（2016）认为新媒体时代信息过载的影响主要集中在对新媒体信息的筛选、甄别和整合三个方面，需要用户有更高的信息筛选能力、信息甄别能力和信息整合能力才能胜任对新媒体信息的管理⑧。

---

①　余向前．网络环境下用户信息超载问题及对策[J]．图书馆学研究，2008(1)：9-12.

②　李江天，徐岚．信息搜寻中感知信息超载的实证研究[J]．武汉理工大学学报，2008，30(5)：724-728.

③　梁劳慧．信息焦虑与信息超载下的图书馆作用分析[J]．图书馆学研究，2011(1)：27-29，68.

④　贺青，钟方虎，于丽，陈炎琰．信息过载对信息用户的影响及对策[J]．医学信息学杂志，2010，31(5)：41-43，47.

⑤　罗玲．信息时代的信息超载影响及对策[J]．现代情报，2011，31(6)：36-38.

⑥　张念照．信息过载环境下网络消费者购买意愿形成过程研究[D]．北京邮电大学硕士论文，2013.

⑦　廖建国．信息超载时代的用户信息素养[J]．编辑之友，2015(6)：59-62.

⑧　徐婷婷．信息过载对人们使用新媒体行为的影响[J]．新闻研究导刊，2016，7(10)：107.

（3）解决信息过载问题的对策研究

于文莲（2008）在探讨信息过载产生原因及影响的基础上，从技术、服务、用户等角度提出了解决信息过载的途径①。周蕊（2011）指出应从管理上对信息进行个人和组织的控制，从技术上通过发展过滤技术和搜索引擎技术来解决互联网上的信息过载问题②。曾云华等（2012）研究了图书信息过载的问题，并提出了通过建立特色的 Web 2.0 馆藏检索网站、邀请读者参与征订图书和邀请读者对馆藏图书评价三个途径来解决图书馆中图书信息过载的问题③。过宇平（2013）认为解决信息过载的方法有个人处理、资讯系统辅助和图书馆协助三种，其中图书馆协助方式最优，并指出未来图书馆员应从自我能力和读者服务两方面进行角色转变④。王又然（2015）通过对社交网络站点中的信息传播网络进行研究，发现当社交网络站点中的信息传播频率和集中度较为适当时，站点中信息过载的现象能够得到缓解⑤。

2. 国内泛在网络中信息组织研究现状

国内学者对泛在网络的相关研究始于 2003 年，在 2010 年之前的研究主要集中于技术领域。如张平等（2007）研究了移动泛在网络的产生背景和愿景模型⑥、移动泛在网络的关键实现技术⑦、移动泛在网络模型中网络构架的关键技术⑧。蒋青等（2008）在阐述泛在网络概念的基础上，分析了其关键技术，

---

① 于文莲. 网络环境下的信息过载研究[J]. 农业图书情报学刊，2008，20（11）：51-54.

② 周蕊. 网络时代信息超载解决方法初探[J]. 工会论坛，2011，17（5）：76-77.

③ 曾云华，江伟. 基于 Lib 2.0 的图书信息过载解决方案[J]. 图书馆，2012（3）：117-118，125.

④ 过宇平. 信息超载与图书馆员之角色转变[J]. 农业图书情报学刊，2013，25（9）：192-195.

⑤ 王又然. 社交网络站点社群信息过载的影响因素研究——加权小世界网络视角的分析[J]. 情报科学，2015，33（9）：76-80.

⑥ 张平，纪阳，冯志勇. 移动泛在网络环境 1[J]. 中兴通讯技术，2007，13（1）：58-62.

⑦ 张平，纪阳，李亦农. 移动泛在网络环境 2[J]. 中兴通讯技术，2007，13（2）：55-60.

⑧ 张平，纪阳，李亦农. 移动泛在网络环境 3[J]. 中兴通讯技术，2007，13（3）：44-46，55.

并针对泛在网络未来发展中面临的技术挑战提出了解决方案①。古丽萍（2009）研究了泛在网络的特点、服务方式、应用领域和发展历程②，以及世界各国的推进战略和泛在网络面临的问题、解决对策与发展前景③。在2010年之后，关于泛在网络的相关研究较多集中于泛在学习和泛在网络中的信息服务两个方面，而对于泛在网络中的信息组织问题，国内学者的研究较少。目前的相关研究主要是从泛在网络中信息组织的目标与特点等理念研究、信息组织的策略与框架等理论研究、信息组织模型技术实现研究三个方面展开。

（1）泛在网络中信息组织的目标与特点等理念研究

毕强等（2008）提出了泛在知识环境下数字图书馆知识组织的任务和目标，并指出应将数字图书馆的建设从信息构建转变为知识构建④。蒋楠（2011）阐述了泛在环境下政府网站信息资源组织的新特点，并基于新特点提出了泛在环境下政府网站信息资源组织的策略⑤。欧阳剑（2011）分析了泛在信息环境下图书馆信息组织的内涵，并指出了在泛在环境下应基于层次结构和信息粒度两种视角进行图书馆信息的组织⑥。罗彩红等（2011）认为泛在知识环境下图书馆应将信息资源组织的重点放在开发和优化网络资源，并将网上相关信息资源进行有效重组与导航，以便为用户提供查询便利⑦。毕荣等（2013）在分析泛在环境下图书馆信息资源组织现状的基础上，指出了泛在环境下图书馆信息资源组织具有网络化、群体化、特色化和面向用户的特征，并探讨了泛在环境下图书馆信息资源组织的发展趋势⑧。

（2）信息组织的策略与框架等理论研究

---

① 蒋青，贺正娟，唐伦. 泛在网络关键技术及发展展望［J］. 通信技术，2008，41（12）：181-182，185.

② 古丽萍. 泛在网络及U-China战略（上）［J］. 中国无线电，2009（9）：24-26.

③ 古丽萍. 泛在网络及U-China战略（下）［J］. 中国无线电，2009（10）：12-14.

④ 毕强，韩毅. 泛在知识环境下数字图书馆知识空间构建研究［J］. 情报科学，2008，26（7）：971-977.

⑤ 蒋楠. 泛在环境下政府网站信息资源组织与整合研究［J］. 江西农业学报，2011，23（10）：186-190.

⑥ 欧阳剑. 泛在信息环境下图书馆信息资源组织探讨［J］. 图书情报工作，2011，55（19）：68-72，124.

⑦ 罗彩红，原艳丽. 泛在知识环境下的图书馆信息资源组织与服务探讨［J］. 四川图书馆学报，2011（2）：9-11.

⑧ 毕荣，范华. 泛在环境下图书馆信息资源组织特征趋势研究［J］. 四川图书馆学报，2013（4）：34-36.

姜永常(2009)研究了泛在知识环境下数字图书馆危机管理的策略，提出了一种知识网格多维空间的体系结构，并指出数字图书馆应建立开放的知识组织服务机制，包括开放的知识组织体系和互操作机制①。王娜(2010)研究了泛在环境下基于用户协作的信息组织机理，并基于该机理设计了泛在环境下基于用户协作的信息组织模式②。欧阳剑(2011)研究了泛在信息环境下图书馆信息组织的基本特性，提出了由信息资源存储、信息描述与表达、信息调度与传递、信息展示与交互四部分组成的基于空间环境的图书馆信息组织框架，并分析了空间环境信息组织框架的特征③。曹高辉等(2014)在分析泛在信息环境下学科知识资源特性的基础上，将多模态融合技术引入知识资源的组织，提出了一种泛在信息环境下学科知识地图的基本框架④。许春漫(2014)指出应将知识元作为泛在知识环境下的新型信息组织形式，以解决目前数字图书馆所面临的信息爆炸的问题，并进一步探讨了泛在知识环境下知识元的构建与检索系统的体系结构及实现原理问题⑤。廖黎莉等(2016)认为目前泛在学习中存在个性化不完善和兼容性不合理的问题，并提出了一种基于学习情境的泛在学习资源个性化推荐模型，以提高泛在学习中资源组织的个性化程度⑥。

（3）信息组织模型技术实现研究

乐小虬等(2009)提出了一种可围绕个人知识活动链路进行知识组织的嵌入式泛在个人知识服务模型，并探讨了该模型的关键实现技术及初步的实践结果⑦。李霞(2012)设计了一个泛在环境下的个性化学习推荐系统，并进一步

① 姜永常. 泛在知识环境与数字图书馆的危机管理[J]. 图书情报知识，2009(4)：109-117.

② 王娜. 泛在环境下基于用户协作的信息组织机理研究[J]. 图书情报工作，2010，54(14)：97-101.

③ 欧阳剑. 泛在信息环境下图书馆信息资源组织构建研究[J]. 图书情报工作，2011，55(5)：28-31，99.

④ 曹高辉，王学东，夏谦，谢辉. 泛在信息环境下的学科知识地图构建研究[J]. 情报科学，2014，32(5)：7-11.

⑤ 许春漫. 泛在知识环境下知识元的构建与检索[J]. 情报理论与实践，2014，37(2)：107-111.

⑥ 廖黎莉，孙逊，薛备钟，顾顺意. 基于学习情境的泛在学习资源个性化推荐关键技术研究[J]. 软件导刊，2016，15(6)：76-78.

⑦ 乐小虬，管仲，袁国华，李宇. 嵌入式泛在个人知识服务模型研究[J]. 现代图书情报技术，2009(12)：37-41.

分析了该系统的工作流程①。苏雪(2012)提出了一种基于信息过滤技术的应用于泛在学习平台中的个性化内容推荐机制，并通过实验验证了该机制可结合用户配置、用户正在进行的学习活动及用户当前的地理位置有效地向用户推荐合适的学习资源②。杨现民(2014)提出了一种动态语义聚合框架，可将学习资源组织聚合为主题资源圈和有序知识链两种形态，并对该聚合框架的技术实现和聚合效果进行了探讨与检验③。张安磊(2014)研究了泛在移动环境中特色数字资源的个性化组织问题，通过改进 PageRank 算法设计并实现了基于标签的泛在移动环境中特色数字资源的个性化推送系统④。张秀玉(2014)研究了移动终端的网络音乐资源的个性化组织问题，提出了一种基于协同过滤和贝叶斯网络的面向终端情境的音乐推送模型，并验证了该模型的音乐推送效果⑤。冯婧禹(2015)设计并实现了泛在学习环境下的基于协同过滤技术的学习资源推荐系统⑥。刘军伟(2015)提出了一种应用于钢铁工业的泛在信息匹配推荐方法，并基于该方法设计了泛在信息匹配推送服务的体系结构，进而探讨了推送服务体系的关键实现技术⑦。

1.2.3　简要述评

通过文献调研与梳理可以发现，一方面，虽然国内外学者对于互联网中信息过载问题的研究较为深入，但对泛在网络中信息过载问题的研究还较为鲜见；另一方面，对于泛在网络中信息组织问题的研究目前主要集中于信息组织的新理念及策略方面，虽然国内外学者近年来也陆续提出了一些新的组织算法和模型，但对于信息描述标准以及整个网络中信息组织的方法与模式的研究还

① 李霞．泛在计算环境下个性化资源推荐系统设计研究[J]．软件导刊，2012，11(11)：22-23.

② 苏雪．一种泛在学习平台中个性化内容推荐机制[J]．深圳职业技术学院学报，2012(1)：8-14.

③ 杨现民．泛在学习资源动态语义聚合研究[J]．电化教育研究，2014(2)：68-73.

④ 张安磊．泛在移动环境特色数字资源个性化推送系统研究[D]．贵州财经大学硕士学位论文，2014.

⑤ 张秀玉．移动终端泛在情境适应的网络音乐推送研究[J]．计算机科学，2015，42(6A)：503-509.

⑥ 冯婧禹．泛在学习环境下学习资源推荐系统的研究与设计[D]．北京交通大学硕士学位论文，2015.

⑦ 刘军伟．钢铁工业泛在信息匹配推送服务体系及其实现方法研究[D]．武汉科技大学博士学位论文，2015.

比较缺乏。由于泛在网络同虚拟的互联网不同，需要实现整个现实世界物与物、物与人、人与人之间的广泛连接，因此本研究拟从泛在网络中信息的类型与层次结构入手，分析信息过载产生的各种原因与带来的影响，进而探讨泛在网络中信息组织对信息过载的防控作用及信息组织的机理，最后尝试性的提出适用于泛在网络的信息组织模式。

1.3 研究框架

随着泛在网络的建设与广泛应用，网络中的信息数量将会持续快速增长，进而引发信息过载问题，网络中数量庞大、质量参差不齐的信息将会导致用户很难高质高效地获取所需信息，因此有必要对泛在网络中的信息资源及信息组织模式展开研究，探讨泛在网络中信息组织对信息过载的防控作用。基于此，本书研究的重点问题主要包括下述四个方面。

1. 泛在网络中信息资源基本问题研究

要想探讨泛在网络中的信息过载与信息组织问题，必须先对泛在网络与网络中信息资源的基本情况展开深入研究，这部分研究内容主要是通过文献调研，界定泛在网络的概念，研究泛在网络的发展现状，明确泛在网络的发展目标与基本架构，依据信息资源管理理论分析泛在网络中信息资源的载体与属性，进而揭示泛在网络中信息资源的类型与特征，并在此基础上探讨泛在网络中信息资源的层次结构，为后续研究奠定理论基础。

2. 泛在网络中信息过载问题的研究

泛在网络中信息资源的激增，势必会使网络中的信息过载问题更为严重，针对该问题，本研究通过问卷调查的方式，了解了泛在网络环境下网络信息交流平台中信息过载的现象、危害及原因，为进一步研究提供了翔实的基础数据。在对调查数据分析的基础上，本书从理论上深入研究了泛在网络中信息过载的状况及原因，并探讨了信息组织对信息过载的防控作用与途径，尝试从信息组织的角度缓解未来泛在网络中信息过载问题所带来的危害。

3. 泛在网络中信息组织的机理研究

以泛在网络的架构与网络中信息资源的基本情况为基础，分析泛在网络中信息组织的特征与过程等基础理论问题，并结合实际应用状况，比较可应用于泛在网络的不同信息组织方式，分析它们各自的优劣，探讨不同组织方式在泛在网络中的应用前景与发展趋势，最后从系统论的角度研究泛在网络中信息组织的机制，着重分析机制的各构成要素以及要素间的相互关系，为构建泛在网络中的信息组织模式提供理论依据。

4. 泛在网络中信息组织模式的构建研究

以缓解泛在网络中的信息过载问题为导向，以泛在网络中信息组织机理为基础，分析泛在网络中信息组织的目标与原则，通过对现有网络信息组织方法的合理运用与改进，运用科学规划方法探索性地设计泛在网络中信息组织模式的宏观架构，并探讨组织模式中的信息描述标准，进而进一步研究泛在网络中信息组织模式的技术实现问题，最后分析泛在网络中信息组织模式的特点，明确该种模式的优劣与使用范围，为相关组织机构在泛在网络环境下组织管理信息资源提供一定的理论基础。

围绕以上四个核心问题，本书设计的研究框架如图 1-1 所示。

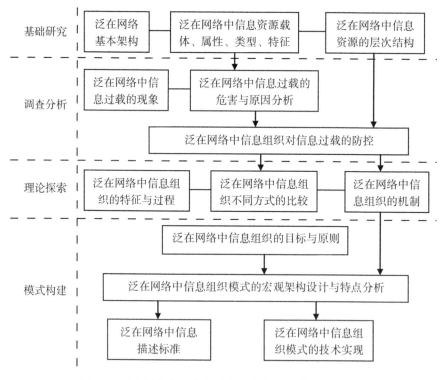

图 1-1　泛在网络中的信息过载与信息组织模式研究框架

18

具体而言，该研究框架是以泛在网络中的信息资源为研究对象，并在问卷调查的基础上，从用户视角分析泛在网络中信息过载的危害与原因，研究泛在网络中信息组织对信息过载的防控作用，依据信息资源管理理论，运用系统学的方法探讨泛在网络中信息组织的机制，尝试性地构建泛在网络中信息组织的模式，并研究其中的信息描述标准与技术实现。

1.4　本书的创新点

网络技术与架构正处于变革之中，信息资源的基本情况与组织方式必然随着网络架构的演变而发生变化。本书在实际调研的基础上，结合泛在网络发展的现实状况对泛在网络中信息资源的基本情况、信息过载的问题与信息组织的机理展开了深入的理论研究，并在此基础上探讨了泛在网络中信息组织模式的构建问题，以形成该领域探索性的研究成果，其创新之处主要体现在：

第一，结合泛在网络的技术特点，对泛在网络中的信息资源从类型、属性、特征等方面进行多角度研究，揭示了泛在网络中信息资源的层次结构。

第二，用实证调研的方法，分析了泛在网络中的信息过载现象及产生的危害，探究了泛在网络中信息过载产生的原因，并探讨了信息组织对其的防控作用。

第三，通过对泛在网络中信息组织机理的深入研究，运用协同学理论和科学规划方法设计了泛在网络中信息组织模式的宏观架构，并尝试性地构建了泛在网络中的信息描述标准，且在此基础上进一步探讨了泛在网络中信息组织模式的技术实现。

1.5　研究方法

在本书中，主要采用了下述几种研究方法。

1. 文献调研法

利用图书馆、数据库、网络搜索引擎检索获取大量相关文献，通过对已有研究成果的分析，发现目前研究的不足，并提取有价值的信息，作为研究的理论基础与指导。

2. 统计分析法

对泛在网络中信息过载问题的研究以及信息组织机制中用户参与机制的研究，采用了问卷调查的方法，通过对收集数据的统计、分析和归纳，为理论研究提供数据支持，从而得以从定性和定量相结合的角度，研究信息过载的危害、产生的原因以及用户参与机制的形成。

3. 相关分析法

通过问卷调查和对泛在网络中信息资源的研究，分析引起泛在网络中信息过载的相关因素，从而揭示信息过载产生的原因，并探讨信息组织对信息过载的防控作用。

4. 专家调查法

以实地访谈、电子邮件等方式就信息组织方式、信息描述标准等专业性问题及时向众多专家进行咨询，并征询专家对本研究的技术路线以及所形成研究成果的意见和建议等。

5. 科学规划法

利用系统科学的方法研究泛在网络中信息组织的机制，并在此基础上探索性地构建泛在网络中信息组织的模式，继而进一步分析该模式的特点与技术实现问题。

2 泛在网络信息资源的基本问题研究

2.1 泛在网络的发展现状与基本架构

2.1.1 泛在网络的概念界定

泛在(Ubiquitous)即"无所不在、普遍存在的",简单而言,"泛在网络"也就是一种无所不在的网络。虽然泛在网络已得到国际社会的普遍关注,但目前国际上对"泛在网络"的概念尚无统一定义,不同机构组织和学者都结合自己的研究领域提出了各自的观点。国际电信联盟(ITU)在 2009 年发布的《Y. 2002建议》中将泛在网络定义为"在预定服务的情况下,能够以最小的技术限制,在任何地点、任何时间、以任何方式为个人和/或设备提供服务和通信能力"①的网络。最早提出"泛在"战略的日本和韩国认为"泛在网络是由智能网络、最先进的计算技术以及其他领先的数字基础设施武装而成的技术网络"②③。中国通信标准化协会(CCSA)认为泛在网络是指"基于个人和社会的需求,实现人与人、人与物、物与物之间按需进行的信息获取、传递、存储、认知、决策、使用等服务,具备超强的环境感知、内容感知和智能性,为个人和社会提

---

① Recommendation ITU-T Y. 2002. Overview of ubiquitous networking and of its support in NGN. [EB/OL]. [2014-12-20]. http://www.itu.int/rec/T-REC-Y. 2002/en.

② International Telecommunication Union. Ubiquitous network societies: the case of Japan. [EB/OL]. [2014-12-20]. http://www.itu.int/osg/spu/ni/ubiquitous/Papers/UNSJapan CaseStudy. pdf.

③ International Telecommunication Union. Ubiquitous network societies: the case of Korea. [EB/OL]. [2014-12-20]. http://www.itu.int/osg/spu/ni/ubiquitous/Papers/UNSKorea-casestudy. pdf.

供泛在的、无所不含的信息服务和应用的网络"①。北京大学的徐安士、李正斌认为泛在网是指"透明的、无处不在的网络,在该网络中人们可以在任何时间、任何地方、安全使用并接入任何业务,但并不感觉其存在"②。清华大学的文浩认为泛在网即"广泛存在的网络,它以无处不在、无所不包、无所不能为基本特征,以实现在任何时间、任何地点、任何人、任何物都能顺畅地通信为目标"③。学者胡海波认为泛在网络是指"无处不在的网络,是最先进的计算技术和其他领先的数字技术基础设施武装而成的技术社会形态,这种社会形态将以无所不能、无所不包、无所不在为基本特征,以实现任何时间、任何地点、任何人都能顺畅地开通通信和信息交流为目标,从而实现人与人、人与物、物与物之间的信息交流"④。

综上所述,不同组织与学者在界定泛在网络的概念时,有两点共性的认识:第一,泛在网络不仅能为人还能为设备和物体提供通信和交流的服务;第二,泛在网络能够实现任何时间、任何地点、任何方式的接入。基于这两点共性认识,本书尝试从信息管理的角度对泛在网络进行界定,认为泛在网络是一种由多种网络融合构成的,能够支持人与人、物与物、人与物之间进行充分信息交流,并为用户提供无所不能、无所不在的信息服务的网络。

2.1.2 泛在网络的发展现状

随着信息通信技术的发展,目前信息网络正在朝着新的架构演进,在此阶段,作为信息化发展重要组成部分的泛在网络得到了各国的普遍重视,纷纷出台了相关战略和政策以促进其建设发展,但从目前情况来看,不同国家和地区的发展重点略有不同。

1. 亚洲泛在网络发展现状

日本是第一个提出"泛在网络"战略的国家,其理念是以人为本,实现人与人、人与物、物与物通信;2004 年日本总务省提出 U-Japan 战略,目标是建

---

① 中国通信标准化协会. 泛在网是"感知中国"的基础设施. [EB/OL]. [2014-12-20]. http://www.ccsa.org.cn/worknews/content.php3? id=2486.
② 徐安士,李正斌. 未来的网络——泛在网. 全国未来通信科技与产业发展战略高级研讨会论文集[C]. 万方, 2005.
③ 文浩. 无处不在的终极网络——泛在网[J]. 射频世界, 2010(1):44-47.
④ 胡海波. 泛在网络环境下的政府信息服务[J]. 情报资料工作, 2011(3):83-87.

设无所不在的网络①；2009 年，日本 IT 战略本部发表了"i-Japan 战略 2015"，作为 U-Japan 的后续战略，目标是在 2015 年让数字信息技术融入生产生活的每一个角落②。2004 年韩国也提出了为期十年的 U-Korea 战略，目标是在全球最优的泛在基础设施上，将韩国建设成全球第一个泛在社会③；2006 年韩国又提出了与 U-Korea 相呼应的 U-IT839 计划④，并在该计划中引入"无处不在的网络"这一概念，现在首尔、釜山等 6 个地区已成为 U-City 示范区。2005 年新加坡资讯通信发展局发布"下一代 I-Hub"计划⑤，旨在通过一个安全、无处不在的网络实现下一代"U"型网络，标志着新加坡正式将泛在网络建设纳入国家战略；2006 年新加坡启动"iN2015"规划⑥，规划指出要将新加坡建设成"信息化技术无处不在的智能国家"。2008 年，台湾推出了"U-Taiwan"计划⑦，目的是让 ICT(Information and Communication Technology，信息和通信技术)与整体社会、文化及民众生活紧密结合，以实现无时无刻、随时随地便利获取网络服务。

2. 欧洲泛在网络发展现状

2004 年爱尔兰利默里克大学在第四届移动通信论坛英国会议上提出了 UCWW⑧(Ubiquitous Consumer Wireless World，泛在用户无线世界)，其核心思想是以用户为中心，随时随地通过任意的无线接入使用户始终保持最佳的链接

① Masayoshi Ohashi. Ubiquitous Network-Next Generation Context Aware Network [EB/OL]. [2014-12-22]. http：//www. pdfio. com/k-2521016. html.

② 于凤霞. i-Japan 战略 2015[J]. 中国信息化，2014(7)：13-23.

③ 王玮. 建立 21 世纪无所不在的网络社会——浅谈日本 U-Japan 及韩国 U-Korea 战略[J]. 信息网络，2005(7)：1-4, 8.

④ Minho Kang. IT 839 Strategy：A Korean Information Technology Development Strategy [J]. Communications Magazine，2006，44(4)：32.

⑤ 古丽萍. 面对泛在网络发展的思考[J]. 现代电信科技，2009(8)：65-69.

⑥ Living the iN2015 vision [EB/OL]. [2014-12-22]. http：//www. ida. gov. sg/~/media/Files/Infocomm%20Landscape/iN2015/IDAInfographi. pdf.

⑦ 王仲成，官秀玲. "U-Taiwan 计划"及其出台的原因分析[J]. 全球科技经济瞭望，2008，23(7)：39-42.

⑧ 张学记等著. 智慧城市：物联网体系架构及应用[M]. 北京：电子工业出版社，2014：136.

和服务状态。2005 年欧盟委员会提出了"i2010"计划①，旨在整合不同的通讯网络、内容服务、终端设备，以提供更一致性的管理架构来应对全球化数字经济；欧盟第六框架中信息社会技术（IST）方向确立了重大研究主题"Ambient Intelligence"（周边智能化）②，以专门针对未来可能出现的泛在智能、异构网络协同工作进行全方位的研究。2008 年法国公布了"2012 数字法国"行动计划③，目的是使所有居民均能使用数字网络和更多样化的数字服务；2011 年法国又发布"数字法国 2020"战略④，强调发展移动宽带和推广智能交通、智能电网等数字化服务。2009 年英国政府推出"数字英国"计划⑤，该计划目标之一是通过打造泛在网和培养公民的数字素养，使绝大多数英国公民参与到数字经济和数字社会中。

3. 美国泛在网络发展现状

泛在计算的概念最早由 Xerox 实验室的 Mark Weiser 在 1991 年提出。1999 年，在美国召开的"移动计算和网络"国际会议中提出了"传感网是下一个世纪人类面临的又一个发展机遇"⑥。2003 年 Nokia 产品经理 Damian Pisani 在白皮书《M2M 技术——让你的机器开口讲话》⑦中提到"M2M 旨在实现人、设备、系统间连接"。从 2004 年开始，M2M 在美国受到广泛关注，美国 M2M 国际组织每年都有一到两次 M2M 国际展会，这意味着美国已开始进入到泛在网络的

---

① 信息化司 . i2010——欧洲信息社会：促进经济增长和就业 [EB/OL] . [2014-12-22] . http：//www. miit. gov. cn/n11293472/n11293832/n12843986/12853534. html.

② 北京邮电大学 . 泛在网络发展研究及标准化建议 [EB/OL] . [2014-12-22] . http：//wenku. baidu. com/view/50225ac2d5bbfd0a795673e3. html.

③ 法国提出"2012 数字法国"计划 应对金融风暴 [EB/OL] . [2014-12-22] . http：//tech. qq. com/a/20081109/000035. htm.

④ 法国发布《数字法国 2020》 [EB/OL] . [2014-12-22] . http：//intl. ce. cn/specials/zxgjzh/201112/29/t20111229_22958873. shtml.

⑤ 数字英国计划制定五大目标 [EB/OL] . [2014-12-22] . http：//www. e-mgn. com/News/T-10337.

⑥ 物联网 [EB/OL] . [2014-12-22] . http：//news. xinhuanet. com/ziliao/2009-12/28/content_12717347. htm.

⑦ 周洪波，胡海峰，邵晓风 . M2M 产业——"两化"融合的核心推动力 [J] . 中国制造业信息化，2009，38(11)：23-27，31.

研发与建设阶段。2008 年 IBM 首席执行官彭明盛首次提出"智慧地球"的概念①,该概念强调更透彻的感知、更全面的互联互通和更深入的智能化。2009年,奥巴马政府将"智慧地球"列为国家信息化战略的重要内容②,该战略计划将传感装置嵌入和装备到电网、铁路、建筑等各种物体中,并被普遍链接,在此基础上将各种现有网络进行对接,实现人类社会与现实世界的整合,从而使人类以更加"智慧"的方式进行生产生活。"智慧地球"战略的提出,标志着美国将泛在信息社会的建设上升为国家信息化战略。同年,迪比克市与 IBM合作,开始建立美国第一个智慧城市。

4. 中国泛在网络发展现状

从我国来看,国家也一直高度重视泛在网络的建设与发展,陆续出台了一系列相关政策与规划。2006 年,国务院发布了《国家中长期科学和技术发展规划纲要》③,其中将"传感器网络及智能信息处理"列入信息产业及现代服务业领域的优先发展主题。2008 年,工业和信息化部发布《信息产业科技发展"十一五"计划和 2020 年中长期规划纲要》④,纲要中提出要推广"RFID、传感器网络技术在全社会的应用","为无处不在、人与物共享的网络应用奠定基础"。2009 年,国务院总理温家宝首次提出要尽快建立中国的传感信息中心,并明确提出了"感知中国"的理念。自此,我国进入了物联网的快速建设时期,而物联网则是泛在网实现的基础。2010 年,《国务院关于加快培养和发展战略性新兴产业的决定》⑤指出要"促进物联网、云计算的研发和示范应用"。2012年,工业和信息化部正式发布《物联网"十二五"发展规划》⑥阐述了我国物联网发展的现状及形势、发展目标、主要任务、重点工程等。2013 年,国务院

---

① 中国电子信息产业发展研究院,赛迪顾问股份有限公司著,中国物联网产业发展及应用实践[M]. 北京:电子工业出版社,2013:9.

② 张琪编著. 探索中国物联网之路[M]. 北京:电子工业出版社,2012:195.

③ 国家中长期科学和技术发展规划纲要(2006—2020 年)[EB/OL]. [2014-12-23]. http://www. gov. cn/jrzg/2006-02/09/content_183787. htm.

④ 信息产业科技发展"十一五"计划和 2020 年中长期规划纲要[EB/OL]. [2014-12-23]. http://www. cnii. com. cn/20060808/ca369689. htm.

⑤ 国务院关于加快培养和发展战略性新兴产业的决定[EB/OL]. [2014-12-23]. http://www. gov. cn/zwgk/2010-10/18/content_1724848. htm.

⑥ 物联网"十二五"发展规划[EB/OL]. [2014-12-23]. http://kjs. miit. gov. cn/n11293472/n11295040/n11478867/14344522. html.

发布的《关于推进物联网有序健康发展的指导意见》①提出发展物联网产业的九项主要任务和六项保障措施。另一方面，我国政府也非常重视泛在网的标准制定工作。2005 年成立了电子标签标准工作组，主要研究和制定感知层关于RFID 技术的标准。2009 年由中科院、清华大学、华为等 120 家单位组成的国家传感器网络标准工作组成立，主要研究和制定感知层关于传感器的相关标准。2010 年，泛在网技术工作委员会(TC10)成立，该委员会下设四个工作组分别从泛在网络总体、应用、网络和感知/延伸四个方面有针对性的开展标准研究，以便可以系统规划泛在网络标准体系，满足政府以及其他行业对泛在网络的标准要求。目前，TC10 已完成行标、技术报告和研究课题立项 30 余项。由此可看出，随着我国政府提出"感知中国"战略，泛在网络重要组成部分——物联网的建设工作和泛在网络相应标准的制定工作已在我国开始启动并快速推进。

2.1.3 泛在网络的基本架构

由于泛在网络对社会经济与服务的发展具有重要的意义，因此国内外企业界和学术界都对其架构提出了自己的设想，较具代表性的有 NGMN 架构、MUSE 系统架构、UCWW 架构和 ITU 所提出的架构。

1. NGMN 架构

NGMN(Next Generation Mobile Networks)架构是由运营商发起组成的NGMN 联盟所提出的。该联盟认为随着网络技术与服务的发展，多种网络将发生融合，具有不同接入技术的终端都能够接入泛在网络的核心网。NGMN②(如图 2-1 所示)认为随着技术的发展，传统的陆地无线接入网(UTRAN)，全球移动通信系统(GSM)接入网、电路域核心网(CS Core)将逐渐被淘汰。

2. MUSE 系统架构

MUSE(Mobile Ubiquity Service Environment)架构是由北京邮电大学提出的。该架构是以用户的最佳体验为目标，强调当用户环境发生变化时业务提供方和用户终端能够自适应地满足需求变化。MUSE 系统架构由用户身份、终端业务

---

① 国务院关于推进物联网有序健康发展的指导意见[EB/OL]. [2014-12-23]. http://www.gov.cn/zwgk/2013-02/17/content_2333141.htm.

② 黄怡，崔春风. 移动泛在网络的发展趋势[J]. 中兴通讯技术，2007，13(4)：1-4.

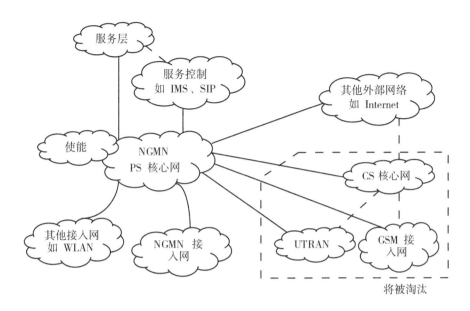

图 2-1　NGMN 架构图

环境、网络业务环境三个功能要素组成，如图 2-2 所示①。图中，用户身份代表泛在网络的服务对象；终端业务环境是一个可以直接为用户提供各种业务的终端环境，具有计算连接、感知和互动能力；网络业务环境是一种融合了各种异构网络的业务环境，具有消息发布、移动、连接、资源管理、计费等能力。需要说明的是，该架构需要用户与某个特定的网络接入提供商签约以获取特定的用户身份。

3. UCWW 架构

UCWW（Ubiquitous Consumer Wireless World）架构是爱尔兰利默里克大学提出的。该架构以用户为中心，用户不需与任何网络接入服务提供商签约即可通过该系统架构随时随地地获取网络链接与服务。也就是说在该系统架构中，当用户环境发生变化时，终端设备能够自动感知环境，并根据用户的个性化设置（如价格最低、速度最快）自动无缝地在服务提供商间进行切换，以保证向用

①　张平，纪阳，冯志勇．移动泛在网络环境 1[J]．中兴通讯技术，2007，13（1）：58-62.

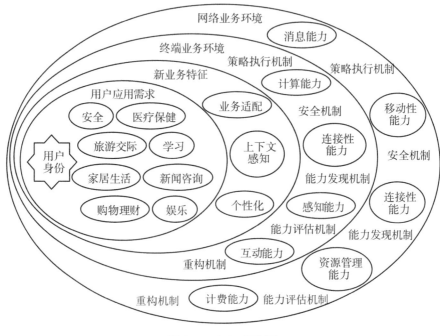

图 2-2　MUSE 架构图

户提供最满足用户需求的服务。UCWW 架构如图 2-3 所示①。

4. ITU 提出的架构

ITU(国际电信联盟)在 2010 年发布的《Y. 221 标准》中提出了一种 5 层设计的泛在网络架构(如图 2-4 所示②)。5 个层次自下而上分别是传感网层、接入网关层、NGN 层、中间件层、应用与服务层。

如图 2-4 所示,最底层的"传感网"可以利用传感器和射频识别装置(RFID)等技术检测物理实体或环境信息,实现对物体信息的采集、获取和物

---

① 张学记等著. 智慧城市:物联网体系架构及应用[M]. 北京:电子工业出版社,2014:136.

② Recommendation ITU-T Y. 2221. Requirements for support of ubiquitous sensor network (USN) applications and services in the NGN environment. [EB/OL]. [2014-12-26]. http://www. itu. int/rec/T-REC-Y. 2221/en.

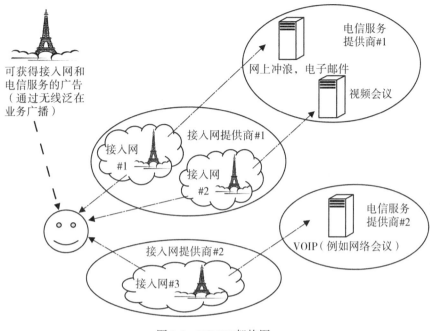

图 2-3 UCWW 架构图

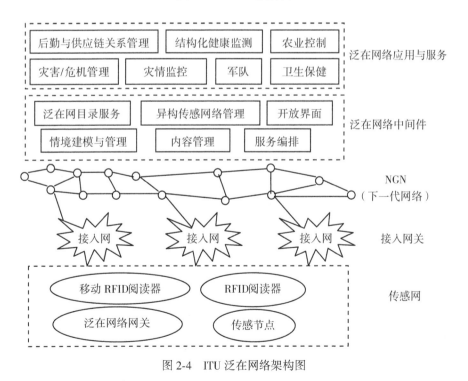

图 2-4 ITU 泛在网络架构图

体识别。在"传感网"层上面的"接入网关"层能够支持有线接入、卫星、无线接入等技术将传感网接入核心网络——NGN。作为泛在网络核心的"NGN"层整合了现有的互联网、电信网、广电网等网络，并通过统一平台向用户提供各种类型的信息服务。在面向用户的应用与服务层之间的是一个能够进行内容管理、服务编排、情境建模等工作，为各种应用提供统一接口的中间件层。而最顶层的应用与服务层可以在任何时间、任何地点，向用户提供健康监测、卫生保健、农业控制等涉及生产生活的各种应用服务。

本书认为在目前提出的四种具有代表性的架构中，NGMN 架构是从接入服务提供商角度提出的，主要强调异构网络的融合；MUSE 架构则不仅关注异构网络融合，还关注业务环境与用户的应用需求；UCWW 架构的核心思想是构建一种以用户为中心的，让用户在异构网络中能够自由接入和使用无线服务的业务环境；而 ITU 架构则既强调了异构网络的融合，特别是传感网的融入，又关注了面向用户的应用与服务，还细致地考虑了接入网关和为应用提供统一接口的中间件，是比前三种代表性架构更全面、更具体的网络架构模型。因此，本书将以 ITU 提出的泛在网络架构作为基础，展开后续的研究。

2.1.4 泛在网络与互联网的关系

从前文泛在网络的定义和基本架构可以看出，泛在网络与互联网之间具有一定的联系，互联网是泛在网络核心网络层的组成部分，但两种网络之间还有一些本质的区别，如表 2-1 所示。首先，泛在网络是由互联网和电信网、广电网、传感器网等网络融合而成的，其基础网络更为广泛而多样，基于此，泛在网络中信息的发布与接受的主体，由原来的"人"扩展到了"人"与"物"，信息可以从人与人之间的传递，扩展到人与物、物与物之间的传递。因而，泛在网络的社会状态也会从互联网中的虚拟社会延伸到现实社会。此外，泛在网络虽然是多网融合，但向用户提供的却是统一接口，这使得用户可以从现在与运营商签约的模式中跳脱出来，摆脱物理、地理等限制，充分自由地获取各种无线服务，而且泛在网络具有比互联网更强大的感知能力、计算能力和互动能力，使得泛在网络能够对用户的各种资料及行为信息进行获取和分析，从而向用户提供更为便捷化、智能化和个性化的服务。

表 2-1 泛在网与互联网的比较分析表

	互联网	泛在网
基础网络	广域网、局域网	现在与未来的所有网络
信息体	人	人与物
网络社会状态	虚拟	现实、虚拟
信息能力	计算、交换	感知、计算、互动
功能	共享信息	便捷化、智能化、个性化服务

2.2 泛在网络中信息资源的载体与属性

2.2.1 泛在网络中信息资源的载体

信息载体是指信息传播中携带信息的媒介，信息资源的载体可以反映信息在社会环境和技术环境中的存在形态。由于信息媒介既可从信息表示方式方面进行认知，也可从信息存储方式方面进行认知，因此，本书分别按照信息的表示方式和存储方式对泛在网络中信息资源的载体类型进行探讨。

1. 按表示方式划分

信息表示载体是指信息在传播中的表现方式，也是信息直接作用于用户感觉器官的方式。按照信息的表示方式不同，可将泛在网络中信息资源的载体分为以下四种：

（1）数据信息载体

数据信息载体主要是指利用各种特定的数值型数据来传载信息。在泛在网络中数据信息可能是由"人"发布的各种常数、统计数据；也可能是由"物"发布的反映其状态的实时数据，如建筑物的压力、电器的用电度数。

（2）文本信息载体

文本信息载体主要是指用文本文档记录和传播文字信息。在泛在网络中文本信息可能是数字化的印刷型文本，如扫描的图书；也可能是专业信息服务机构或人发布的文本，如微信中的一段话、学位论文、政府年鉴等。

（3）多媒体信息载体

多媒体信息载体主要是指利用制作图形、声音、视频等的多媒体工具处理和传播信息。多媒体信息载体能增强信息的表现力，从而使用户更好地理解信息，提高信息的使用价值。泛在网络接入的便利性以及多媒体制作工具的普及性，将会使得多媒体信息在泛在网络中迅速增长，最终成为一种主要的载体形式。具体而言，一方面，多媒体信息将会在用户生成内容和物体发布数据中占据较大比例。如，用户拍摄的街景视频、设备录制的一段谈话等都可非常方便的发布于社交平台中，利于用户间的交流；另一方面，专业信息服务机构为了提高用户体验，也会制作越来越多的电子出版物、多媒体教学课件等专业信息资源。

(4)富媒体信息载体

富媒体信息载体主要是指利用动画、视频、声音和/或交互性的方法来传播信息。该种信息载体通常会利用流媒体、Flash、JavaScript 等技术的一种或几种的组合来向用户传递信息，如电子邮件、网页游戏、插播或弹出式广告等都属于富媒体信息载体。在泛在网络中，随着技术的发展，富媒体信息载体形式可能会更加丰富，由于富媒体信息载体可以与用户进行互动，因此，在泛在网络中可利用富媒体载体形式向用户定向推荐各种信息，以提升信息服务的效率和效果。

2. 按存储方式划分

信息存储载体是指信息所依附的物质资料，能够用于记录、传输和保存信息。随着社会进步和技术的不断发展，信息所依附的物质载体也在不断发生演变。根据信息存储载体所承载信息的直观性，信息存储载体可被分为两大类：一类是直观载体，即信息的形式与内容直接固化于物体表面，人可以直接从载体中获取和阅读信息的内容，如纸张、绢布等；另一类是非直观载体，即信息的形式与内容未直接固化于物体表面，而是通过一系列技术隐藏存储于载体内部，人必须通过相应的技术设备才能获取和阅读信息的内容，如硬盘、芯片卡等。泛在网络中的信息数量巨大，由于网络中的信息资源均为电子信息，因此这里所讨论的信息资源的存储载体均属于非直观载体。按照固化信息和阅读技术的不同，本书认为泛在网络中信息资源的存储载体主要包括以下几种类别：

(1)感光材料类载体

感光材料是一种具有光敏特性的半导体材料，特点是在无光的状态下呈绝缘性，在有光的状态下呈导电性。胶片、胶卷、数码相机中的 CCD 芯片等均属于感光材料类载体。其中，缩微胶片由于保存时间长、方便分类查阅，因此被大量用于图书馆、档案馆的信息资源保存中。而 CCD 芯片、CMOS 芯片等均属于感光传感器,被各种类型的数码相机用以存储图像信息。在泛在网络中,缩微胶片、CCD 芯片等感光材料类载体将长期存在并用于存储各种格式和大小的图像,而且可以预见该类载体将随着工艺的成熟和技术的发展进一步优化与革新。

(2)磁存储载体

磁存储载体是将各种信息变成电信号,用磁介质发生磁化后的剩磁来保存信息,这种信息载体可以反复地被改写,使用方便、存储量大,电脑机械硬盘、移动硬盘等均属于磁存储载体。磁存储载体是目前最重要和最常用的载体,因此目前世界各国对其发展极其重视,未来磁存储载体在泛在网络中也应处于主流地位,而泛在网络中数据的大量激增也将对磁存储载体的容量和处理速度提出更高的要求。

(3)光存储载体

光存储载体是采用激光照射介质,通过激光与介质相互作用,导致介质性质发生变化,从而存储信息的,最常见的光存储载体是光盘。光盘具有轻薄、使用便利等优点,可以存放文字、声音、图像等各种媒体信息,因此受到了广泛的应用。近年来随着技术的发展,光盘的存储容量也在不断扩大,如富士胶片在 2012 年推出的新技术光盘存储容量可达 15TB,可满足目前日益增长的数据存储需求。从目前的应用与发展趋势来看,在泛在网络中以光盘为代表的光存储载体仍将是图书馆、档案馆、医院、测绘等应用领域电子文档存储的一种主要方式。

(4)电存储载体

电存储载体主要是指半导体存储器,即一种以半导体电路作为媒介的存储器。这种信息载体体积小、存储速度快、存储密度高,电脑中的缓存、PDA 等小型数码产品中的闪存、银行的芯片卡等均属于该种载体。在泛在网络时代,电存储载体将会由于应用的推动而快速发展。一方面移动终端会由于上网的便利而有大量的需求,从而推动闪存、固态硬盘等电存储载体向着更耐用、更廉价的方向发展;另一方面,随着物联网的发展与普及,智能芯片卡、RFID 标签等新兴的自动识别类电存储载体将会由于读写速度快、数据安全性和保密性良好而得到广泛应用和进一步优化。

总而言之,无论从何种视角来探讨泛在网络中信息资源的载体类型,都可以发现,泛在网络中信息的多样性与应用的广泛性会使得各种信息载体在泛在网络中长期共存,并被应用于不同的领域,而且各种信息载体将会随着各类技术的发展和应用需求的变化而不断优化升级。

2.2.2 泛在网络中信息资源的属性

刘文等曾在《资源价格》一书中指出①，资源的属性有内在和外在之分：内在属性主要是指资源的使用价值、物质效用等方面；外在属性主要是指资源的有限性或稀缺性等。本书认为在探讨泛在网络中信息资源的属性时可借鉴经济学界对自然资源属性的这种划分方法，将泛在网络中信息资源的属性划分为内在属性和外在属性两个部分。

1. 内在属性

内在属性主要是指信息资源内容方面的特征，可用于区分不同的信息资源，是信息资源组织的重要依据。结合泛在网络的特点，本研究认为泛在网络中信息资源的内部属性主要包括信息资源内容所属的类别、信息资源所涉及的主题或对象、信息资源的原创性。信息资源内容所属的类别一般用传统文献分类法或网络自编分类法中的类目来表征。信息资源所涉及的主题或对象一般用能够体现信息资源主旨的具有实质意义的语词来表征，若是由人或机构所发布的信息，这些语词一般均出自于信息资源的标题或正文中；若是由物发出的信息则语词来源于实体及要素的名称，如××立交桥的受力度、××轮胎的温度；若是原始数据则根据数据所反映的实体及实体的要素来判断其类别归属。信息资源的原创性是本研究认为在泛在网络中应关注的一个内部属性，由于泛在网络中用户发布信息资源极其便利，因而可能出现的大量重复信息将会导致信息过载，增加用户筛选所需信息的成本，若是在揭示信息资源内部属性时对原创与转载信息进行标注，则可提高信息检索的效率，帮助用户快速获取更有价值的信息。

2. 外在属性

外在属性主要是指信息的类型、作者等信息资源的外部特征。虽然信息资源的外部属性并不体现其实质意义，但是对信息资源个体特征的多角度描述，在对信息资源进行组织时，是对内在属性的有效补充，也具有非常重要的意义。泛在网络中信息资源较为重要的外在属性包括发布者、资源名称、发布时间、信息格式、语种、权限等。发布者主要说明是由某一人、机构或物所发布的，在信息组织时可根据发布者将信息系统化的聚合起来，以提高信息的关联

---

① 刘文等编著. 资源价格[M]. 北京：商务印书馆，1996.

度。资源名称主要指信息的标题或赋予资源的名称。发布时间可反映信息的时效性，尤其是物体所发布的信息，根据其发布时间可判断物体的最新状况及物体的变化情况。信息格式反映了信息资源的媒体类型及大小，由于泛在网络中信息可以有数字、文件、图像、音频、视频等多种形式，因此依据这一属性可以选择不同的信息存储工具和组织方法来有效的管理信息资源。语种主要是指描述信息资源内容所使用的语种。权限主要是指信息资源本身被赋予的权限，主要包括知识产权、版权或其他各种产权，由于泛在网络给用户发布和转载信息提供了非常便利的环境，因此为了保护知识创造者的权益，权限的声明与管理会变得越来越重要。

总而言之，内在属性和外在属性都是对泛在网络中信息资源某一个侧面的反映，都是用于组织信息资源的重要依托，因此，对信息资源属性的准确描述是信息资源有效组织的前提。

2.3 泛在网络中信息资源的类型与特征

2.3.1 泛在网络中信息资源的类型

泛在网络的产生与发展改变了现有的信息模式，泛在网络中的信息源由现在的专业信息服务机构和用户扩展至现实世界中的各种实体，因此，信息源主要包括：物、人和专业信息服务机构三种，而信息源的扩展也使得泛在网络中信息资源的类型更加多样化。哲学上把信息划分为三种形态①：第一种是未被认识和把握的处于初始状态的物质信息，即自在信息状态；第二种是有感知能力的有机体主观上认识、把握和直接显现自在信息，而产生的自为信息状态；第三种是人类通过思维活动改造自为信息的过程中创造的新形态——再生信息。

本书将泛在网络中的信息资源也划分为三种类型。

1. 自在信息

泛在网络中有大量来自于传感网的信息，这些信息都是由"物"所发布的，反映了现实世界中各种物体和环境的存在与运动状态，这些信息属于自在信息

① 潘玉田. 从接受过程看文献信息的自在、自为与再生[J]. 图书情报知识，1990（2）：19-20.

类型。这类信息还处于未被认识和把握的状态，只是对客观现实的真实反映，多以数据的形式呈现，也是泛在网络中较为独特的一类信息。

2. 认知信息

该类信息主要由泛在网络用户或专业信息服务机构发布的，其内容有两种：一种是对所获取的自在信息的认知和理解；另一种是对其他用户和机构所发布信息的加工整理及对其的认识与评价，这类信息在泛在网络中占有比例较大，由于每个人对信息的认识和理解与本人的知识经验积累和实际能力有关，因此该类信息具有主观性且质量良莠不齐。

3. 再生信息

该类信息也是由泛在网络的用户或专业信息服务机构发布的。这类信息是在信息利用者本身所积累和掌握的信息的基础上，经过对信息的比较、分析、抽象等思维活动和想像活动所创造出的新信息，这类信息也同认知信息一样具有较大的主观性且质量参差不齐，但普遍比认知信息具有更大的价值。

2.3.2 泛在网络中信息资源的特征

通过前文分析可知泛在网与互联网在信息源、信息处理方式、网络社会形态等方面均有区别，这使得泛在网络中的信息资源虽然有与互联网络中信息资源类似的属性，但也有许多不同的特征，具体如下：

1. 来源的泛在性

泛在网络突破了目前互联网仅仅实现"人—人"通信的界限，通过在现实世界的实体中部署具有一定感知能力、计算能力和执行能力的嵌入式芯片，让物体智能化，并通过 IPV6 协议，将与物体相关的各种信息发布在网络中，从而将信息的来源由人拓展到了现实世界的任何事物(包括人和物)。泛在网络将人类社会与现实世界连接起来，使得网络用户可以随时随地的从任何实体获取信息。

2. 形式的多样性

泛在网络中信息的形式多种多样，既包括目前互联网中的文本、图片、表格等静态信息，也包括动态的多媒体信息，还包括来自于周边环境的实时变化的温度、振动、声音、压力、运动等原始数据。可以说，泛在网络的信息资源是多种形式共存的信息集合，通过云计算和人工智能技术可实现多种形式信息的任意加工处理，从而满足泛在网络用户的多种信息需求。

3. 数量的无限性

泛在网络中的信息资源会随着接入网中的各种信息源而不断增长并积累。具体来说，一方面，传感网中时时监测到的物体与环境信息会随着物体与环境本身状况的变化而不断更新增长；另一方面，泛在网络提供了更为便捷高效的网络接入模式，用户和各种专业机构都可以随时随地接入网络交流和获取信息，在交流和获取信息后，专业机构可加工聚合信息并将处理后的信息发布于NGN中，而用户也可在理解所获取的信息后，结合已有的知识，形成创造性的构想，从而创造并在 NGN 中发布新的信息。因此，泛在网络中的信息资源每时每刻都在增长，从该种角度来说，泛在网络中的信息资源是无限的。

4. 内容的时效性

传感网的融入和各种中间件的应用，使得泛在网络中信息资源的创造、交流与获取方式从根本上得以改变。传感设备对监测数据的实时反馈和用户通过NGN 的即时交流，大大缩短了信息的生产和发布时间，由此也带来了信息的快速变化与更迭，信息的内容与链接处于经常性变动之中，信息内容的时效性大大的增强，信息资源的更迭与消亡也更加难以预测。

5. 价值的可增值性

泛在网络为用户进行信息的交流共享提供了动态而便利的环境。信息资源与其他有形资源不同，信息资源在被某一用户享有的同时并不妨碍其他用户同质量的共同享有。不仅如此，信息资源在被用户共享的过程中，还会由于用户的认识、理解而激发出用户的想象力与创造力，用户会对原来的信息资源不断地补充和完善，甚至创造出新的信息资源，从而使得泛在网络中的信息资源随着被共享而不断地优化增值。

2.4 泛在网络中信息资源的层次结构

钟义信教授曾经在《信息科学原理》一书中提出了一套信息定义体系，认为关于事物运动的状态和方式的信息属于没有任何约束条件的本体论层次的信息，而关于认识本体所感知或所表述的事物运动状态和方式的信息属于受主体约束的认识论层次的信息①。根据钟义信对信息的定义和前文对泛在网络中信息资源类型的划分,本书认为泛在网络中的信息资源可以被分为四个层次:①本体论层次的信息。该层信息是由客观世界的"物"经过监测系统而发布的,是客观世界真实情况的呈现,该层信息有结构化的原始数据,也会有部分非结构化的视频、音频数据。自在信息均属于这一层次。②感知层次的信息。该层信息均是由用户所发布的,是用户根据自身对事物、环境、社会事件等的认知所发布的信息,信息价值的大小取决于用户的认知能力。该层次的信息一般均为非结构化或半结构化信息,通常是用户对文字、图片、视频、音频的理解,也可能是通过对数据的加工整理所发现的隐藏在数据背后的规律或意义。认知类信息中价值较低的部分信息属于这一层次。③集约层次的信息。该层次信息多由各种专业信息服务机构发布,少部分由个人用户发布。通常是专业信息服务机构或个体用户在对本体论层次信息、特别是感知层次的信息,按照不同领域集成后,经过加工处理再按照一定方式组织起来的系统性信息。认知类信息中价值较高的一部分信息属于这一层次。④再生层次的信息。该层次信息可能由个体用户直接发布,也有可能是个体用户通过专业信息服务机构发布,一般均为文字、视频、音频等非结构化或 HTML 文档等半结构化信息。这个层次的信息往往是用户在前三个层次信息的基础上通过分析、综合、概括、比较、推理、想象而创造出的新知识。再生类信息均属于该层次。这 4 个层次的信息在数量上呈现出一种金字塔式的结构,如图 2-5 所示②。

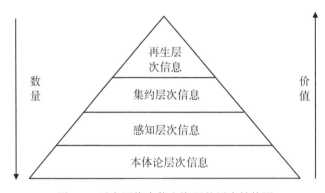

图 2-5 泛在网络中信息资源的层次结构图

① 董珍时,余丰民. 钟义信的信息概念三层次观点对高校图书馆信息资源建设的启示[J]. 情报探索,2011(9):72-74.
② 王娜. 泛在网络中信息资源的层次结构与价值增值机理研究[J]. 情报理论与实践,2013,36(10):31-35.

　　在泛在网络信息资源的层次结构中，最底层的本体论层次信息虽然数量最大，但其都是离散的、无序的数据，要发现数据中的价值必须经过人的认知和理解，所以这一层次的信息价值最低；感知层次信息是本体论层次信息被人认知分析后产生的，故而价值比本体论层次信息要高；而集约层次的信息和感知层次信息虽同属于认知类信息，但集约层次信息是对感知层次信息加工组织而成的，信息之间的关联性得到较好的呈现，更便于人们获取利用，因此价值更高；最高层的再生层次信息是由人创造出的新的知识，虽然质量不尽相同，但由于人思维能力的作用，使其普遍比集约层次具有更高的价值。因此，泛在网络四个层次的信息资源在价值上会呈现出和数量相反的倒金字塔式结构。

3 泛在网络中的信息过载问题研究

随着泛在网络的发展及应用，物体和用户接入网络的便利性将使得泛在网络中信息的生产与发布变得更为快捷和频繁。因此，与互联网环境相比，泛在网络中信息数量的增长将更为迅猛。与此同时，由于缺乏有效的信息监督与筛选机制，泛在网络中信息质量将更加参差不齐，重复信息、同质化信息也会由于信息复制的方便性而大量产生。可以说，泛在网络在给用户带来更为丰富的信息和更为便利的信息交流服务的同时，也会由于信息数量超过用户个体的信息处理能力而给用户带来信息过载的问题。

3.1 泛在网络中信息过载问题的研究方法

目前关于信息过载的研究中实证研究相对较少，而信息过载又与用户的个人信息处理能力及感受有关，因此对于泛在网络中信息过载的问题本次研究主要采用了实证调研的方法。具体而言，主要从两个方面展开了实证调研：一方面，本次研究在对调查对象普及泛在网络基础知识的基础上，采用问卷调查的方式，针对泛在网络中信息过载的相关问题进行了研究与分析，并形成了阶段性研究成果①（2014）；另一方面，为了深入了解信息过载对用户获取信息的影响，本次研究还利用问卷调查的方式，针对目前用户使用量较大的信息服务产品——微博中的信息过载问题进行了调查分析，以作为对前一部分实证调研的补充，并形成了阶段性研究成果②（2015）。

---

① 王娜，陈会敏. 泛在网络中信息过载危害及原因的调查分析[J]. 情报理论与实践，2014，37(11)：20-25.

② 王娜，梁艳平. 微博刷屏与其对用户获取信息效果影响的调查研究[J]. 图书馆学研究，2015(17)：85-94.

3.1.1 调查方法及问卷设计情况

1. 泛在网络中信息过载问题调研情况

为了保证对泛在网络中信息过载问题调研的顺利开展，本次调研前期在线下组织了一次小样本调查，发现调查中遇到的最大问题是，大部分用户不了解什么是泛在网络；其次是由于泛在网络还未完全实现，因而，用户对其中的信息过载问题只能凭借在目前互联网中遇到的情况来进行推测。因此，在小样本调查的基础上，对问卷进行了调整：一方面在问卷开始添加了对泛在网络的解释，帮助用户了解泛在网络；另一方面在问题的设计中，将泛在网络的特点融合在题目中，引导用户从现实情况感知泛在网络中的信息过载现象。考虑到泛在网络的研究和实施处于起步阶段，对此了解和感兴趣的普通用户并不多，因此该次调研采用了非概率抽样中"方便抽样"的方法。

调查问卷的设计基于目前的信息过载理论研究现状，分别从信息过载的现象、危害及原因三个方面进行了相关调查。在信息过载现象方面，主要从用户对网络信息数量的主观感受及信息处理的客观情况两个方面进行了调查；在信息过载危害方面，主要从信息过载对用户工作、信息行为、信息态度等产生的影响几方面进行了调查；在信息过载原因方面，主要了解用户对信息过载产生原因的看法。具体而言，问卷分为四个部分：①用户的基本信息，主要包括3道单选题；②信息过载现象的调查，主要包括3道单选题和1道多选题；③信息过载对用户影响的调查，主要包括3道单选题、2道多选题和1道开放式问题；④信息过载原因的调查，主要包括1道多选题。

2. 微博中信息过载问题调研情况

选择微博作为泛在网络中信息过载问题补充研究的对象，主要有三个原因：第一，是因为微博用户数量庞大，有很好的抽样调查基础；第二，是因为微博可在互联网与移动互联网两种环境下应用，更类似于泛在网络的环境；第三，是因为微博中有许多刷屏的现象，是信息过载问题比较突出的信息服务产品之一。该次调研采用了非概率抽样中"方便抽样"和"目标式抽样"的方法，问卷在线上和线下同时发放，同时考虑到使用微博的年轻人较多，所以实地调研主要选择了学校中的年轻教师和学生。

调查问卷的设计基于E·卡茨提出的使用与满足理论，即用户使用大众传播媒介主要是基于心理或社会需求。在分析用户使用微博主要是为了满足宣泄情感、参与事件、窥探他人、获得知识这四种需求的基础上，设计了此次调查的问卷，其内容包括五个部分：①用户的基本信息，主要包括 4 道单选题、1道多选题和 1 道 5 度李克特量表题；②微博中刷屏现状调查，主要包括 2 道单选题和 1 道多选题；③用户对微博中刷屏现象反应的调查，主要包括 1 道单选题和 1 道 5 度李克特量表题；④微博中刷屏现象对用户影响的调查，主要包括 1 道 5 度李克特量表题和 1 道单选；⑤微博中刷屏现象原因的调查，主要包括 1 道 5 度李克特量表题和 1 道多选。其中的 5 度李克特量表，标度范围从"非常不同意"（1）到"非常同意"（5），数值越高则表示该因素的影响越显著。

3.1.2 调查的实施情况

1. 泛在网络中信息过载问题调查的实施情况

本次调查问卷全部通过网络调查平台"问卷网"（http：//www.wenjuan.com）制作和发放，共收集有效问卷 543 份，参与调查的人群中男女性别比例接近，学历层次和年龄层次分布都较为广泛，具体样本特征如表 3-1 所示。表 3-1 中数据说明调查对象的范围分布合理，采集数据的广泛性和普适性较好。

表 3-1　　　　　　泛在网络中信息过载问题调查样本特征

特　　征		所占比例
性别	男性	52.77%
	女性	47.23%
学历	硕士及以上	4.08%
	本科	76.09%
	大专	13.99%
	高中	3.79%
	初中及以下	2.04%

2. 微博中信息过载问题调查的实施情况

该次调研是通过网络调查平台"问卷星"（http：//www. sojump. com）制作，并在网络平台和实地共同进行问卷的发放，共收集问卷 335 份，其中有效问卷322 份。使用 SPSS 21.0 对调查问卷的信度和效度进行分析，得到 Cronbach α

系数为 0.719，说明信度较好；KMO 值为 0.725，表示结构效度较为合适。在参与调查的人群中男女性别比例接近，学历层次和分布较为广泛，具体样本特征如表 3-2 所示。

表 3-2　　　　　　　　　微博中信息过载问题调查样本特征

特征		比例
性别	男性	48.76%
	女性	51.24%
学历	本科以上	29.81%
	大专及本科	68.95%
	高中及以下	1.24%

3.2　泛在网络中信息过载的现象

3.2.1　泛在网络中信息过载的含义

信息过载问题并不是泛在网络中出现的新问题，早在 20 世纪 50 年代末 60 年代初科技文献快速增长时期，学者 Georg Simmel 就注意到了信息过载现象。随着互联网的发展与普及，信息过载现象并未由于技术的发展而消失，反而成为了困扰众多用户的普遍现象。虽然信息过载现象由来已久，但目前并没有一个学界公认的定义。国内外学者都对其进行了定义，部分定义如表 3-3 所示。

表 3-3　　　　　　　　　部分国内外学者对信息过载的定义

学者（年代）	信息过载的定义
A. G. Schick 等（1990）	信息过载是指对于个人来说，当信息处理所需要的执行交互和内部计算的时间，超出可获得的时间供应或能力，也即可获得的信息超出了用户处理信息的能力①

———————————

① A. G. Schick, L. A. Gordon, S. Haka. Information overload: A Temporal Approach[J]. Accounting, Organization and Society, 1990, 15(3): 199-120.

续表

学者(年代)	信息过载的定义
D. Bawden 等(1999)	信息过载是指个人在工作中无法有效处理相关及有用信息的一种状态,这些信息必须具备某种程度的价值且能够获取①
A. Edmunds 等(2000)	信息过载是指人们感到有太多信息,感觉要耗光他们的时间,给他们造成了压力并影响了他们的决策②
C-Y Chen 等(2011)	信息过载是指信息超出人的感官记忆和工作记忆,而且学习环境中超出记忆的信息与刺激会干扰人对内容的学习③
李书宁 (2005)	在接踵而来、应接不暇的信息面前,人们信息处理的能力大大减弱,在有限的时间内,一些人无法或很难找到自己需要的信息,一些人无法根据自己的需要选择并消化信息,甚至还有些人由于处理的信息量过大,而出现各种身体或心理上的不适,即信息过载④
蔺丰奇等 (2007)	信息过载是人们接受了太多信息,但却无法有效整合、组织及内化成自己需要的信息,以致影响到人们的工作、生活及人际关系等⑤
余向前(2008)	信息超载是指在网络环境中某段时间内出现的,网络提供给用户的大量的、无序化的、价值过低的信息,同时用户缺乏很好的获取策略和方法,使得用户最终不能有效地获取信息产生的信息焦虑、信息疲劳等心理现象⑥

通过国内外学者对信息过载的定义,可发现信息过载不仅与信息的绝对数

---

① David Bawden, Clive Holtham, Nigel Courtney. Perspectives on information overload[J]. Aslib Proceedings, 1999, 51(8): 249.

② A. Edmunds, A. Morris. The problem of information overload in business organisations: a review of the literature[J]. International Journal of Information Management, 2000, 20(1): 17-28.

③ C-Y Chen, S. Pedersen, K. L. Murphy. The influence of perceived information overload on student participation and knowledge construction in computer-mediated communication [J]. Instruction Science, 2012, 40(2): 325-349.

④ 李书宁. 互联网信息环境中信息超载问题研究[J]. 情报科学, 2005, 23(10): 1587-1590.

⑤ 蔺丰奇, 刘益. 网络化信息环境中信息过载问题研究综述[J]. 情报资料工作, 2007(3): 36-41.

⑥ 余向前. 网络环境下用户信息超载问题及对策[J]. 图书馆学研究, 2008(1): 9-12.

量有关,更与用户本身的信息处理能力有关,而且会对用户造成一定的危害。由于用户自身的信息处理能力是有限的,而泛在网络中的信息又会呈爆炸式增长,因此,在泛在网络中仍然会存在信息过载的现象。综合国内外学者对信息过载的认识,本书认为,泛在网络中的信息过载是指,泛在网络中存在着海量信息,而用户的信息辨识与处理能力有限,造成用户很难迅速准确获取所需信息,从而给用户带来的生理、心理的危害以及对工作、生活等的不良影响。

3.2.2 泛在网络中信息过载现象的调查数据分析

1. 泛在网络中信息过载现象的调查数据

为了了解用户是否感觉在网络中存在着信息过载的现象,本次调查从以下几个方面入手,了解了信息过载现象的存在状况。

①当问及"您认为现实生活中的网络信息量如何",51.6%的用户表示对信息量的感受是偏大(见图3-1)。

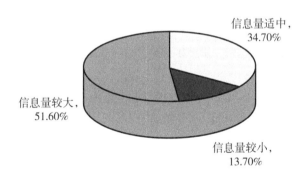

图 3-1　用户对网络中的信息量的感知情况

②在了解用户对在网络上查找信息的有效度的感受时,发现将近80%的用户觉得在网络中可以找到大量信息,但很多是无关或重复的信息,具体数据如图3-2所示。

③泛在网络中信息数量巨大,在了解用户对网络中信息的处理态度时,发现将近90%的用户都是大略浏览,并不认真阅读,而有5.83%的用户甚至会置之不理,具体如图3-3所示。

④问及当用户面对泛在网络中信息资源数量的快速增长时,对大量信息应

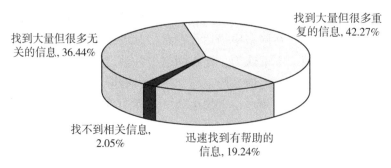

图 3-2 用户对在网络上查找信息的有效度的感受

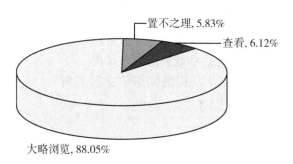

图 3-3 用户对网络中信息的处理态度

如何看待(多选),虽然有 80% 以上的用户还是将信息视为资源,但也有 28.57% 的用户认为信息是污染,还有 20.12% 的用户甚至认为信息是糟粕(见图 3-4)。

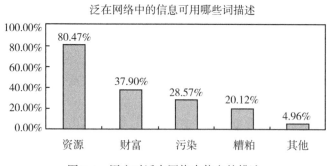

图 3-4 用户对泛在网络中信息的描述

2. 微博中信息过载现象的调查数据

为了补充和佐证泛在网络中信息过载现象的调查数据，本次研究从以下几个方面调查了微博中的信息过载现象。

①当问及"您觉得微博中刷屏现象普遍吗"，将近 50% 的用户认为会经常碰到，甚至有 4.35% 的用户觉得自己总是能够碰到刷屏现象，只有 3.73% 的用户认为从未碰到过刷屏现象，具体数据如图 3-5 所示。

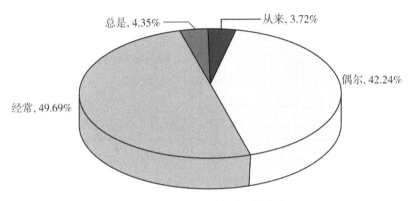

图 3-5　用户对微博刷屏的感受

②将刷屏率定义为浏览到的无用信息量占总浏览量的比例，基于此，了解用户对微博刷频率的感受时，发现有 40% 以上的用户都认为微博刷屏率在 10% 以上，具体如图 3-6 所示。

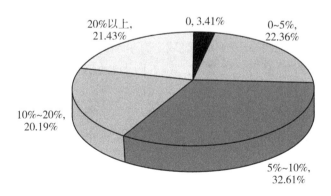

图 3-6　用户对微博刷屏率的认识

③当了解微博中刷屏信息的种类时(多选),发现广告、娱乐、垃圾信息中刷屏的现象出现较多,而政治、体育信息中刷屏现象出现较少,具体如图3-7所示。

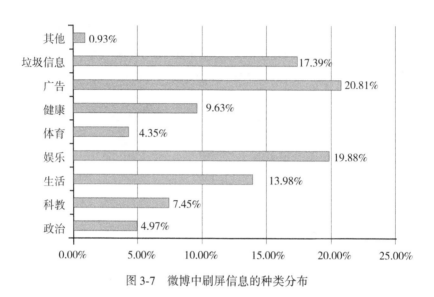

图3-7　微博中刷屏信息的种类分布

3.2.3　泛在网络中信息过载现象的调查结论

泛在网络为用户和物体接入网络提供了便利,网络中的信息的发布、传播将在速度和数量上跃升入更高的级别,与此同时,极度膨胀的信息数量也会让用户觉得无所适从。在互联网络中已经被信息过载困扰的用户,对未来泛在网络中的信息获取情况很难持有乐观的态度。对调查中的关于信息过载现象的数据进行分析,可发现网络中的信息过载主要呈现出以下特点:

①泛在网络中信息将飞速增长,相较于用户的信息处理能力而言,大部分用户认为网络中的信息量较大。

②在网络中查询信息时,绝大部分用户发现虽然可以找到大量的信息,但是信息中会存在无关或重复的信息,比如,在微博中大部分用户反映会经常遇到刷屏现象。

③虽然绝大部分用户在查询信息时会发现查询结果中存在重复的信息,但重复信息在类别归属上有一定的倾向,通常广告、娱乐类信息重复较多,而政治、体育类信息却较少重复。

④调查显示近90%的用户在处理网络信息时都是"大略浏览"，说明用户在接受网络信息时，处理能力明显不足，无法很好地吸收和利用信息。

⑤在信息时代，信息一直被视为一种重要的资源，然而调查显示虽然大部分用户认为网络信息是一种资源，但也有部分用户认为信息是"污染"，甚至是"糟粕"，这从侧面反映了网络信息虽然数量巨大，但质量良莠不齐。

通过对泛在网络中信息过载现象的调查分析可发现，目前网络中信息的数量已让用户觉得较大，甚至超出了用户的处理能力，使得用户仅能对信息进行大致浏览。而另一方面，在用户查询信息时会出现大量重复或无关的信息，但在不同领域信息重复现象的严重程度不同。基于以上分析，可得到结论，在未来的泛在网络中随着信息的快速增长，在用户处理能力无法显著提高的情况下，信息过载现象依然会存在，如果没有有效的方法控制低质、重复或无关的信息给用户带来的困扰，用户将无法有效吸收和利用信息，甚至对信息产生怀疑、厌倦的情绪。

3.3 泛在网络中信息过载的危害

3.3.1 泛在网络中信息过载危害的调查数据分析

1. 泛在网络中信息过载危害的调查数据

为了了解信息过载对用户所造成的危害，本次调查从以下几个方面入手，了解了信息过载现象对用户造成的影响。

①泛在网络中的信息具有多样化的特点，在向用户了解查找网络信息的效果如何时，发现仅有52.27%的用户认为帮助较大，有接近一半的用户认为效率不高，甚至有少部分用户认为会影响工作效率，具体数据如图3-8所示。

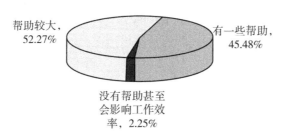

图3-8　网络信息对用户工作的效益

②泛在网络利于用户随时随地在网络上发布信息,当用户被问及对网络信息真实度的感知时,有 43.44% 的用户认为仅有一部分网络信息可信,还有 1.17% 的用户认为完全不可信,具体数据如图 3-9 所示。

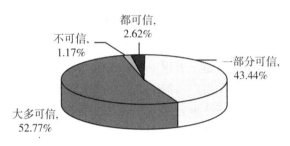

图 3-9　用户对网络信息真实度的感知状况

③在向用户了解每天处理网络信息的时间时,发现有 44.61% 的用户每天要花费 2 小时以上处理信息,有 16.62% 的用户甚至要花 4 小时以上,仅有 11.95% 的用户处理信息的时间少于 1 个小时,具体情况如图 3-10 所示。

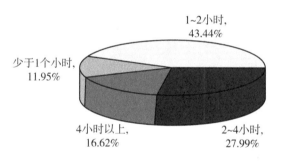

图 3-10　用户每天处理信息花费时间的分布情况

④当询问用户对泛在网络的发展态度时,得到的反馈如表 3-4 所示(由于是多选题,因此存在比例之和大于 100 的情况),绝大部分用户认为泛在网络中的信息获取会更加方便,但同时质量会更加良莠不齐,浪费在无用信息上的时间可能也会增多。

⑤当问及用户对泛在网络中信息与人之间关系的认识时,大部分用户认为虽然获取信息的途径会增多,但部分发布者会为了利益忽视信息质量,导致用户不知道去何处获取有价值信息,而大量出现的信息也会给用户带来压力。具体数据如表 3-5 所示(由于是多选题,因此存在比例之和大于 100 的情况)。

表 3-4 用户对泛在网络发展所持态度

选项(用户的态度)	选择人数	比例
用户获取信息会更加方便,生活、学习、工作更加便利	331	60.93%
网络上的信息会更加良莠不齐,对未成年人,甚至成人都可能产生一些负面影响	285	52.48%
用户浪费在网络上无用信息的时间可能继续增多,而会很少去亲身体验与思考,不利于个人创新	218	40.23%
是对传统信息获取方式(书刊、杂志、报纸等)的一种冲击,不利于这些行业的发展	131	24.20%

表 3-5 用户对泛在网络中信息与人之间关系的认知

选项(用户的认知)	选择人数	比例
用户获取信息途径增多	367	67.64%
一些发布者只为利益而忽视了信息质量,用户可能会不知去哪获取有价值的信息	288	53.06%
大量出现的信息会让人产生压力	187	34.40%
用户可以真正成为网络世界的主人	82	15.16%

⑥此次调查设置了一道开放式问题,向用户询问作为目前网络发展方向的泛在网络中大量信息的涌现可能给用户带来的影响。对用户的回答进行汇总后归纳可得:大多数用户认为虽然泛在网络中大量涌现的信息能够给用户的工作及生活带来很大帮助,但是也会出现大量信息难以筛选、信息可靠性难以判断、信息处理速度不够、垃圾信息增多等困扰。

2. 微博中信息过载现象的调查数据

为了补充和佐证泛在网络中信息过载危害的调查数据,本次研究从以下两个方面调查了微博中信息过载对用户的影响。

①本次调查问卷设置了 1 道 5 度李克特量表问题,从有效信息接收率、信息种类、信息质量、学习工作效率、获取信息成本、信息关注度、自我诉求满足这七个方面,了解了微博中刷屏现象对用户的影响,得到的具体结果如表 3-6 所示。

表 3-6　　　　　　　　　微博中刷屏现象对用户的影响情况

影响	均值	强度
信息质量下降	3.9752	很强
有效信息的接受率降低	3.9410	
获取信息的成本增加	3.8137	
学习和工作效率降低	3.7888	较强
信息种类下降	3.7391	
提高对某信息的关注度	3.2143	较弱
自我诉求得到满足	2.8696	很弱

从表 3-6 中可以看到，微博中的刷屏对用户的负面影响更强，其中在"信息质量下降""有效信息接收率降低""获取信息成本增加"这三方面让用户受到了很强的负面影响，而刷屏给用户带来的正面影响很小。

②在了解面对微博中的刷屏现象用户会有何应对措施时，设置了 1 道 5 度李克特量表题，调查发现用户对采取不同应对措施的积极程度不同，其中积极程度最强的是"取消关注的对象"，其次是"将关注的对象分组"，具体情况如表 3-7 所示。

从表 3-7 可以看出，微博中的刷屏现象会对用户产生一定的影响，使得用户必须采取一定的措施来改善这种信息过载的现象。

表 3-7　　　　　　　　　用户对微博刷屏采取的应对措施

措施	均值	强度
取消某些关注对象	4.0124	很强
将关注对象分组	3.7298	较强
举报某些刷屏关注	3.2081	较弱
不作处理	3.1398	
不再使用微博	2.3758	很弱
以相同的方式"刷屏"	2.1770	

3.3.2　泛在网络中信息过载危害的调查结论

从上文可知，信息在网络时代并非就等同于"资源"，无限增长的信息也并非能够保证用户一定可从中找到自己所需的东西。相反，泛在网络中来源广泛的信息，让用户产生了负面情绪，调查显示用户对泛在网络的发展以及泛在网络中信息与人之间关系的认识，都持有一定的消极态度。对调查中关于信息过载危害的数据进行分析，可发现泛在网络中信息过载危害主要体现在以下几个方面：

①信息过载现象的出现，尤其是网络中重复信息、垃圾信息、虚假信息的增长，使得有近一半的用户认为目前网络信息对用户只有一些帮助或完全没有帮助，而绝大部分用户则认为网络信息只有部分可信，说明信息质量的参差不齐已经影响到了用户对信息价值和可靠性的认识。

②大部分用户认为目前网络信息的数量已大于用户需求量，使得近一半用户每天要花费两个小时以上来处理网络信息。在某些情况下，用户还需要花费精力采取一定的措施，如通过屏蔽不良信息源、将信息源分组等来减轻信息过载带来的危害。

③基于目前网络信息过载的现状，调查显示大部分用户虽然认为泛在网络的实施与普及可以增加用户获取信息的途径、提高信息获取的便利性，但泛在网络中信息质量会更加良莠不齐，可能导致其不知应从何处获取有价值的信息；另有近一半的用户认为在泛在网络中浪费在筛选无用信息上的时间可能会继续增多；还有部分用户认为泛在网络中大量涌现的信息会给用户带来心理压力。

④对于用户而言，网络中的重复信息会使用户觉得信息质量下降、有效信息接受率低、获取信息的成本增加，有时也会降低用户工作和学习的效率、减少用户获取信息的种类。

3.4　泛在网络中信息过载的原因

3.4.1　泛在网络中信息过载原因的调查数据分析

1. 泛在网络中信息过载原因的调查数据

为了了解用户对泛在网络中信息过载原因的看法，本次调查设置了1道多选题(因此存在比例之和大于 100 的情况),调查结果显示,绝大部分用户认为是信息量过大导致了信息过载,也有较多用户认为是信息质量差导致了信息过载,具体调查数据如表 3-8 所示。

表 3-8　　　　　　　　用户对泛在网络中信息过载原因的看法

选项(用户的看法)	选择人数	比例
信息量过大,不能充分吸收	361	66.47%
信息质量差,垃圾信息较多	263	48.40%
自己处理信息能力较弱	192	35.28%
个人目标不明确	147	20.70%

2. 微博中信息过载原因的调查数据

为了补充和佐证泛在网络中信息过载原因的调查,了解用户如何看待微博中刷屏现象出现的原因,本次调查设置了 1 道 5 度李克特量表问题,从关注对象行为、广告充斥、信息被引用、言论发布容易度、关注对象相似度、未将关注对象分组这六个方面对用户进行了调查,具体调查结果如表 3-9 所示。

表 3-9　　　　　　　　微博中刷屏现象出现的原因分析

原因	均值	强度
关注对象的主观行为	4.0124	很强
各种广告充斥	3.9379	很强
信息被多方面引用	3.7609	较强
言论发表自由、容易	3.6801	较强
关注对象相似度较高	3.5093	中等
未将关注对象分组	3.2857	较弱

从表 3-9 中可以看出,用户认为微博中刷屏现象的出现主要与信息发布者有关,与信息被引用和信息发布容易也有较强关联,此外还与用户所关注对象的相似程度高有一定关系。

在向用户询问微博中信息过载的原因时,大部分用户认为,一方面的原因是，微博中的信息量大于用户所需的信息量；另一方面的原因是，大量无关、冗余、无用的信息干扰了用户对信息的选择。调查的具体数据如图 3-11 所示（由于是多选题，因此存在比例之和大于 100 的情况）。

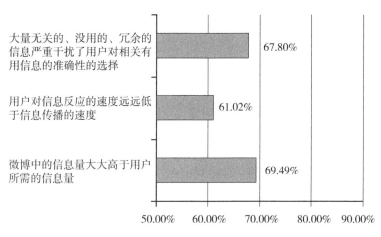

大量无关的、没用的、冗余的信息严重干扰了用户对相关有用信息的准确性的选择　67.80%

用户对信息反应的速度远远低于信息传播的速度　61.02%

微博中的信息量大大高于用户所需的信息量　69.49%

50.00%　60.00%　70.00%　80.00%　90.00%

图 3-11　微博中信息过载的原因

3.4.2　泛在网络中信息过载原因的调查结论

在信息技术快速发展、信息资源大量涌现的网络环境中，信息的过剩给用户带来了多方面的危害，要想防控泛在网络中信息过载现象的发生或减少信息过载给用户带来的负面影响，就需要对泛在网络中信息过载的原因进行探究。对调查中关于信息过载原因的数据进行分析，可发现泛在网络中信息过载产生的原因主要包括以下几个方面：

①用户认为网络中的信息量过大是导致信息过载的主要原因，正是由于信息的发布量超过了用户所需的信息量，使得用户无法充分吸收信息，才使用户感到信息过载。

②用户认为网络中信息质量差也是导致网络信息过载的一个重要原因，由于网络信息中冗余、无关、无用、垃圾信息较多，如广告，干扰了用户对信息的选择，从而使用户感觉信息过载。

③用户认为信息的发布和重复引用变得容易，也是导致信息过载产生的原因，在泛在网络中发布信息越来越容易，用户可随意发布各种不同质量的信息，还包括复制的信息，使得用户获取有价值信息的成本变高，从而感到信息过载。

④用户认为发布源的主观行为以及高相似度也会导致信息过载，如果发布者不控制信息的质量，发布复制的信息、垃圾信息则会导致网络信息过载。

3.5 泛在网络中信息组织对信息过载的防控作用

通过本次对当前网络和泛在网络中信息过载现状的调查可以发现，目前的互联网、移动互联网中存在信息过载现象。用户认为现有信息量已超过自身处理能力，使其无法对信息进行有效吸收，而且低质信息的增多使用户觉得信息在降级，已有部分用户认为信息是"污染"，甚至是"糟粕"。基于目前网络中信息过载的状况，用户对未来泛在网络中的信息环境大多持悲观态度，有一半以上用户认为泛在网络中会存在信息过载现象，而且信息过载会给用户带来包括有价值的信息匮乏、心理和生理受到损害、工作和学习效率降低等危害。为了减少信息过载对用户所造成的危害，增强解决方法的针对性，本次研究专门对产生信息过载的原因进行了调查。调查结论与目前大部分从理论角度研究信息过载的论文中，所分析的信息过载的原因有所不同，目前用户认为导致信息过载的原因主要是客观原因，包括信息量过大、缺乏有效筛选手段、对发布者缺乏监管，而对于自身信息处理能力不够、需求表达不清等主观方面的原因在调查结论中均无涉及。因此，基于本次调查的结论，本书认为要对泛在网络中的信息过载进行一定的防控，提高未来泛在网络环境下用户获取和利用信息的效率，并提升用户获取信息的体验，需从这些客观原因入手寻求解决方法。

3.5.1 泛在网络中信息过载与信息组织间的关系

泛在网络中信息资源将呈现出海量、来源广泛、类型繁多等特点，特别是泛在网络中用户接入网络的泛在性、信息复制的便利性与发布信息的自由性，将使得泛在网络中的信息数量急剧增长。但与网络信息量持续增长不同的是，用户的信息需求量却并不会呈现出同样的增长速度，同时由于用户本身生理与心理的局限性，使得其处理信息的能力也不可能与信息量的增长相匹配。因此，可以说信息过载其实是信息增长与用户获取之间矛盾的一种客观呈现。那么，要缓解信息过载给用户带来的危害，实质上就是要解决信息量持续增长与用户获取量有限之间的矛盾问题。在用户处理信息的能力不可能无限提升，而网络信息数量又势必会持续增长的情况下，只有通过一定的方法帮助用户将需要处理的信息量减少至用户处理能力范围内，用户就能避免或减轻信息过载带来的困扰。通过本次研究中的调查可以发现，网络中的信息对用户而言并不都是有价值的，相反有很多信息都是冗余、无用的，甚至是垃圾信息。可是在泛在网络中，接入网络的便利性增加、成本降低，对用户发布和传播的信息质量又很难规范和控制，因此，在泛在网络中势必会存在部分重复信息、垃圾信息，甚至是虚假信息。要减少用户所需处理的信息量首先就要将这些低质信息去除。除去低质信息后，网络中大量无序的信息中也仅有部分是和用户的需求有关的，用户仍要耗费大量的时间和精力来搜寻自身想要获取的信息，因此，要想进一步减轻无序信息数量与用户处理能力之间的矛盾，还要通过一定的方式帮助用户筛选出符合他们需求的信息。

信息组织可以根据一定的原则和方法，对信息的外部和内部特征进行揭示，并可根据信息的特征将分散无序的原始信息转换成一个有序高质的信息系统。可以说信息组织的过程也是信息增值的过程，信息组织的成果是方便用户检索和利用的高级信息集合，可以帮助用户高效且有效的获取信息。因此，利用信息组织工作对泛在网络中的信息按照一定的方式进行揭示和集中，可以去除掉冗余信息，将信息变成有序的系统。若将多种信息组织方式结合起来使用，还可以从多个角度多个层面对信息进行更全面深入的揭示和表现，实现对信息的多维解析，从而帮助用户更为精准快速地搜寻到所需信息。从上述分析可知，信息组织不仅可以将泛在网络中纷繁无序的信息有序化，形成系统化的信息空间，还可以帮助用户理解和吸收信息，在很大程度上减轻无序信息数量与用户处理能力之间的矛盾，缓解信息过载给用户带来的困扰。目前，常用的信息组织方式已有较为成熟的体系结构，各种组织方式也随着实践不断地在发展优化，有很好的应用基础，可直接在泛在网络中作为信息管理活动的核心环节使用。由于信息组织工作应在用户搜寻信息之前完成，对于信息过载现象属于一种提前预防和控制性的工作，因此本书认为可将信息组织工作作为泛在网络中防控信息过载的一种重要手段。

3.5.2　利用信息组织防控信息过载的途径

信息组织工作能够通过不同的信息组织方式将大量无序信息以不同的系统形式呈现出来，可以让用户对信息的内容和外部特征有所认知，从而判断是否应该获取和加以利用。基于该原理，本书认为在泛在网络中可利用信息组织工作协助用户防控信息过载带来的危害，具体而言，可从以下几种途径来实现。

1. 采用符合泛在网络信息特点的信息描述标准

泛在网络中的信息与互联网中相比，来源更为多样，质量也更难保证。为了缓解信息量持续增长与用户获取量有限之间的矛盾，就要通过信息组织工作先对网络中数量巨大的信息进行多角度的描述，为用户提供对信息更为全面的认知。由于泛在网络中信息质量的参差不齐是造成信息过载的一大原因，本研究认为在对泛在网络中信息进行描述时应采用新的更符合泛在网络中信息特点的描述标准。如，为了区分信息的不同质量，可采用用户的行为数据作为评判标准，在信息描述标准的内容描述型元素中添加"标签""点击率""标注率"等元素，以帮助用户筛选出高质量信息；为了减少冗余信息给用户带来的困扰，可以在管理型元素中添加"原创性"元素，以帮助用户过滤掉冗余的信息。采用泛在网络中的新信息描述标准后，专业信息服务机构可按照各种描述元素来对信息进行分类集中，在呈现信息时也应将重要的描述特征一并呈现，这样用户就可以根据信息的各种特征来初步判断所需获取和阅读的信息，防止大量冗余信息、无关信息给用户带来的困扰，从而减轻信息过载的危害。

2. 构建不同层次的信息导航系统

泛在网络中信息来源广泛，数量巨大的信息在网络中的分布是分散的，用户在搜寻信息时往往需要耗费较多时间，特别是在目的不明确的情况下，根据超链接的引导浏览信息，常会造成信息迷航。因此，在泛在网络中需要向用户提供信息导航系统，将经过描述的信息按照其特征划分为不同的类别，并将信息有序地排列在导航系统中，以方便用户根据导航来搜寻到自己所需的信息。信息导航系统不仅能够向用户展示不同类别的信息，还能够通过类别之间的联系向用户提供信息间的关联，以方便用户对信息进行认知和判断，减少无关、无用信息对用户所造成的困扰。不同的用户对信息需求不同，有些用户只是为了简单地了解信息内容，有些是需要充分吸收信息并加以利用的，因此本书认为在泛在网络中应向用户提供不同层次的信息导航系统以满足不同用户的需求。各专业信息服务机构一般都应提供分类目录式的信息导航系统，以满足用户简单了解信息内容的需求，这种信息导航系统可按照自编分类法或传统分类法将信息按照内容或外部特征进行组织，用户可通过浏览查找所需的信息，也可根据类目来判断信息间的关系。此外，为了满足用户更为深层的信息需求，泛在网络中的专业信息服务机构还应基于领域本体构建各自服务平台或多服务平台的知识地图，将服务平台中的信息按照领域本体中概念、概念属性、概念间的关系收集起来，再将这些信息进行分类处理，并同时添加信息的存储位置、内容主题等相关信息，用连线和谓词反映信息间的关联，最后用树状或网状结构呈现给用户。用户可根据知识地图搜寻所需的信息，还可根据信息间的关联判断与之有关的其他信息是否符合自己的需求，从而提高信息获取效率，并减少所需处理的信息量，缓解信息过载带来的困扰。

3. 优化升级信息搜索引擎

搜索引擎是目前用户检索信息常用的网络检索工具。在搜索引擎给用户检索信息带来便利性的同时，由于所采用的全文检索技术，会将网页中与主题无关的大量名词也抽取出来建立索引，使得检索结果中会出现大量与用户查询无关的信息，又由于其无法将内容相同的信息做去重处理，使得检索结果中也会出现大量重复的信息。除此以外，部分搜索引擎还由于竞价排名使得检索结果中存在大量广告。搜索引擎的这些不足使得用户在使用搜索引擎检索网络信息时，所得到的检索结果数量巨大，而且其中的重复、无关、无用信息很多，用户还需花费大量时间从结果中筛选出真正符合自己需求的信息，结果数量的巨大也往往超过了用户处理信息的能力，从而让用户产生了信息焦虑的症状，现今有很多用户为了保证不会遗漏有价值的信息，在筛选信息时会要求自己必须查看前 10~20 页的检索结果。基于此，针对泛在网络中信息数量巨大、重复信息与垃圾信息仍会大量存在的信息环境，要想对信息过载的状况进行防控，还需进一步优化升级信息搜索引擎。本书认为可在领域本体的基础上构建知识搜索引擎，首先利用本体对所收集的信息进行主题标引，将信息作为本体中的实例存储于搜索引擎的数据库中，当用户进行检索时，也将用户的检索词进行规范化处理后利用本体进行语义关系的判断，推测用户真正的信息需求，重新构建语义查询关系式，再进入数据库中进行查询，并把查询结果按照语义相关度从高到低返回给用户。利用知识搜索引擎可以从语义层面上实现信息检索，检索结果数量会比现在的信息搜索引擎少，而提供的信息将与用户的信息需求更为贴合，从而能够解决泛在网络中信息数量巨大和用户需求信息数量有限间的矛盾，减轻信息过载给用户带来的信息焦虑。

4. 利用用户参与行为实现个性化信息组织

如前文所述，信息过载实质上就是信息量巨大与用户获取量有限之间的矛盾，既然用户的处理能力有限，对信息的获取量也是有限的，那么在向用户提供信息时应尽可能的减少数量、提高质量，提供给用户符合其个性化需求的信息。与互联网相比，用户在泛在网络中接入网络更为便利，随时随地可利用任何设备接入网络，这就为用户参与信息活动提供了很好的技术基础，加上 Web 2.0 时代到来后用户参与信息活动的行为习惯已形成，在泛在网络中用户对信息活动的参与度一定会很高。而用户参与信息活动就会留下一定的信息，例如，标注信息的标签、检索信息的查询词、对信息服务的反馈等，这些信息能够在一定程度上反映用户的信息需求。比如，用户在一定时期内使用频率非常高的标签、查询词都能够反映用户的兴趣偏好，也即用户的信息需求。因此，本书认为在泛在网络的信息组织过程中，可将用户参与行为纳入其中。一方面，可利用用户的参与行为的统计数据来帮助其他用户判断信息的质量，例如标注率、点击率等；另一方面，更重要的是，可以利用用户参与信息活动留存在网络中的标签、查询词、反馈内容等来推测不同用户的信息需求，构建用户需求模型，提高信息组织的个性化程度。具体而言，利用用户需求模型，可将一段时期内产生的信息进行聚合组织，并推送给用户，也可对用户检索的结果进行过滤，帮助用户筛选出符合自己需求的信息，还可以将相似的用户聚类为用户群，把用户群中各个用户评价(标注、下载)过的信息进行聚合，再将其中得分较高、与用户需求最为相似的信息推荐给用户。这样，泛在网络中的各专业信息服务机构就可以通过收集用户的参与行为信息，建立用户需求模型，将服务平台中经过描述和标引的信息再与用户需求模型进行相似度比较，进行信息的再组织，最后将符合用户个性化需求的信息提供给用户，尽可能多的过滤掉对用户而言无关、无用的信息和垃圾信息，减少用户处理的信息量，从而减少信息过载对用户的负面影响。

4 泛在网络中信息组织的机理研究

4.1 泛在网络中信息组织的特征

如前文所述，泛在网络与互联网络之间，在信息源、信息处理方式、核心网络等方面有本质的区别，且泛在网络中的信息资源也有其自身的特点，因此，泛在网络中信息的组织也有着和互联网环境下不同的特征。

4.1.1 信息组织环境的复杂性

泛在网络是多网融合而形成的，其信息组织的主体更为复杂多样。在互联网络中信息的来源主要是政府、教育研究机构、商业企业、社会组织等各种社会团体，也有少部分来源于普通用户，信息组织的主体也主要是提供信息服务的社会团体。普通用户也会参与信息组织，主要方式是在网站中对信息内容标注标签，以辅助对信息的分类，如博客网、豆瓣等，但由于普通用户大多对信息内容的理解不够专业和深入，因此对信息内容的标注较为凌乱，对信息组织的贡献度不大。而在泛在网络中网络接入的便利性会极大地释放信息内容领域个体用户的信息生产能力，这些用户有很大一部分是专业人士。这些专业人士发布信息的内容质量很高，在其专业领域甚至可以与专业社会团体抗衡，成为介入社会团体和普通用户间的一种信息来源，如新兴的自媒体等。这种信息来源于专业用户，因此多由发布的用户对其进行组织。从组织方式上来说，其组织的专业化程度要强于普通用户，而个性化程度和大众化程度则要优于专业社会团体。泛在网络中的信息来源和信息组织的主体要比互联网环境下的更为丰富和复杂，因此在对泛在网络中的信息资源进行组织时，还应根据其不同来源和组织主体的特点构建多层次的信息组织模式。

4.1.2 信息组织对象的多粒度性

虽然目前互联网络中大量的信息仍是语义内容丰富、字节数较大的文件资源，但随着移动网络的迅速发展，人们越来越喜欢发布和获取篇幅非常短小的微信息，如微信、微博、微视频、微小说等。微信息数量的增长与人们越来越青睐于利用碎片化的时间来处理信息有关。泛在网络将提供给用户更为便利的网络接入模式，这势必使得用户可以在任何短暂的时间间隙，如在乘坐交通工具的过程中，通过各种设备发布信息。而由于时间较短，用户所发布的信息可能往往是一条评论、几张图片、一个喜好的视频列表等微内容。此外，各种物体在泛在网络中所发布的信息往往是和自身相关的各种数据，这些数据也多为即时性的微数据。这些微信息通常是所含知识元较少的细粒度信息。因此，泛在网络中的信息将由目前的大粒度为主，转变为大粒度、细粒度并存的多粒度状态。在对泛在网络中的信息进行组织时，也应综合使用多种信息组织方法，以实现对不同粒度信息的有效组织，从而满足不同层次用户的需求。

4.1.3 信息组织模式的动态性

泛在网络中的信息会时时刻刻地发生变化，如物体会将自身各种情况按设置的条件上传于网络中，各种机构和用户也会随时在网络中发布或删除信息，而用户的信息需求也并不是一成不变的，会随着其具体工作和生活的需要而发生变化。信息组织对象和目标都会不断变化，因此对泛在网络中的信息进行组织时也应根据用户的实际需求，在保持原有组织框架的基础上，动态地设置概念主题和更新概念主题间的关系，使得信息组织更符合泛在网络的信息环境和用户的需求。

4.1.4 信息组织方式的易用化

泛在网络将为所有用户提供极其便利的网络接入条件，使得各种用户可以利用各种终端设备直接获取和利用网络中的各种信息资源，而泛在网络的用户也将会非常多样化。不同年龄、不同职业、不同知识结构和学历的用户会有不同的信息需求，而其中的大部分将是没有经过专门训练、检索技能有限的用户，要向各种不同信息素养的用户提供满足其个性化需求的信息服务，仅依靠传统高度专业化的信息组织方式很难达成。要想满足用户多样化的信息需求，必须要让用户更多地参与到信息服务中，让用户通过和信息服务系统的交互，利用各种导航和可视化方式引导用户充分表达自己的需求，这就需要在泛在网络中采用更为简便易用且容易理解的信息组织方式。

4.1.5 信息组织目标的用户导向性

泛在网络以向用户提供无所不能、无所不在的各种应用服务为目的，是一种以用户为中心的网络，因此对该网络中信息资源的组织也应以用户为导向。一方面，信息组织的方法、技术、工具的选择都应以方便用户有效的获取信息为目的。各种不同类型的网站提供的信息资源类型和面向的用户类型不同。采用的信息组织方式也应不同，如学术团体网站、数据库出版商网站等在提供分类检索时应基于学科体系来划分类目，而视频娱乐网站、音乐图片分享网站在提供分类检索时则应根据资源本身内容的风格、语种或演出/演唱人员来划分类目。因而各类信息服务机构都应面向用户的实际信息需求开展信息组织工作；另一方面，泛在网络中信息组织的对象是形式多样化、来源多样化的信息，而信息组织的目标则是让所有的用户都能有效获取和利用他们所需要的信息，因此信息组织结果的呈现也应以用户为导向。除了达到结果的有序性和易用性之外，还应尽可能地满足用户的可交换、实时、可视化等各种需要，进而实现个性化的信息服务。

4.2 泛在网络中信息组织的过程

泛在网络中快速增长的信息最初均处于彼此毫无关联的自然状态，因此必须根据科学稳定的框架体系，将处于自然状态的无序信息按照内部或外部的属性特征排列成一个有序的信息集合体，以方便用户根据自己的需求按照属性特征的线索在有序的信息集合体中查找到自己所需的信息。也就是说，信息组织是解决泛在网络中用户有效利用信息与信息高速增长间矛盾的一种重要手段。

4.2.1 泛在网络中信息组织过程描述

传统的信息组织过程主要是由专业人员或自动化程序，采用特定的信息组织方法，对信息的内部和外部特征进行挖掘和描述，再对信息进行加工整序并存储于数据库中，且允许用户通过浏览或查询的方式检索所需要的信息。而泛在网络中的信息组织将以用户为导向，更注重服务性，因此在对信息进行组织时将会更多地考虑用户的需求表达方式和信息获取角度。各种信息服务机构在进行信息组织时，将会根据其主要服务对象来选择信息组织方式，并动态调整对信息的描述和标识，体现出信息组织的"去中心化"。具体而言，在泛在网络中完整的信息组织过程如图 4-1 所示，步骤包括：

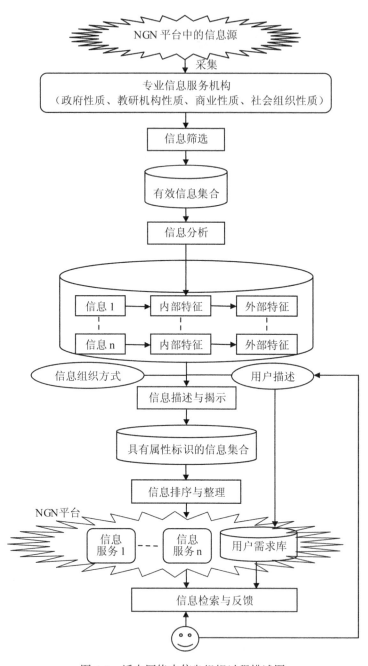

图 4-1 泛在网络中信息组织过程描述图

①采集各信息源发布的信息，不同的专业信息服务机构按其服务目的筛选信息；

②对信息的内部和外部特征进行挖掘、分析与整理，并按照一定的描述标准对信息的主要特征进行描述，同时通过收集用户对信息的标注，动态调整对信息内容特征的描述；

③按照一定的信息组织方式对信息的内容特征进行深层次的揭示和标识。根据收集到的用户对信息的标注和相关反馈意见，动态调整信息标识和建立用户需求模型；

④对信息进行整序、存储，并向用户提供可视化、个性化的信息组织成果，即专业信息服务。其中，信息的描述与特征揭示是泛在网络信息组织过程的中心内容。

由图4-1可见，泛在网络中的信息组织过程是在用户需求的导向下，将从NGN平台中的专业信息服务机构或个人用户等信息源处采集到的信息，进行清洗、过滤，筛选出有效的信息集合作为待组织的信息资源。再从语义、语用和语法角度对信息资源的内部和外部特征进行分析、挖掘和比较，进而根据专业信息服务机构所服务用户的特点，选择合适的信息组织方式对信息资源进行分类、标识等信息描述工作，形成具有属性标识的信息集合，并记录用户描述信息的内容作为优化信息描述工作和构建用户需求模型的基础。最后，根据信息资源的类型和服务需要对信息资源进行排序、整理，最终形成多种类型信息组织成果。在信息组织成果的基础上，专业信息服务机构可在NGN平台上向用户提供各种专业信息服务。当用户利用专业信息服务对信息资源进行检索时，搜集用户的检索行为特征和反馈意见，结合用户对信息标注的内容特征不断完善用户需求库，利用可视化技术将更符合用户需求的信息呈现给用户。

由上述分析可见，泛在网络的信息组织过程与目前互联网络信息组织过程最大的不同在于，对信息的描述和组织并不是完全遵照某种特定的信息组织方式来进行，而是会周期性地根据用户对信息的描述和反馈意见来动态调整对信息的描述和标识(如类目、主题词的设置)。通过信息组织工作管理机构、专业信息服务机构与用户间的互动，让信息组织过程更为动态化、更贴近用户的需求，从而更好地服务于用户。

4.2.2 信息筛选

泛在网络中的信息资源来源广泛，既有传感网中各种物理信息源发布的原始数据，也有互联网和移动互联网的各种用户发布的各种富媒体信息，还有专业出版机构在网络平台上发布的电子期刊、电子图书，以及各种专业信息服务机构所发布的多种类型的信息资源。这些信息的质量参差不齐，尤其是用户所发布的信息，由于缺少专业的手段和渠道进行核实，往往有许多虚假信息、错误信息和非权威信息。此外，用户和专业信息机构之间对信息的互相转载也会使得泛在网络中充斥着大量的重复信息。为了避免用户在获取和利用信息时受到过多垃圾信息的干扰，就需要专业信息服务机构在对信息进行描述、标识前先对信息进行筛选。

信息筛选的主要任务是根据用户需求对采集到的信息资源进行检测、清洗和过滤，明确噪音数据并对其进行一定的处理，从而有效提高信息的质量，减轻不良信息对用户的干扰，为进一步的信息组织工作奠定基础。在信息筛选过程中，需要明确的噪音数据主要包括错误数据、冲突数据、重复数据和不完整数据。错误数据主要是由于采集过程中的信息传输环节所导致的不符合常理和逻辑的数据，如一年的天数超过 365 天、人的体温为 0 度；冲突数据主要是指同一个数据的相关属性值有冲突，如出生日期和年龄不对应、城市和邮政编码不对应；重复数据是指基本相同的数据；不完整数据是指数据的某些属性值缺失，如姓名、数据度量单位的缺失。对这些噪音数据的具体处理方式应遵循以下原则：消除错误数据、剔除重复数据、标明冲突数据、修补不完整数据。通过对初始信息的筛选可得到有效的信息集合。

4.2.3　信息分析

在对有效信息集合进行有效描述和揭示前，还必须对信息进行正确、深入的分析，以便后续的信息描述与揭示工作能更系统、更精准地标识出信息的本质内容。由于信息分析工作是信息描述与揭示工作的基础，其效果将直接影响整个信息组织过程的质量，而信息分析工作又需要运用形式逻辑的方法，因此该部分工作应采用人机结合的形式来确保该工作的正确性与高效性。

信息分析的主要任务是运用人机结合的方法，通过计算、比较、分析，从语法和语义的角度对有效信息集合的内容特征进行挖掘和加工整理，并提炼出主题概念，为进一步的信息描述与揭示工作奠定基础。具体来说，在获得有效信息集合后，先采用自动抽词标引算法对信息进行简单的自动分析。在自动抽词时，若是物体所发出的信息则由物体名和信息的属性名作为标引词；若是图片、视频、音频等多媒体信息则由其标题、图片和视频中的主要对象或类型、音频的风格作为内容特征的标引词；若是文本则需抽取出文本中的词汇，并将词汇与"禁用词表"比较，去除禁用词后计算剩下词汇的词频且按降序排列，再由人工根据服务需求设置分界点来选择标引词。在分界点设置时，一般情况下可根据经验值设置一定的阈值，超过这一阈值的词即可作为能反映信息资源主题的标引词，当信息量非常大又想提高标引准确度的情况下，可将标引词根据抽取的位置不同赋予不同的权值。通常信息资源标题的权值最高，其他各级标题次之，段落第一句再次之，段落最后一句更次之，正文中的其他位置最低。在排序时是将标引词的频次乘以权值后得到的总分以降序排列，再按人工设置的阈值选择标引词。通过对有效信息集合进行初步分析，可获得表征信息资源的主题概念，但这些主题概念往往以自然语言的方式表达。

4.2.4 信息描述与揭示

信息分析的环节已对信息资源做了初步的分析，并已提炼出能够表征信息资源的主题概念，但是对信息所做的分析只属于粗粒度分析，分析所得的主题概念也并不规范。此外，信息分析过程也尚未表征信息的外部特征，因此，为了便于用户有效地获取信息，还必须在信息分析的基础上，对信息的外部特征进行详细的描述，对信息的内部特征进行规范的揭示，并在参考用户标注的基础上动态地调整信息的特征描述与主题标识。也就是说，信息描述与揭示工作是对经过初步分析的信息的内部特征与外部特征的说明、标识与记录的过程。该过程是信息分析的规范化与系统化，是信息整序与存储的基础，因此是整个信息组织过程的核心工作和重要内容。

信息描述与揭示的主要任务是利用信息描述标准和知识组织系统，结合用户的标注，对做过初步分析的信息进行符号化的外部特征描述和内容特征揭示，以达到方便用户共享和利用信息的目的。信息的描述与揭示应依据国际或国家范围内的相关标准和规则进行，达到准确、规范和完备的要求。对泛在网络中信息资源外部特征的描述，需要依据通用或专用的元数据标准，一般应首先参考网页<head>区、<title>、<creator>等标签字段中记录的数据以及 URL 数据，来描述信息的题名、作者、时间、来源、版权等基本外形特征。此外，由于泛在网络中会出现大量用户和机构之间对信息的转载，因此还应注重对信息资源的发布、应用与管理方面情况的描述与记录，以作为用户评价信息质量和选择信息的一种依据。而对泛在网络中信息资源内容特征的描述与揭示，应在信息分析环节的基础上，根据提炼出的主题概念，遵照元数据标准对信息资源的内容特征进行详细精准的说明，进而选择合适的信息组织方式，赋予信息相应的系统化和规范化的代码与标识，再根据用户对信息的标注来不断修正和逐步确认信息资源的内容特征，并修正代码和标识，以确保信息资源内容特征标识的准确性与时效性。由于泛在网络中语言文化的快速变化，大量的新概念和新现象将会诞生，采用规范化的知识组织系统与用户参与组织相结合的方式来对泛在网络中的信息进行组织，既能保证用户获取信息的准确高效，又能满足用户灵活和个性化的信息需求与表达。

4.2.5　信息整序与存储

信息的整序与存储环节主要是将经过描述的信息按照一定的格式和顺序存储在数据库中，以方便用户使用。在对信息资源进行存储前，由于泛在网络中信息资源的格式是多种多样的，因此应对其加以整理，使信息资源的格式规范化。然后按照信息资源类型的不同将信息资源进行分类，以便存储于不同类型的数据库中。一般而言，数字、文本类信息属于结构化数据，可存储于传统的关系数据库中；而图形、声音、图像、视频类信息则属于非结构化数据，需要存储于多媒体数据库中。在确定了数据库类型后即可分别将信息资源及其特征描述存储于数据库中，具体而言，一个单元的信息资源对应一条数据记录，记录中的字段包括对信息资源本身(可采用大二进制对象数据类型)和对信息资源外部以及内容特征的描述(即信息资源的元数据)。这样组织起来的数据记录集合就构成了数据库的主文档。为了向用户提供多途径检索功能，还应有选择的提取数据库中描述信息特征的字段，以形成多个倒排文档，并同时形成倒排文档的索引文件。另一方面，由于用户对信息的检索要通过分类浏览或描述需求关键词来实现，因此用户对信息的查询过程实质上是用户的需求描述与信息的特征描述之间相互匹配的过程。基于此，为了提高用户的检索准确率，特别是提高对专业用户的服务质量，应将描述信息特征的元数据标准、分类法和叙词表等存储于信息组织系统中，这样既可在组织信息时用来规范信息的标引，又可在用户检索信息时向用户提供查阅功能以规范用户的需求表述。此外，由于泛在网络中信息数量庞大，用户的检索结果可能是数据量非常庞大的数据集合，因此为了提高用户的检索效率和信息服务的个性化水平，在组织信息时还应将用户的各种参与行为信息也一并收集存储于用户需求库中，作为构建用户需求模型的基础。该库中存储的用户参与行为信息既包括用户检索时所使用的检索词，还包括用户参与信息描述时所提供的主题词标识，以及用户的各种反馈信息。利用用户需求库中的用户参与行为信息可推测用户感兴趣的主题，从而根据主题对检索结果进行信息过滤，以使得检索结果更贴近用户的需求。

4.3 泛在网络中信息组织不同方式的比较研究

经前文分析可知，泛在网络与互联网络既有联系又有区别，泛在网络中的信息资源会呈现出来源广泛、形式多样、数量无限等特征，这就要求泛在网络的信息组织既要沿袭传统信息组织的思想，又要适应泛在网络环境的特点。因此，本研究有必要对目前常用的信息组织方式进行比较研究，以便在此基础上构建适合于新网络环境的信息组织模式。目前常用的信息组织方式适用于泛在网络的有两种类型：一类是传统信息组织工具在网络环境中的延伸产品，如分类法、叙词表等的网络应用；另一类是互联网环境中产生和发展的信息组织工具，如分众分类、本体等。这两类信息组织方式在功能上有共同的特点，如都能对信息资源的内容特征进行描述和揭示；都能够反映所描述信息资源的概念之间的关系。但不同的信息组织方式在结构、对概念的界定及概念间关系描述的程度上还是有很大的区别，下面本文将详细分析不同信息组织方式的构建原理及区别，以作为选择合理的信息组织方式进行移植和适用性改造，进而结合泛在网络信息资源的特点构建泛在网络中信息组织模式的基础。

4.3.1 分类法

分类法是将表示各种主题的类目按知识分类原理进行系统排列，并根据信息资源的内容属性和其他特征，将信息资源按照预先建立好的类目体系进行划分和排序的信息组织方式，这种信息组织方式能够分门别类地系统化组织和揭示信息资源。

1. 分类法在泛在网络信息组织中的应用及体系结构

根据分类法目前的发展和应用情况可推断，在泛在网络中分类法仍是网络信息资源的一种主要组织方式，其应用主要分为两种情况：一种是传统文献分类法在经过网络化改造后应用于学术性信息资源的组织中，如《杜威十进分类法》和《中国图书馆分类法》在数据库和数字图书馆信息资源组织中的应用；第二种是自编分类法在门户网站、搜索引擎等商业网站信息组织中的应用，如新浪网自编的分类体系包括新闻、财经、科技、体育等 18 个一级类目，雅虎网站自编的分类体系包括新闻、财经、天气、教育等 20 个一级类目。无论采用哪一种分类方式组织泛在网络中的信息，用户均可通过分类法中类目的引导，采用浏览的方式逐步获取所需要的信息资源。

在概念界定和概念间关系揭示方面，传统文献分类法是根据知识门类的发展情况和分类的实际需要来设置类目，其类目固定，概念无重复，分类标准唯一，类目体系层次清晰呈树状结构。传统文献分类法系统会通过一定的方式揭示类目概念间的语义关系，如《中国图书馆分类法》通过类目等级的设置揭示了类目间的等级关系和并列关系，反映了类目概念的纵向关联；通过交替类目的设置揭示了类目间的等同关系，通过类目参照的设置揭示了类目间的相关关系，这两种关系的揭示反映了类目概念间的横向关联。自编分类法则常以事物为中心来确定概念，以网络信息资源的内容特征和网民的信息需求特征为分类标准，来混合构建分类类目。由于网民的信息需求特征常常发生变化，因此自编分类法的类目设置也不是固定的，如网站的分类体系中一级类目"体育"下面的二级类目会随着体育赛事热点的变化而动态调整，在有奥运会举办的年份会在二级类目中设置"奥运会"，而在没有的年份则会删去该二级类目。自编分类法的类目也呈树状结构、等级分明，但在类目设置中没有明确标识类目间的参照关系，一般是通过类目间的隶属、平行关系和多重列类的方式来揭示类目间的关系。

2. 泛在网络中分类组织方式的优缺点

分类法有较强的系统性，利用分类法进行信息组织的网络信息服务系统，能够向用户提供资源检索和资源导航服务。作为信息组织的基本方法之一，分类组织法仍将是泛在网络信息资源组织中所采用的重要方法之一。本书认为使用分类法组织泛在网络中的信息资源具有如下优势：

①可有效组织非结构化信息资源。在泛在网络的信息资源中音频、图片、视频、动画等非结构化的多媒体信息所占的比重将越来越大，分类法能够将多媒体信息资源按照载体类型、内容特征等不同的标准进行聚类，并通过多重列类等方式为用户提供多个检索入口，有利于用户快速准确地获取非结构化信息资源。

②有利于开展启发式检索服务。当用户的检索目的不明确或未确定合适的检索关键词时，分类法的类目可帮助用户初步明确检索范围。而传统文献分类法和自编分类法的树状等级体系可为用户提供用户所浏览类目的上下文环境，帮助用户正确理解语义，从而帮助用户确定检索词，引导用户通过浏览一步步接近其所需的信息。

③有利于对信息进行系统化组织。传统文献分类法和自编分类法均有层次清晰的等级结构，并通过设置类目参照、交替类目或通过多重列类的方式来揭

示类目间的关系，利用这种体系结构来组织网络信息资源，能够使信息资源按照其内容或外部特征聚集在相应的类目下，并通过超链接的结构体现彼此间的相关关系，从而将网络信息资源组织成一个有序的系统。

分类法能够为泛在网络信息资源的组织提供一种有效的解决方法，但本书认为分类法应用于泛在网络信息资源组织也有其自身的缺陷：

①难以揭示主题复杂专深的信息资源。由于分类法在网站上的展开方式相对单一，类目数量有限，而且不提供组配式检索，因此复杂主题的信息资源往往选择其中较主要的来决定其类目归属，而专深主题的信息资源则会根据其所属的大类来决定其类目归属，在自编分类法中这种现象尤其突出。

②不利于提供特性信息检索服务。由于用户查询利用分类法组织的信息资源只能通过浏览的方式，按照已有的分类类目体系用户往往获得的是一簇相关信息，若想获取特定的信息资源，用户必须在成簇的信息资源中逐个筛选。

③在按主题进行信息检索方面效率低下。由于分类体系的设置通常是按学科或事物为中心设置类目，当用户针对某一主题进行检索时，关于该主题的信息资源可能涉及不同学科或多个事物而被分别划分在不同的类目下，用户需要在不同的类目下分别浏览获取，不仅要耗费较多的时间和精力，还容易造成漏检，有时在用户不熟悉分类体系的情况下还会由于超文本的网络结构而出现"信息迷航"的现象。

4.3.2 叙词法

叙词法是以事物为中心，用规范化的叙词作为概念标识并通过概念组配来揭示信息资源内容特征，且通过参照系统反映语词概念标识之间关系的信息组织方式，这种信息组织方式能够以主题为中心集中组织信息资源，是主题法的一种。

1. 叙词法在泛在网络信息组织中的应用及体系结构

根据叙词法本身的网络化状况及应用情况，可推断在泛在网络中叙词法仍是网络信息资源的一种主要组织方式，其应用主要可能体现在两个方面：一方面是网络化的叙词表在数据库和主题网关等涉及专业性较强的信息组织中的应用，如《INSPEC 叙词表》在 INSPEC 数据库中的应用、《EI 叙词表》在 EI 数据库中的应用等；另一方面是叙词表未来也可能作为后控词表应用于各类搜索引擎中，由于搜索引擎索引库中的文档信息是用关键词全文自动标引的，没有进行词汇控制也无法显示词间关系，因此在用户检索时会由于选词问题出现漏检或误检。目前用于搜索引擎的后控词表多为计算机根据检索者用词的记录自动编制而成，所显示的词间关系不够精确，从而导致了检索精确度不高。泛在网络中信息数量更为巨大，尤其是用户生成内容逐渐增长，而利用搜索引擎进行关键词检索将仍然是用户获取信息的主要途径之一，因此必须优化目前的后控词表以提高搜索引擎的检索效果。本书认为选词规范、词间关系显示较为完善、网络化程度较好的叙词表将是较好的选择。目前，也有学者对此展开了研究，如李国垒、陈先来（2014）利用潜在语义分析技术构建了关键词——叙词对照系统，用以辅助用户选择合适的检索用词①。

在概念界定和概念间关系揭示方面，叙词法是用经过严格筛选的专用名词和名词术语来表达各学科的基本概念和各种特定事物，在叙词表中各概念标识按照字顺排列。在描述某一主题时叙词法采用概念组配的方法，即在对主题进行概念分析的基础上对概念标识进行综合以表达主题内容。叙词法系统会通过一定的设置揭示和界定概念间的语义类型，如《汉语主题词表》在对概念表达规范化的同时，通过设置指引符号"用""代"揭示概念之间的等同关系，通过设置指引符号"参"揭示概念之间的相关关系，这两种关系的揭示反映了叙词概念间的横向关联；通过设置指引符号"分""属""族"揭示概念之间的属种关系和部分——整体关系等等级关系，反映了叙词概念之间的纵向关联。

2. 泛在网络中叙词法组织方式的优缺点

叙词法是一种面向具体概念的信息组织方法，利用叙词法进行信息组织的网络信息资源系统能够满足用户对特定主题和事物的检索需要。作为和分类法互为补充的一种经典的信息组织方法，叙词法仍将在泛在网络信息资源组织中发挥不可或缺的作用。本书认为采用叙词法组织泛在网络中的信息资源具有如下优势：

①有利于开展特定检索。利用叙词法组织信息资源时是直接采用自然语言中的语词来标引信息资源的，这种标识能够直指主题，当用户进行检索时也可将自己要查询的信息主题用自然语言中的语词来直接表达，因此，用叙词法来组织的信息资源可允许用户对特定主题进行明确性的检索。在泛在网络中信息资源动态性强，新兴主题、事物将持续涌现，这时利用信息资源中的语词来标识信息资源的主题能更好的满足特性检索的需求。

---

① 李国垒，陈先来. 潜在语义分析在关键词——叙词对照系统构建中的应用[J]. 情报理论与实践，2014，37（4）：127-133.

②有利于以主题为中心聚集信息资源。由于在叙词法系统中是通过语词概念来表示信息资源的内容主题，而概念的同义词、近义词又可通过参照系统进行揭示，因此，当利用叙词法组织信息资源时，在索引中与某一事物有关的所有信息资源都通过同一概念语词聚集在一起，从而可将在分类法系统中被按照事物不同特性归入不同类目的信息资源都聚集起来。

③可减轻用户的检索负担。由于叙词法是以用户熟悉的自然语言为检索标识，比分类法中被设定的固定类目更便于用户表达检索需求，而字顺排列方式与受控字表的应用(有时以后控词表的形式出现)，又为用户选择合适的检索入口词提供了便利。总之，叙词法可让用户以较小的努力获得较高的查准率和查全率。

叙词法在泛在网络信息资源迅速增长的环境下能够有效地组织和揭示信息资源的内容特征，但是本书认为该方法也具有一定的缺陷：

①不利于进行非专指性检索。用户在利用采用叙词法组织的信息系统进行检索时，必须输入或选用能够清楚准确表达信息资源内容主旨的概念语词，因此，当用户无法明确自己的检索需求或不了解检索需求所涉及的概念时，就无法准确用概念语词进行检索提问，从而无法有效获取检索结果。

②不宜于进行非结构化信息的组织。泛在网络中有大量的非结构化信息，但由于非结构化信息的内容主旨常常无法用一个或几个语词来全面准确的表达，且极易出现标引者与检索者表达不一致的状况，故而常需对其进行模糊检索，因此，适用于特性检索的叙词法不宜用于非结构化信息的组织。

③体系结构的系统性较差。与分类法从总到分、层层展开的树状结构不同，叙词法主要以字顺对主题标识进行排列组织，这种组织方法虽然具有较好地灵活性可随时增补新概念，但很难充分揭示概念间的平行与从属关系。对于利用叙词法系统组织的信息资源，用户如不熟悉叙词表，仅依靠输入概念语词进行检索，不仅检全率不高，也难以发现多次检索结果间的语义关系。

4.3.3 分众分类法

分众分类法是一种基于用户参与的，通过用户自由制定分类标准和定义标签，并选用高频使用标签作为信息资源类名的网络信息组织方式。分众分类法是 Web 2.0 时代诞生的一种协作式信息分类方式，这种分类方式可通过标签来聚合具有同一特征的信息资源。

1. 分众分类法在泛在网络信息组织中的应用及体系结构

由于分众分类法没有严格的分类标准和受控词表，且允许用户使用自然语言为信息资源赋予标签，因此非常便于用户使用。此外，泛在网络为用户发布和创造信息提供了便利，用户的角色既是获取者也是创造者，为了对自己创造的信息进行揭示与管理，用户也会为信息资源赋予标识，而对用户在泛在网络中标引能力要求不高的分众分类法是一个较好的选择。因此，无论从分众分类法本身的特点，还是从泛在网络环境中用户的需求来看，分众分类法都仍将在泛在网络中得到广泛的应用。采用分众分类法组织信息的网站，如 Flick、豆瓣等，可向用户提供标签分类体系和标签云图，用户可以通过标签分类体系和标签云图浏览网站中具有同一特征的信息，标签云图还能够通过图中标签字号的大小以及颜色的差异来反映标签被用户使用的频度，进而反映用户关注的热点。

在概念界定和概念间关系揭示方面，分众分类法是用户在基于对信息资源个人认知的基础上，由用户完全采用自然语言对信息资源进行标引所自发形成分类体系。也就是说，分众分类法没有预先设置的分类标准，也没有一个固定的概念体系，概念也是用未受规范的自然语言表述的。由于分众分类法是根据用户使用频次来选择描述信息资源的标签，因此使用分众分类法的网站的类目并不固定，会动态更新。此外，由于分众分类法的标签是由用户根据自己的分类标准制定的，因此网站的分类类目会混合多种划分标准，如"豆瓣读书"的分类类目既有按体裁划分的"散文""诗歌"，也有按类型划分的"言情""悬疑"，还有按作者划分的"王安忆""韩寒"等。分众分类法因为没有预先设置的分类标准，所以类目也没有等级结构，呈现出平面化。与传统体系分类法不同，分众分类法由于是自发形成的，因此也没有揭示类目间关系的相应设置，在类目中会经常出现概念等同的现象，如在"豆瓣电影"的类目中就同时出现了"恐怖"和"惊悚"这样等同的类目。而对于类目之间的相关关系和属种关系则完全没有揭示与体现。

2. 泛在网络中分众分类组织方式的优缺点

分众分类法是一种与传统分类法和叙词法截然不同的信息组织方式，该种信息组织方式没有既定的分类标准，所用的标引词也非受控词汇，对信息资源的标引也未必针对其主题，整个信息组织过程完全由用户自发完成。作为一种新型的信息组织方式，分众分类法非常符合泛在网络中信息组织动态化、易用化的要求，因此将在泛在网络中发挥其独特的作用。本书认为采用分众分类法组织泛在网络中的信息资源具有如下优势：

①可对信息进行多维度揭示。由于用户描述信息资源所用的标签是根据自己对信息的理解和自己制定的分类标准而确定的，因此标签反映的不一定是信息的主题。例如用户对一幅图片进行标引，所用的标签可能与图片中的对象有关，也可能与图片的颜色有关，还可能与图片的风格或作者有关，因此采用分众分类法一幅图片会被不同的用户从不同的特征维度入手进行描述，用户在检索信息时也可利用不同维度的标签找到同一信息资源。

②类目体系可动态更新。分众分类法不像传统分类法和叙词法需要事先由人工建立科学、规范的概念体系结构，而是由用户使用自然语言对信息进行标引，因此标引所用的标签能够及时体现新产生的概念和新的语言表达方式，从而可有效缓解传统信息组织方式由于概念体系结构更新缓慢而导致的对新概念信息检索效果不佳的问题，非常适用于词汇概念动态变化迅速的泛在网络。

③可减轻用户负担。要利用传统分类法和叙词法标引信息必须先学习它们的体系结构，因此信息组织工作往往由专业人员承担，而分众分类法允许用户利用自然语言设置标签，这样用户在进行信息组织前就不必先去学习组织方式的基本结构。如此一来信息组织简单直观，可吸引用户更多的参与信息组织，满足泛在网络中海量信息的组织需要。

虽然分众分类法能够通过用户间的协作共享，为泛在网络中的信息组织提供一种更为动态、低成本的解决方法，提高泛在网络中信息组织的效率，但本书认为将分众分类法应用于泛在网络中的信息组织也有一定的缺陷：

①对于揭示信息间的相互关系较为乏力。由于分众分类法没有预先建立的基本组织结构，无法像传统分类法和主题法一样对概念之间的关系进行揭示，因此当用户利用自己设置的标签来标引信息时，标签之间的关系就无法参照某种组织体系得以揭示，进而也无法揭示信息资源之间的属种与相关关系。只有通过对标签进行相关性分析，才能揭示标签所指代的信息资源间的关系。

②信息的标引不够精确。由于用户使用标签是基于自己对信息的理解和表达习惯，因此标签本身可能由于用户的认知错误或偏差而不够准确，即便最后选择对信息标引所用的标签要通过统计的方法计算标引被使用频率，可在一定程度上缓解认知所带来的标引偏差，但很难完全规避。而大部分用户的表达习惯与规范用语会有一定差异，再加上同义词的使用和西语中的单复数问题，使得用分众分类法标引信息不如用受控词表的标引精确严谨。

③检索效率较低。由于分众分类法对信息资源的描述是由用户所用标签的频

率决定的，而每个用户对信息资源的理解和认知又带有个人色彩。因此这种标引机制虽然能代表用户群体的倾向性但未必科学严谨，再加上分类标准的缺失，就使得当用户根据标签查询信息时会出现由于对概念的表达不同或因为对信息资源认知的角度不同而导致的漏检。此外，由于分众分类法没有预先建立的基本结构体系，用户每次检索信息都必须浏览完所有平级的标签，再自行筛选出与自己需求主题相关的所有标签，才能进一步获取信息资源，时间成本较高。

4.3.4 本体

本体是 20 世纪 90 年代从哲学领域引入到信息科学领域的概念。在信息科学领域，本体被定义为"共享概念模型的明确的形式化的规范说明"①。作为一种概念模型，近十年来本体理论得到了广泛的关注与发展，由于构建本体的目标是为了规范说明某一领域内的知识，便于不同主体的共同理解与交流重用，因此本体非常适合用于海量网络信息的组织。

1. 本体在泛在网络信息组织中的应用及体系结构

本体实际上是从人们对客观世界的认知映射而来的抽象概念模型，该模型包括了从客观世界中抽象出来的概念、概念间的关系以及一些公理。用形式化的编码对这些概念的定义、概念间的关系和公理进行描述，能够使其被计算机理解和处理，从而可以被用于信息组织。本体一般由 5 个要素组成：概念（类）、关系、函数、公理和实例。本体中的概念（类）是从客观世界的现象中抽象出的概念，可以是具有相同属性的事物，可以是具有相同行为的人，可以是时间、地点，也可以是功能、任务、策略；关系是指概念（类）之间的相互关系；函数是指一种特殊的关系；公理是指一些常识性的知识；实例是概念（类）所指的具体实体，是本体中最小的对象可以代入函数中运算。由于函数和公理可被视为特殊的关系，因此从某种意义上也可以说，本体是由概念（类）、关系和实例构成的。本体能够准确、系统的描述概念的含义与概念间的关系，并具有逻辑推理能力，还能够被计算机理解，因而能够促进信息组织向知识组织发展。由于泛在网络中信息量激增，新的概念与关系不断涌现，因此能够对概念间关系进行更为复杂和语义化的描述，且能够自动推理的本体组织方式非常适用于泛在网络中。

---

① Staab, S. Studer, R. Schnurr, H. P. Knowledge processes and ontologies[J]. Intelligent Systems, 2001, 16(1): 1-24.

在概念界定和概念间关系揭示方面，由于目前已构建的本体基本为领域本体，因此概念(类)源自于领域应用中的各类实体对象，界定时由专家根据领域知识，参照已有的分类法、叙词表、专业词典和该领域的相关文献等来确定代表实体对象的概念术语。与叙词法不同的是，本体中的概念(类)不一定要使用规范的科学语言，也可用自然语言表述。本体在定义概念(类)的同时，也会通过定义属性来定义概念(类)间的关系。概念(类)间的关系可分为两种：一种是关于同一类别内概念之间的关系；另一种是关于不同类别概念之间的关系。同一类别内概念之间的关系主要包括类属关系和成员关系。其中，类属关系是指两个概念(类)之间是父概念(类)与子概念(类)之间的关系，是一种逻辑上的层次结构，如"小说"和"悬疑小说"之间的关系；成员关系是指两个概念(类)之间是整体概念(类)与成员概念(类)之间的关系，与类属关系不同的是这样的两个概念(类)之间没有在性质和属性上的继承性，如"飞机"和"机翼"之间的关系。不同类别概念之间的关系可由本体设计者根据专家建议、大量资料及顶层本体来自行定义，因此该种关系类别多样，能体现各种概念之间的相关性，主要包括以下几类：①同一关系，指两个概念(类)含义相同，如"计算机"和"电脑"；②反义关系，指两个概念(类)含义相反或相对，如"民用技术"与"军事技术"；③因果关系，指一个概念(类)是导致另一个概念(类)的原因，如"交通拥堵"与"汽车限行"；④转指关系，指一个概念(类)对另一个概念(类)实施动作，这类关系需要用谓词来描述，如"汽车尾气"与"大气污染"，中间的谓词是"影响"；⑤时间顺序关系，指一个概念(类)在另一个概念(类)之前出现，如"系统开发"与"系统测试"；⑥位置关系，指一个概念(类)与另一个概念(类)在位置上存在一定的关系，如"码头"位于"X港口"。

2. 泛在网络中本体组织方式的优缺点

本体是一种具有很强语义表达能力和一定推理能力的信息组织方式，该种信息组织方式允许灵活定义概念间的复杂关联，又用形式化的语言进行描述从而可被机器所理解，因此非常适合在泛在网络中被广泛采用。本书认为在泛在网络中采用本体来组织信息具有以下优点：

①能够提供深层语义信息组织。如前文所述，本体能够对概念(类)之间的内在关系进行深层次的详细描述，与叙词法中预先规定好的有限的关系类型相比，本体能通过自定义的方式灵活揭示概念(类)之间的多维关系，尤其在相关关系的揭示方面要比分类法与叙词法复杂的多。此外，本体还可通过逻辑推理获取概念(类)之间隐含的关系。因此，本体能够通过相对完善的概念描述体系进行更为深层的语义信息组织。

②增强信息组织的自动化程度。本体的开发过程中可借助形式化语言对领域知识体系进行描述,使得机器和人一样可对知识体系进行理解,这样当多个网站共享同一个领域本体时,检索代理程序就可按照用户的查询根据对本体的理解,来自动从各个网站提取和集成信息并返回给用户。此外,根据本体设计时所建立的语义关系推理规则,本体在信息组织过程中可通过自动推理确定两个概念(类)之间的关系,也可自动对概念(类)的实例进行检查。

③组织动态性信息能力强。当领域知识发生较大改变时,本体可进化,对原有本体进行修订,删除长期不用的概念(类),增添新的概念(类),更新原有的概念(类)的表达或概念(类)关系的揭示。由于本体的模型结构是网状的,具有推理的功能,所以对于泛在网络中新出现的概念,可利用推理规则判断其和原有概念(类)之间的关系,实现动态的关系揭示。

虽然本体能够对知识体系进行细致准确的描述,是一种非常适用于泛在网络的信息组织方法,对泛在网络中动态性变化的信息和复杂的信息环境有较好的自适应性,但本书认为本体组织方式仍有一定的不足:

①本体的构建比较困难。由于本体的构建需要对复杂的知识体系进行描述,需要界定概念并对概念间的关系进行描述,因此需要各领域专家的参与。而另一方面,为了有利于被计算机处理和在不同系统间的互操作,还需将本体用形式化语言进行正确的描述。因此,本体的构建包括后期的演化都需要多位领域专家和专业计算机工作人员通力合作才可完成,这使得本体构建需要花费较长的时间。

②可共享重用的领域本体较少。由于顶层本体需要将客观世界的所有对象抽象为概念模型,工程十分巨大,因此目前所构建的本体基本为领域本体,往往是针对某一学科领域的,而且还多与具体应用有关,这就导致本体在不同应用环境下无法重用。此外,目前已构建的领域本体多为轻量级本体,即仅包括概念、概念属性与概念间关系的描述,没有公理和函数,导致无法有效的将词汇潜在的意义归类,也影响了领域本体的共享与重用。

4.3.5 泛在网络中不同信息组织方式的比较

1. 比较分析泛在网络中信息组织方式的指标体系

本次研究在前期阶段性成果①(2015)中,对泛在网络中的信息组织方式

---

① 王娜,李昱瑶.泛在网络中信息组织方式的比较与模型构建研究[J].图书馆学研究,2015(12):31-39.

从效率、相关性和用户体验三个方面进行了比较分析。由于这三个方面均是从用户角度进行的比较，不够全面，因此本书对此进行了完善。从信息组织原理和用户体验两个角度入手构建了对泛在网络中不同信息组织方式比较的指标体系，以探讨其各自的优劣。

在信息组织原理方面，由于不同的信息组织方式具有不同的体系架构和编制方式，因此不同的信息组织方式在揭示信息的深度和组织信息的效率上均有不同，从而导致了信息组织工作质量的差异。基于此，本书选择了与信息组织方式体系结构和编制方式有关的几种指标对不同的信息组织方式进行比较，具体包括：①体系结构；②结构特点；③组成要素；④概念间关系；⑤编制与更新；⑥形式化程度。其中前四个指标主要反映了信息组织方式揭示信息深度的差异，后两个指标反映组织信息效率上的差异。

在用户体验方面，由于不同的信息组织方式的专业化程度和实现方式不同，使得不同信息组织方式的任务实现难度和友好程度均有差异，从而导致不同信息组织方式在用户体验满意度方面有所不同。基于此，本书选择了与用户体验有关的三种指标来对不同的信息组织方式进行比较，具体包括：①用户参与度；②个性化需求满足度；③易操作性。其中第一个指标反映了用户组织信息的实现程度，后两个指标反映了信息组织方式的友好程度。

2. 泛在网络中主要信息组织方式的比较分析

按照上述指标，对泛在网络中几种主要的信息组织方式进行比较，可得到表 4-1。

表 4-1 　　　　　　　　　泛在网络中信息组织方式比较分析表

指标 ＼ 组织方式	分类法		叙词法	分众分类	本体
	文献分类法	自编分类法			
体系结构	学科体系	自建体系	领域主题	标签词集合	基于模型
结构特点	层次，树状	层次，树状	层次，线性	平面	网状
组成要素	类名、类号、解释	类名	叙词、术语、词间关系	自然语言	概念（类）、关系、函数、公理、实例

续表

指标＼组织方式	分类法		叙词法	分众分类	本体
	文献分类法	自编分类法			
概念间关系	①等级关系、并列关系：上下位类；②等同关系：交替类目；③相关关系：类目参照	①等级关系、并列关系：上下位类；②相关关系：多重列类	①等级关系：属、代、分；②等同关系：用、代；③相关关系：参	无揭示	①同一类别概念间：类属关系、成员关系；②不同类别概念间：同义关系、反义关系、因果关系、转指关系、时间顺序关系、位置关系
编制与更新	领域专家参与编制，静态，版本更新	专门人员编制，动态	领域专家参与编制，静态，版本更新	用户编制，动态	领域专家参与编制，动态
形式化程度	较高，机器可读	较低	较高，机器可读	较低	高，机器理解
用户参与度	低，不参与	较低，间接参与	低，不参与	高，直接参与	低，不参与
个性化需求满足度	低	较低，可突出普遍热点	低	高，用户有部分组织权	较高
易操作性	较好	好	较好	好	较好

　　由表4-1可知，在信息组织方式的体系结构方面，四种信息组织方式各有不同的体系结构和结构特点：分类法是一种呈树状的层次型结构；叙词法是一种呈线性的层次型结构；分众分类法是一种平面化的结构；本体则呈现出网状结构。在四种信息组织方式中，分类法、叙词法和本体的组成要素更为丰富，尤其是本体除了概念及概念间的关系外，还包括能够进行推理的函数和公理，以及可进行运算的实例。

　　在概念间关系的揭示方面，分众分类法对概念间关系完全没有揭示；分类法和叙词法则都能够对等级关系、等同关系和相关关系予以揭示；本体对概念间关系的揭示最为详尽，能够对概念间的多维、交叉关系进行深层揭示。

在编制方式与组织信息的效率方面，分类法、叙词法和本体都需要领域专家或专门人员进行编制，不同在于自编分类法会结合用户的关注内容动态调整类目，而本体则能够演化进行动态更新。形式化程度反映了信息组织方式的编码化程度，形式化程度越强，机器可理解和处理的能力越强，自动化组织的效率也就越高。以上四种信息组织方式中，本体通常是采用 RDF 或 OWL 的标准进行的编码，因此可被机器理解，组织信息的效率最高；文献分类法和叙词法目前都有相应的电子版本，便于计算机操作，机器可读，组织信息的效率较高；自编分类法和分众分类法由于没有固定的版本，又未被编码，因此组织信息的效率最低。

在用户参与度和操作便利性方面，文献分类法、叙词法和本体都是由领域专家参与编制，一般用户由于对体系结构不够熟悉，无法用其对信息资源进行标引，同时由于用户不参与对信息的组织过程，在利用其进行检索时也有一定的障碍；自编分类法的编制虽然由专门的人员编制，但是会根据用户的关注内容进行动态调整，因此用户间接参与了分类类目的设置过程，在浏览检索信息时较文献分类法更为便利，但是对信息组织的参与度较低；分众分类法是通过用户为信息资源赋予标签来实现对信息资源的组织，因此用户直接参与了信息组织的过程，同时由于标签均为自然语言，用户用其进行检索也毫无障碍。

在满足用户个性化需求方面，文献分类法和叙词法均是静态词表，满足用户个性化检索的需求很低；自编分类法由于会根据用户关注内容的变化而动态调整，通常会将某个时段的关注热点设置为类目并凸显，因此从热点检索这方面看算是在一定程度上能够满足用户的个性化需求；分众分类法由于可将标签作为信息资源的主题标识，因此可提供 RSS 订阅服务，也可实现基于标签的信息聚类，因此满足用户个性化检索需求的程度高；本体可对信息资源进行多维的揭示，且可将共用同一个本体的多个网站的信息集成提供给用户，因此具有较高的满足用户个性化需求的能力。

3. 泛在网络中不同信息组织方式比较分析的结论

通过上述对泛在网络中不同信息组织方式的比较，本研究发现各种信息组织方式均有其自身的优势，但都不能兼顾本研究选择的 9 个指标，因此对于泛在网络中信息组织方式的应用可得出如下结论：

①由于每种信息组织方式的结构特点、对概念关系的揭示程度、用户体验

均不相同，因此在对信息进行组织前应先分析信息所属层次及信息的应用领域，再选择恰当的信息组织方式对其进行组织。如本体论层次和感知层次信息数量庞大，需要对其划分类属和简单的概念间关系揭示，因此可采用分类法、分众分类法对其进行组织；集约层次信息已经过加工处理，较有深度，适合采用叙词法或本体进行组织，以能够更好地揭示概念间的关系，并突出信息内容的主题；再生层次信息大多为知识，专业性较强，也应根据应用需要采用叙词法或本体进行语义层面的信息组织。

②不同的信息组织方式特点不同，没有绝对的优劣之分。在泛在网络的信息组织工作中，考虑到不同信息组织方式的编制过程与用户体验各有优劣，一定会出现多种信息组织方式共存的局面，因此，应将不同的信息组织方式应用于最能发挥其优势的信息环境中。如泛在网络中，用户生成内容和多媒体信息在信息资源中所占的比重会越来越大，这部分信息非常适合用分众分类法进行组织，尽管该种方法无法对用户标签进行规范，也无法对概念间关系进行揭示，但其良好的用户体验可使用户的参与度增加，从而在一定程度上解决信息数量巨大而专业标引人员不足的矛盾。此外应考虑到上传信息的用户对信息内容主题的把握可能更为准确，尤其是对于多媒体信息资源。

③虽然不同的信息组织方式各有特色，都有各自更适用的信息环境，但为了方便用户一站式地获取信息和增加对信息组织的深度，应在泛在网络中将各种信息组织方式结合使用，并发展不同信息组织方式之间的转换机制。此外还应完善叙词法、分类法转换为本体的数据模型，特别要优化关系转换机制，增强将较为粗略的等同关系、等级关系和相关关系转换为本体中精确复杂的概念关系的能力。如可利用分众分类法发现并确定领域新概念，从而帮助本体完成演化；也可通过建立分众分类法与文献分类法的映射关系，利用文献分类法的体系结构对分众分类法中标签的关系进行揭示，优化分众分类法平面化的结构。

4.4　泛在网络中信息组织的机制

泛在网络的建立与发展，使得网络渗透至人们工作与生活的方方面面。网络的泛在化一方面大大提高了用户获取信息的便利性，另一方面又加快了信息增长的速度，使得信息用户必须借助于信息组织服务的帮助才能获取符合自身信息需求的有效信息。由于网络环境从目前的互联网络升级至泛在网络后，日益复杂的信息环境必然会使得信息组织的具体内容与模式发生变化，因此，为了满足用户个性化、多粒度的信息需求，信息组织的机制也应发生相应的改变。

4.4.1 泛在网络中信息组织机制的框架与功能

《当代汉语词典》将"机制"定义为"一个工作系统的组织或部分之间相互作用的过程和方式"①。该词在社会科学领域常用来表征系统的内在组成和协调各部分之间关系的具体运行方式。本书认为泛在网络中的信息组织机制，是指泛在网络中信息组织工作系统的组成部分以及组成部分之间相互作用的方式。

要探究泛在网络中的信息组织机制，就要先分析影响泛在网络信息组织过程的各要素，再理清各要素间的相互关系。信息组织是"以用户需求为导向，依据信息体自身的属性特征，信息工作者或用户按照一定的原则、方法和技术，将杂乱无章的信息整理成为有序的信息集合的活动和过程"②。根据信息组织的定义可知泛在网络中的信息组织过程是一个以用户需求为导向，由信息工作者或用户根据一定的原则、使用一定的方法、利用一定的技术来加工整理信息的过程。在这个过程中，由于需要根据一定的原则，因此需要建立有关信息组织的标准化体系；由于需要使用一定的方法，因此需要有相应的专业管理机构来完善各种信息组织方式并由专业人员进行一定的应用监督；由于需要利用一定的技术，因此需要各种网络和组织技术的集成应用；由于需要以用户需求为导向，而用户在泛在网络中又可直接进行信息的加工整理，因此需要吸引和帮助用户参与信息组织过程。综上所述，影响泛在网络信息组织过程的要素可以归纳为四个：标准建设、管理监督、技术支持、用户参与。这四个要素之间不是彼此孤立的，而是从不同角度相互补充、相互依存，共同服务于泛在网络的信息组织活动。其中，标准建设是信息组织过程得以顺利实施的保障，是信息组织成果得以广泛应用和共享的根本条件；管理监督是信息组织实施过程中的制约与辅助，专业人员参与管理可保证信息组织的有效性和共享性；技术支持是信息组织工作的基础，信息工作和用户必须利用一定的网络和信息组织技术才能完成信息组织工作；用户参与是整个信息组织工作的动力，因为一方面信息组织必须面向用户，满足用户需求是信息组织工作的目的，所以需要通过反馈了解用户的信息需求，另一方面泛在网络的接入便利性使得用户会选择

① CNKI 中国工具书网络出版总库. 机制［EB/OL］.［2015-12-28］. http：//gongjushu. cnki. net/refbook/detail. aspx? db＝crfd&RECID＝R2006072820052353.

② 叶继元主编. 信息组织(第 2 版)［M］. 北京：电子工业出版社，2015(3)：3.

参与信息的组织工作，成为推动信息组织工作的重要力量。基于上述对泛在网络信息组织过程中的要素及要素间关系的分析，本书最终得出了泛在网络中信息组织机制的框架，如图4-2所示。

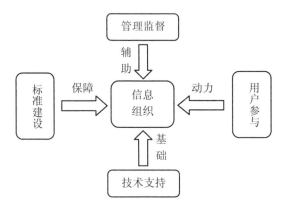

图4-2　泛在网络中信息组织机制图

从系统论角度出发，泛在网络信息组织机制所包含的四个部分共同构成了泛在网络中信息组织工作的有力保证。通过建立和完善科学合理的信息组织机制，可以推动泛在网络中信息组织活动的顺利开展，为信息组织工作的共享、完善与发展提供标准、管理、技术、用户服务方面的支持，以确保泛在网络信息组织的科学性、实用性和发展性。

4.4.2　泛在网络中信息组织机制的内容分析

1. 标准建设

泛在网络中信息无处不在，有可能出现大量重复的、碎片化的信息，要实现信息的有效共享与利用，最大限度地发挥信息资源的价值，就需要规范信息组织工作，提高信息组织工作的水平。若没有统一的信息组织标准，会造成各专业信息服务机构对泛在网络信息组织过程的不科学、不规范和质量的参差不齐，也会给用户检索和获取信息带来困难。因此，标准建设对实现泛在网络中信息资源的合理组织有重要意义。应由专业的信息管理组织在吸收已有信息组织成果的基础上，结合泛在网络信息组织的特点，构建一系列信息组织标准，作为泛在网络信息组织工作的依据。国际图书馆协会联合会在2012年成立的标准委员会体现了国际图情界对标准建设的重视。

从我国的情况来看，1979年我国成立了全国信息与文献标准化技术委员会，其所制定的国家标准为规范我国图情档相关机构的业务运营起到了重要的作用；1983年成立的全国信息技术标准化技术委员会，是目前国内最大的标准化技术委员会，其积极参与国家标准的制定，为推动我国信息产业的发展做出了一定的贡献；2001年由信息产业部科学技术司正式批准成立了"网络信息组织标准工作组"，旨在"根据市场和产业发展的需要，制定有关网络信息组织技术标准"①。近年来为了有效解决信息组织的各种问题和适应网络新环境的变化，我国的国家标准化主管机构也不断地对信息组织的相关标准进行了修订和更新。为了了解信息组织标准的现状，本次研究以中国知网(CNKI)的《中国标准数据库》为数据源，调研了目前我国信息组织方面现行的国家标准和行业标准。在调研中，由于《中国标准数据库》是按照中国标准分类法、国际标准分类法和学科导航三种方式来组织标准信息的，因此本研究综合整理了"中国标准分类法"中"图书馆、档案、文献与情报工作"（一级类目"综合"下面的二级类目）类目和"信息处理技术"（一级类目"电子元器件和信息技术"下面的二级类目）类目下收录的标准文献，"国际标准分类法"中"信息学"（一级类目"综合、术语学、标准化、文献"下面的二级类目）类目、"信息技术综合"类目、"字符集和信息编码"类目、"信息技术用语言"类目与"网络、信息技术应用"（以上四个均为一级类目"信息技术、办公机械"下面的二级类目）类目下收录的标准文献，以及"学科导航"中"图书馆情报与数字档案"和"档案及博物馆"类目下收录的标准文献。从这些标准文献中，本研究筛选出了与"信息组织"主题相关的现行标准，共145项，具体情况如表4-2所示。

表4-2　　　　　　　　近十五年信息组织相关现行标准表

年份	标准数量	年份	标准数量	年份	标准数量
2001	11	2006	7	2011	9
2002	6	2007	6	2012	16
2003	7	2008	12	2013	15
2004	3	2009	16	2014	13
2005	6	2010	7	2015	11

① 张明盛. 网络信息组织标准现状、应用技术与展望[J]. 信息技术与标准化，2003(11)：11-15.

通过对网络信息组织中现有标准的分析以及对未来泛在网络信息组织要求的分析，可以预见泛在网络中信息组织标准应遵循如下的原则：

（1）以用户为中心

以用户为中心是进行泛在网络信息组织标准建设的根本出发点。泛在网络中信息数量巨大，碎片化信息、用户生成信息日渐增多，信息过载的现象将会日益严重。而根据齐夫（Zipf）最小努力原则，用户会一直力图以付出最小化的工作消耗来获取符合自己需求的信息。因此，在建设泛在网络信息组织标准时应以用户为中心，以减少信息过载为目标，力争通过规范信息的组织过程来尽可能减少用户在获取信息时的工作消耗。如建立的信息组织标准在更新维护时应关注用户的参与和反馈，在标准维护时应吸纳用户的意见，特别是术语标准的更新应在一定比例上吸收用户为各种信息资源所赋予的标签，从而保证了概念的有效更替及用语的与时俱进。

（2）通用化

泛在网络中信息源的种类由于传感网的融入而扩展至物，信息源的数量也由于网络的泛在化带来的用户生成信息、自媒体的增长而数量激增。在对众多不同种类的信息源所发布的信息进行组织时，其标注应是通用的，即无论对由何种信息源所发布的何种类型的信息都可遵从同样的标准进行科学规范的组织。如，所建立的元数据标准应该对自在信息、认知信息和再生信息都能做出有效描述；所建立的信息分类标准可按服务应用的不同划分为不同的二级标准，但每种标准都应被该种服务应用的所有网站和数据库遵从，这样用户需要获取同一种服务时，即便要查询不同的网站或数据库，也不需要了解和熟悉不同的分类标准。

（3）国际化

由于世界各国都非常重视国际标准的建设和实施，因此在建设信息组织标准时我国也应把制定国际标准作为一条准则。虽然我国现在是多个国际标准组织的成员，但采用国际信息组织标准的时间却不长，新颖性也较差。具体而言，从数量上来说，我国图情档领域目前实施的信息组织标准中，仅采用了34个国际标准；从时间上来说，我国2005年才开始采用国际标准，目前所采用的最新的标准是ISO于2009年发布的①。因此，在泛在网络信息组织标准建设过程中，一方面我们要积极参与各项标准的制定；另一方面，我们还要快

----

① 杨雨霖. 我国图情档领域信息组织标准发展现状研究［J］. 图书馆学研究，2014（11）：63-66.

速推进已建设完成的国际标准的实施，将其迅速应用到实践领域。

（4）合作化

泛在网络中信息数量巨大、种类繁多，没有哪个信息服务机构能够独立完成对网络中所有信息的组织管理，因此泛在网络中的信息组织工作需要多个服务机构、信息源甚至用户的多方合作才能完成。为了促进信息组织工作的合作化，在建设信息组织标准时也应由多个国家、多个机构、多种专业人员合作完成。例如，DC 元数据的建设过程中就有来自于英国、瑞典、美国等多个国家的 IT 界、信息管理部门、学术界的专业人员参与。而我国的信息组织标准过去主要由国家标准委员会的下属分会起草，近年来参与信息组织标准起草的机构逐渐增长，目前中国标准化研究院、全国信息与文献标准化技术委员会、国家档案局、专业文献情报机构、大学和科研院所都参与到了信息组织标准的起草工作中，而且还会合作起草一些标准。但是与国外的合作非常鲜见，信息发布者和信息组织工作者以及用户也几乎无法参与到标准的起草过程中。由于未来的泛在网络中用户、信息发布者、信息服务机构的界限将越来越模糊，为了使得信息组织工作更为顺利的开展、信息组织标准更适合现实应用，在起草时应邀请多个国家(尤其是标准制定大国)、多个不同机构(包括管理部门)、多个领域的专业人员共同参与，协同合作。在初稿完成后应邀请部分信息发布者、信息组织工作者和用户提出修改意见，在实施后还应设置反馈渠道了解使用者碰到的问题及建议，用于后期的更新维护。

2. 管理监督

泛在网络信息来源广泛，信息服务种类繁多，各信息服务机构的信息组织工作一般均面向专门的信息服务，因此为了突出信息服务的特色，各信息服务机构所采用的信息组织方式与技术也各不相同，这就增大了用户检索和利用信息的负担。一方面，用户在利用不同的信息服务前必须要先了解其各自不同的信息组织方式；另一方面，信息素养不达到一定水平的用户极容易因为不了解信息组织方式而出现漏检的问题。此外，各信息服务机构的专业化程度不同，导致其信息组织工作的质量和效果也各不相同。因此，要保证泛在网络中信息组织工作的有效性，就应重视对各机构信息组织工作的管理监督。通过有关职能机构的管理可规范和完善各信息服务机构的信息组织工作流程和信息组织模式；通过监督可督促信息组织标准的实施，提高不同信息服务机构间的资源共享程度，减轻用户信息检索过程中的负担。

目前，国内的各信息服务机构在信息组织工作方面缺乏专门的管理监督，导致各机构均按自己的信息组织体系自行完成组织工作，例如各大门户网站虽然均采用分类法组织信息资源，但由于分类体系均为自行编制，因此导致了类目的数量、名称、层级设置均不相同。这种信息组织工作的分散与缺乏统筹规划，一方面导致了信息资源的共享程度差，比如各种数据库虽然均会采用元数据来描述和组织信息资源，但选择的元数据标准却不同，如万方数据库采用的是 NoteFirst 元数据，而国家图书馆的书目数据库却采用的是 CN MARC，这就导致了网络中不同来源、不同时期的信息资源间存在着元数据的异构问题；另一方面，由于各机构都要在研制信息组织体系和工作的流程方面耗费人力、物力，而研制结果的共享范围却不大，从而造成了人力、物力资源的浪费，例如领域本体的编制工作现在处于各自为政的阶段，同一领域内的不同研究机构、服务机构均在自行编制本体。

在泛在网络中，信息数量的增长与用户对信息需求满足度要求的提高，从客观上决定了泛在网络信息的组织工作需要加强管理监督，具体来说：①在管理体制方面，从泛在网络信息组织的特点可知，泛在网络中的信息组织工作不是哪一个机构可以单独实现的。由于各个机构的工作基础和行业需求不同，整个信息组织工作既需要机构之间的协作共享，也需要有专门的部门领导与协调，因此泛在网络的信息组织可采取集中与分散相结合的整体模式（如图 4-3 所示），要成立的一个专门信息组织工作管理机构负责计划、组织、管理、协调和监督泛在网络中的信息组织工作，在各省市设置相应的部门来指导监督和协调本地区信息服务机构的信息组织工作，从而形成一个从中央到地方的多级分层管理体制。②在工作职能方面，中央部门的主要职能包括：制定泛在网络信息组织工作的整体规划和机构间的共享协议；制定科学合理的信息组织工作条例；组织专业研究机构和专家参与设计及修订规范的信息组织体系框架，如元数据核心元素、领域本体、分类主题词表等；推进各种信息组织体系框架、标准、条例的执行；协调各机构、各行业之间在信息组织工作流程与质量上的差异，实现整体工作的规范化与标准化；通过行政手段管理和监督各省级信息组织管理部门的信息组织工作的管理实践情况；设计信息组织质量控制的流程与质量评价的指标体系，制定质量控制与评价的实施方法。各省市的信息组织管理部门的主要职能应包括：引导本地区信息服务机构间的协作与资源共享；向各信息服务机构宣传信息组织标准与工作条例实施的重要性；监督、检查、评价本地区信息服务机构对信息组织体系框架、标准、工作条例的具体执行情况；定期进行专业培训，提高信息组织工作人员的业务水平，并提供具体的咨询服务；通过经济手段监督和控制本地区信息服务机构的信息组织工作实践；

收集信息组织工作人员的反馈意见及用户参与信息标注及体验的数据,并归纳分析后上报中央部门,用于修订信息组织体系框架与标准。③在工作手段方面,中央部门与各省市部门之间可通过行政手段保证泛在网络信息组织管理工作的顺利实施,如中央部门可通过行政命令和指示,控制各省市的信息组织管理工作按照已制定的整体规划、标准、条例执行,也可通过引导的方式推进各种信息组织体系框架的执行与修订。各省市部门对本地区信息服务机构的监督与管理则可通过经济手段执行,如不定期的抽查本地区部分或全部信息服务机构信息组织工作的流程及质量,并对其工作流程的合理性和组织成果质量的优劣进行评价,再根据所建立的激励机制,将信息服务机构分为不同的等级,对于优级的机构给予加工补贴以保证其信息组织工作的可持续发展。

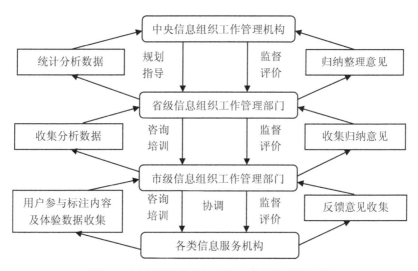

图 4-3　泛在网络信息组织管理监督模式设置图

3. 技术支持

信息技术的发展对人类社会生活的各方面均产生了深远的影响,在信息组织方面,信息技术的进步促使信息组织的工具、方法甚至思想观念不断地发生着变化。在泛在网络中,信息技术的变革将不仅对信息传播方式产生影响,方便人与物随时随地地传播共享信息,更将使信息生成方式、信息获取方式产生较大的变化,如视频、声音等富媒体信息和碎片化信息将在用户生成信息中占据越来越大的比重。与此同时，利用各种终端快捷方便地获取符合个性化需求的信息，将成为用户信息获取的根本要求。而泛在网络中信息环境、信息资源、信息需求特点的变化，也必将要求信息组织的理论、方法和手段进一步发展。因此，面对泛在网络中庞杂无序的信息资源，未来的信息组织应以用户为中心，充分利用各种信息技术，推动现有信息组织方法发展以适应新环境，并结合新环境研究新的信息组织理论、方法与工具，促使泛在网络中的信息组织朝着符合用户要求的方向发展。

计算机技术、通信技术、数据库技术、网络技术等是现代信息组织的技术保障，信息组织技术的先进性与有效应用在一定程度上决定了信息组织的效率与效果。在泛在网络环境下，数字信息形式多样、内容庞杂，要将其进行准确描述、深入揭示、组织有序，又要让用户方便检索、高效获取，就必须借助多种信息技术予以支撑，将先进技术应用于泛在网络信息组织过程的各个环节。在泛在网络信息组织机制中，技术支持要素是整个机制的实现基础，有非常重要的作用，通过该要素信息组织机制可以从物理上实现对数字信息的准确描述、合理存储和有序排列。多种技术在信息组织中的科学组合与应用，一方面可以提高信息组织的效率，如自动聚类、自动标引技术的应用；另一方面可以提升用户使用信息成果的体验，如可视化技术、信息过滤技术的应用。由于信息技术发展迅速，因此目前的技术在未来的泛在网络信息组织中有可能因为不适应新的网络环境而被淘汰，也会有许多涌现出的新技术将会被应用于信息组织中。但要注意，信息组织的根本目的是将杂乱无章的信息有序化，以便于用户获取，因而在技术的选择应用中不能只是一味求新，而要根据信息环境、信息组织工作人员的专业素质和用户的信息素养水平选择相对成熟，能使组织的最终成果符合人类认知习惯、便于用户熟悉使用的技术。

根据对泛在网络中信息资源及信息组织特点的分析，可以预见在泛在网络中应用于信息组织的技术大体可分为以下四种类型：

（1）基本信息组织方法与技术

这一类型的技术是技术支持的核心，主要用于完成泛在网络中信息的描述、标引与排序。该种技术包括已发展的传统信息组织方法，如元数据、分类法、主题法等，也包括新的数字信息组织方法，如本体、分众分类法、知识组织系统等，由于前文已有详细分析，这里不再赘述。这类技术的发展主要有赖于信息管理领域专业理论、思想与观念的发展。

（2）信息深层组织技术

这一类型的技术可以实现信息价值的增值，主要用于对信息进行深层解释和加工。这种技术主要包括两类：一类是知识发现技术。如网络挖掘技术可对泛在网络中的结构化数据（数值），特别是文本类的半结构化数据和富媒体类的非结构化数据，以及用户的访问记录、网页的页面结构进行处理，通过统计分析、机器学习等方法，对信息进行分类、关联分析、聚集或估值预测，从而实现对已有信息的整理、重组与补充。另一类是引证分析技术。对引用关系进行分析可以发现信息之间的关联，也可通过引用关系发现隐藏的规律。如引文索引技术，可利用文献之间的引用与被引用的关系（引证关系），来方便用户获取一系列内容相关的文献，以及某一学科领域的发展脉络和研究走向。目前引文索引技术已发展到可利用文献信息中所包含的各类实体（如作者、文献来源、关键词、基金项目等）之间的关联，将相关的文献聚集组织起来，并经过相关数据的统计分析，为用户提供检索、领域特征分析与预测、资源评价、知识发现等服务。

（3）信息组织成果存储技术

这一类型的技术是信息组织成果得以保存的重要支撑，也是连接信息组织与信息服务的桥梁。该种技术发展迅速，在未来的泛在网络中该种技术的应用主要体现在两个层面：在微观层面上，作为传统关系型数据库扩充的 NoSQL 数据库将承担越来越重要的作用，由于 NoSQL 数据库能够支持半结构化甚至非结构化数据的存储，因此适合用于数据类型多样的泛在网络中，而其可以随时任意添加属性却不影响模式①及其高扩展性的优势，也使其在泛在网络的大数据环境中用于存储信息组织成果要优于关系数据库。在宏观层面上，泛在网络中的信息量将由于传感网的融入及用户发布信息的便利，呈现出快速增长、数据量级快速扩大的趋势。在这种信息环境中，集中式存储模式不利于多用户分布式获取信息资源，因此应采用云存储技术通过网络将本地信息存放于在线存储空间②，构建分布式的信息中心，从而为分布于不同区域的用户提供更为高效的信息获取服务。云存储技术可为泛在网络中大规模用户条件下高吞吐量和存储量的信息组织成果的存储与管理提供一种较好的解决方法。

（4）信息组织成果展现技术

这一类型的技术能向用户直观地展示信息组织的最终成果，甚至可通过与

---

① 刘炜，夏翠娟，张春景 . 大数据与关联数据：正在到来的数据技术革命[J]. 现代图书情报技术，2013(4)：2-9.

② 何腾 . 浅谈云存储技术及应用 . 第 29 届中国（天津）IT、网络、信息技术、电子、仪器仪表创新学术会议，2015：79-82.

用户的交互帮助用户更高效地获取符合自己需求的信息。信息组织的目标是方便用户获取信息，泛在网络中信息源种类繁多，即便经过信息组织过程信息已有序化，但同一主题或类别的信息可能仍然数量巨大，超出人们的认知能力，因此需要采用一定的技术来对信息组织成果进行有效的展示，便于用户认知理解信息或满足用户更为个性化的信息需求。如可视化技术可将与用户需求相关主题的信息用图形化的形式表示出来，便于加深用户对信息的理解和对信息背后潜在规律的认识。三维表现技术更是允许用户对三维图形中的信息进行操作，通过与计算机的交互来获取和认知信息。这种技术也更适用于泛在网络中，因为泛在网络的便捷将会使用户更多的使用平板、手机等移动终端，所以触屏的便利性会使得用户更愿意通过交互来获取和理解信息。而个性化推送技术则可以通过与用户的交互来获取用户的个性化信息需求，将已经组织过的信息按用户的个性化需求再次过滤，并按照用户喜好的方式展示给用户，使信息组织成果的展现方式更为灵活和贴近用户。

4. 用户参与

用户的需求是泛在网络信息组织的出发点和归宿，了解泛在网络中用户的信息需求特点与信息行为规律，是泛在网络信息组织的基础与方向。由于用户的信息需求本身就是动态变化的，而泛在网络这种新的信息环境又会逐渐改变用户目前获取信息的行为习惯和信息需求的构成，因此，泛在网络中信息组织工作应注重与用户间的交互，通过获取多种用户行为数据，并以此为依据来预测用户的信息需求，再不断优化已有的信息组织模式，使其能更好地服务于用户。另一方面，泛在网络为用户交互提供了良好的软硬件环境，而 Web 2.0 的到来使用户"参与创造"成为深入人心的观念，这使得在使用网络更加便利、信息量更为巨大的泛在网络中，用户利用信息的方式也会随着新信息环境的变化而产生变革，由原来仅仅获取信息，变为创造和组织信息。因此，在泛在网络中信息组织有用户参与的必要性，而用户又有参与信息组织的需求，这使得"用户参与"要素将成为泛在网络信息组织机制的重要组成部分。由于用户是整个信息组织工作的核心与导向，用户的参与行为既为信息组织工作指明了发展方向，又为信息组织工作增加了新的工作者，因此"用户参与"要素是整个泛在网络信息组织的推动力。

从泛在网络的信息环境特点和信息组织的工作过程分析，可以预见在泛在网络中用户在信息组织工作中的参与行为主要体现在两个部分：一个是用户直接参与信息组织的工作，如分众分类法中用户对信息资源的标注，以及用户发布信息时对信息的标注；另一个是用户通过对信息内容或组织成果的反馈来推进信息组织工作的发展与完善，属于间接参与信息组织工作，如用户对信息的标注可能导致新概念的出现或改变不同概念间的关系，用户对某种组织体系应用过程中的咨询与建议可作为完善或变革该种组织体系的方向。为了了解泛在网络信息组织机制中用户参与的可行性，本次研究通过问卷调研的形式，分别调查和分析了用户标注行为和用户反馈行为的动机及影响因素，以期为泛在网络信息组织工作中用户参与管理工作的开展提供一定的参考。

（1）用户标注行为分析

在对用户标注行为的调研中，本次调查通过"问卷星"平台进行了问卷发放，问卷主要调查了用户标注的基本情况、标注的动机和标注动机的影响因素。其中对标注动机的测试采用了 5 度李克特量表，标度范围从"非常不同意"（1）到"非常同意"（5），数值越高则表示该方面动机越大。测试所采用的指标体系是以 S. A. Golder 和 B. A. Huberman 等提出的标签功能①为基础构建的，具体如表 4-3 所示②。

表 4-3 　　　　　　　　　　用户标注行为动机测试指标

动机种类	动机	解　　释
无动机	无动机	用户进行标注时没有自己的主观意识
外在动机	共享和贡献	这类标注者在发现了有价值的资源后，主动添加标签，使别人也能找到这些有价值的资源
	互动和竞争	这类标注者标注的出发点是为了使自己的资源获得较高的点击率，与其他资源竞争
	引起注意	资源的标注者希望通过添加有个性的标签，使更多人发现自己，从而达到引起关注的目的

① Golder S，Huberman B A . Usage patterns of collaborative Tagging systems［J］. Journal of Information Science，2006，32（2）：198-208.

② 王娜，马云飞 . 网络环境下大众标注行为动机的调查与分析［J］. 图书情报工作，2013，57（23）：100-107.

续表

动机种类	动机	解　　释
内在动机	组织资源	资源拥有者利用标签对自己的资源进行分类管理，便于查找、控制权限、信息传递等
	记忆与学习	阅读标注者通过对重要资源添加标签将网络中一个个信息孤岛连接起来，以便日后能快速查找到资源，反复记忆与学习
	感情表达	这些用户的感情较丰富，他们标注的目的仅仅是将自己标注时的感情表达出来
	阐述观点	这类标注者通过对资源的标注，表达对资源的看法和观点

此次调研共收集问卷 636 份，其中有效问卷 611 份，样本特征如表 4-4 所示。使用 SPSS 17.0 对调查问卷的信度和效度进行分析，得到 Cronbach α 系数为 0.9739，说明信度良好；KMO 值为 0.7894，表示结构效度比较合适。

表 4-4　　　　　　　　用户标注行为调研样本特征

特　　征		所占比例（%）
年龄	<20	2.6%
	20~40	87.1%
	>40	10.3%
性别	男	56.3%
	女	43.7%
学历	本科及本科以上	91.8%
	本科以下	8.2%

通过对用户标注行为调查数据的分析，可得出如下结论：

第一，用户标注行为的动机多种多样，其中"组织信息资源"是较为强烈的动机（见表 4-5）。

第二，通过将有关各种因素的问题分别与有关用户标注动机的问题进行相关度测试，发现用户标注动机会受到标签便利性、资源类型、用户素养、网站类型等因素的影响,而"标签便利性"的影响最为显著,当标签便于使用时用户会用其组织信息资源(见表4-6)。

表4-5 网络用户标注动机排名

排名	动机	均值	强度
1	记忆与学习	3.8765	很强
2	阐述观点	3.7075	较强
3	共享和贡献	3.6660	
4	组织资源	3.6510	
5	感情表达	3.4233	中等
6	互动和竞争	3.4154	
7	引起注意	3.1185	很弱

第三,通过将有关用户标注强度和频度的问题分别与有关用户标注动机的问题进行相关度测试,发现用户标注行为的强度和频度与用户标注动机间有一定的关系,而出自内在动机的标注行为有更高的强度和频度(见表4-7和表4-8)。

第四,标注动机不同的用户对标签类型和形式的偏好也不同,以组织信息资源为目的的用户更倾向于用长标签和时间型标签(见表4-9和表4-10)。

表4-6 标签便利性与标注动机的关系

	很方便	比较方便	不太方便
组织资源	82.5	67	33
记忆与学习	89.7	73	44.3
阐述观点	85.5	69	40.5
感情表达	75	56	26.7
引起注意	57.5	40	18
共享与贡献	72.7	67.7	34.3
互动与竞争	73	53.5	28

表4-7　　　　　　　　　标注动机与行为强度的关系

标注动机	行为强度	标注动机	行为强度
组织资源	3.7604	引起注意	3.2391
记忆与学习	3.775	共享与贡献	3.8267
阐述观点	3.7941	互动与竞争	3.6275
感情表达	3.7241		

表4-8　　　　　　　　　标注动机与行为频度的关系

标注动机	行为频度	标注动机	行为频度
组织资源	4.0454	引起注意	3.7082
记忆与学习	3.9063	共享与贡献	3.9667
阐述观点	4.0148	互动与竞争	3.8824
感情表达	3.9311		

表4-9　　　　　　　　　标注动机与标签类型的关系

	任务型标签	情感型标签	时间型标签
组织资源	39.56%	15.65%	44.79%
记忆与学习	30%	23.75%	46.25%
阐述观点	42.06%	28.97%	28.97%
感情表达	21.76%	51.08%	27.16%
引起注意	32.44%	43.49%	24.07%
共享与贡献	24.56%	46%	29.44%
互动与竞争	28.41%	41.53%	30.06%

表4-10　　　　　　　　标注动机与标签形式的关系

	缩略语标签	复合词标签	符号标签	长标签
组织资源	61.97%	43.66%	18.31%	39.44%
记忆与学习	66.25%	42.5%	23.75%	37.5%
阐述观点	64.71%	47.06%	20.59%	30.88%

续表

	缩略语标签	复合词标签	符号标签	长标签
感情表达	70.27%	48.65%	16.22%	21.62%
引起注意	67.5%	55%	20%	32.5%
共享与贡献	60%	52%	20%	26.67%
互动与竞争	62.75%	49.02%	23.53%	31.37%

基于此次调研的结果，本书认为在构建泛在网络信息组织机制时，应引导用户参与信息标注，具体应做好以下工作：

首先，应加强标签使用的便利性。从调研中发现"标签便利性"是对用户标注动机影响最为显著的因素，当标签使用便利时用户往往会用其组织信息资源。由于组织信息资源属于用户开展标注行为的内在动机，行为频度和强度都会较高，因此加强标签使用的便利性对于泛在网络信息组织具有较为重要的意义。在具体的方法上，可通过网站中的标签统计将不同类别中用户常用标签制作成标签云，方便用户获取；还应将每位用户所用过的标签进行收集统计，分析用户的偏好，并通过聚类将用户划分入具有相似偏好的用户群，当用户对某一信息进行标注时将同群中标注过同一信息的其他用户所用的高频标签推荐给该用户；为了提高标注的准确度，在用户标注某一信息时，还可通过规范词表，将用户所标注的标签的规范用词推荐给用户，方便用户选择。

其次，应根据标注动机为用户提供符合其偏好的标签类型。调查显示标注动机为"组织信息资源"的用户偏好用时间型标签和长标签，那么在吸引用户进行信息组织的网站应在推荐标签中多设置时间型标签和长标签。

最后，应在网站中设置用户标注的咨询或帮助功能。由于用户的信息素养各不相同，而调查显示信息素养高的用户往往会出于信息组织方面的动机进行标注，为了增强用户标注信息的动机，网站应设法努力提高用户的信息素养或是帮助信息素养较低的用户掌握标注的方法。如网站可以为不了解标注或标注中遇到问题的用户提供咨询服务，可以通过可视化的方法引导用户进行标注。

（2）用户反馈行为分析

在对用户反馈行为的调研中，本次调查同时在"问卷星"平台和线下进行了问卷发放，问卷主要调查了用户反馈的基本情况、反馈行为的影响因素和用户对反馈行为的需求。其中对用户反馈服务体系效能(包括反馈服务基础、服务质量、服务效果)的测试采用了5度李克特量表，标度范围从"非常不同意"

（1）到"非常同意"（5），数值越高则表示该因素对用户反馈行为的影响程度越大。测试所采用的指标体系是通过借鉴梁孟华所构建的基于用户交互的数字图书馆服务评价模型①和图书馆知识信息服务综合评价指标体系②，以及夏立新提出的图书馆知识服务满意度评价指标③，再结合网络平台与用户反馈行为的特性所构建的，具体如表4-11④所示。

此次调研共收集有效问卷544份，样本中男性占50.74%，女性占49.26%；年龄从18~60岁不等，但主要集中于"18~25岁""26~30岁""31~40岁"这三个年龄段，均占到总人群的28%左右。使用SPSS 21.0对调查问卷的信度和效度进行分析，得到Cronbach α系数为0.903，说明信度很好；KMO值为0.875，表示结构效度非常高。

表4-11　　　　　　　　　用户反馈服务体系效能测试指标

一级指标	二级指标
服务基础	反馈通道易获取性
	反馈渠道多样性
	反馈吸引机制多样性
	反馈方式多样性
	服务人员友好性
服务质量	反馈响应方式
	反馈响应时间
	反馈响应等级
	反馈流程易用性
	反馈流程方便性

---

① 梁孟华. 基于用户交互的数字图书馆服务评价模型构建与实证检验[J]. 图书情报工作，2012，56(7)：72-78.

② 梁孟华. 图书馆知识信息服务综合评价指标体系的构建及其校验研究[J]. 图书情报工作，2012，56(1)：73-77.

③ 夏立新，孙丹霞，王忠义. 网络环境下数字图书馆知识服务用户满意度评价指标体系构建[J]. 图书馆杂志，2015，34(3)：27-34.

④ 王娜，童雅璐. 网络知识服务平台用户反馈体系的构建[J]. 图书情报工作，2016，60(3)：90-98.

续表

一级指标	二级指标
服务效果	反馈方式有效度
	反馈结果满意度
	用户反馈意愿度

通过对用户反馈行为调查数据的分析，可得出如下结论：

第一，当前网站的反馈服务体系存在一定的问题，如反馈方式、反馈渠道、反馈通道位置等方面的常用设置与用户偏好之间有一定的差异；反馈通道的易获取性、反馈服务的覆盖率等方面也不能满足用户的需求。这些均影响到了用户参与反馈，甚至影响到用户将反馈意愿转化为实际行动(见表4-12)。

表 4-12　　　　　　　　　　　**通道位置与反馈频度关系**

反馈通道位置	反馈行为频度
在我容易发现的位置	3.6267
一般，需要花一点时间	3.4405
很难找，总是让我很着急	2.6539

第二，通过将关于服务基础和服务质量的题目与用户反馈意愿度进行相关度测试，发现用户的反馈意愿与服务基础、服务质量均有一定的关系，其中"服务人员友好性"会对用户的反馈意愿产生很强的影响，而"反馈流程的方便性、易用性和反馈通道的易获取性"也会对用户反馈意愿产生较强影响(见表4-13)。

表 4-13　　　　　　　　　　　**反馈意愿度影响因素排名**

排名	影响因素	强度
1	服务人员友好性	很强
2	反馈流程方便性	较强
3	通道易获取性	
4	反馈流程易用性	
5	反馈响应及时性	

续表

排名	影响因素	强度
6	反馈渠道多样性	
7	反馈吸引机制多样性	中等
8	反馈方式多样性	

　　第三，用户的反馈行为主要有两个方面的动机，一是主观上的使用质量，希望通过反馈提高使用效果；二是积分、奖励等外在刺激因素。在所有的吸引机制中，用户最喜欢的是"奖励机制"（见表4-14）。

表4-14　　　　　　　　**用户喜欢的反馈吸引机制统计**

反馈吸引机制	总计	比例
奖励机制，如赠送积分、抽奖等	393	72.24%
提高人机回复效率，及时解决问题	285	52.39%
建立用户互助、吐槽圈子	226	41.54%
网页自动跳出反馈询问框	202	37.13%
定期进行服务满意度回访	154	28.31%

　　此次调研结果显示，用户对当前网站反馈服务的感知量远没有达到用户需求量，因此，本书认为在构建泛在网络信息组织机制时，应注重反馈服务体系的构建。具体应做好以下工作：

　　首先，应建立反馈数据库。调查显示，当前网站的反馈服务体系在很多方面的设置不符合用户的需求，而用户的需求又是动态变化的，因此本研究认为在网站中必须建立一个反馈数据库，将用户的个人资料、每次的反馈内容和反馈行为存储下来，以便进行数据分析从而随时把握用户的需求，再根据用户的需求产生相匹配的反馈方式、反馈渠道和反馈响应类型，方便用户积极参与反馈，进而保证管理监督机构了解当前信息组织体系的应用状况。

　　其次，应增加反馈服务基础与用户需求间的适配度。根据调查结果，本书认为在构建网站反馈服务体系时应注意：根据当前用户的需求加大对"投票式"和"提问解答式"这些反馈方式的投放量；加大新媒体形式反馈渠道的投放使用，提供功能更为强大的云服务，替代同等条件下耗时长的邮件反馈渠道；

反馈通道应设置在用户感知范围内的显眼位置并应被包含在主列表中，使用户能够直接发现；应增设多元化的反馈吸引机制并加大奖励机制在用户反馈中的应用；应根据反馈方式的不同设置不同的响应方式，如对于"直接发表意见"和"提问式"反馈设置"人工响应"、对于"评价打分"和"投票式"反馈设置"智能机器人响应"。

最后，应提高反馈服务质量。为了吸引用户参与反馈，除了设置科学的反馈服务基础，还应相应地提高服务质量。根据调查，本书认为应采取如下措施提高服务质量：提高服务人员和机器在服务中的友好性，也可考虑建立网友互助圈以缓解服务响应的压力；增强其反馈流程方便性和易用性，如减短反馈所需的认证步骤、采用星级评价的方式简化反馈操作；根据调查中用户的需求，将人工服务的响应时间全面缩小至 60 分钟以下，提供 7×24 小时制的在线服务；加大反馈服务在平台中的宣传力度，利用自动弹出的窗口、可视化引导、邮件回访等方式宣传反馈服务，并了解用户对当前信息组织体系的态度与建议。

5 泛在网络中信息组织模式的构建研究

5.1 泛在网络中信息组织的目标与原则

根据前文分析可知，泛在网络中信息资源内容交叉冗余，整体处于无序、碎片化的状态，如果不采用新的模式对信息进行有效组织，则会影响用户对信息的获取和利用。而构建泛在网络中信息组织的模式，首先要明确泛在网络中信息组织的目标与原则，并以此作为设计依据。

5.1.1 泛在网络中信息组织的目标

泛在网络的出现改变了信息组织的技术环境与信息环境，一方面，泛在网络中感知终端的多样化与普及化带来了信息资源的泛滥，使得信息过载问题越来越突出；另一方面，用户接入网络的方式更加便捷，设备也更加多样化，而用户信息素养又参差不齐，这些导致了用户需求的多样化，也对信息组织提出了更高的要求。为了有效的满足用户在泛在网络中的信息需求，应对泛在网络中的信息组织设置相应的目标。泛在网络中信息组织的目标应是一个目标体系，由总体目标和具体目标组成。其中，总体目标是泛在网络信息组织要达到的最终结果，而具体目标则是总体目标的具体化，两者之间是一种相互联系、相互制约的关系。

1. 总体目标

在新的网络环境中，结合信息资源本身的特征，利用多种信息技术，依托泛在网络中的信息组织机制，综合运用多种信息组织方式，面向用户构建泛在网络中的信息组织模式，通过有序化和聚合繁杂的信息增强信息的价值，以满足用户多变、复杂的信息需求。

2. 具体目标

泛在网络中信息组织的总体目标可分解为具体目标，包括：信息有序化、信息聚合化、信息服务化。

①信息有序化。在复杂的信息环境中通过对信息的有效处理实现信息有序化，是信息组织最基本的目标。泛在网络中的信息来源于多种信息源，格式、内容迥异，如不对信息进行有效的处理，信息则会处于彼此间毫无联系，在时间和空间上毫无规律的状态，从而不便于用户查找也无法充分体现其价值。要实现泛在网络中信息的有序化，应先按照一定的标准对信息的各种属性进行准确、完善的描述，再按照不同的属性特征，将信息排列成多个序列，使得用户可从不同的属性特征入手在经过排列的信息序列中找到自己所需的信息。

②信息聚合化。信息组织除了要达到信息有序化的基本目标，还应在信息有序化的基础上通过信息的深度组织实现信息的增值。泛在网络中信息资源来源分散，由于单个信息本身所包含的内容有限，往往无法全面体现其价值，如单个数据在不同的特定情境下具有不同的含义，在与不同数据比较的情况下其所代表的含义也不同，因此要充分体现信息的价值、提升信息的质量，就需要按照一定的标准对信息进行聚合。要实现泛在网络中信息的聚合化，应在信息被描述和序化的基础上，按照信息的内容或属性特征对信息进行聚类，挖掘信息之间的关联性或规律，从而形成更有价值的信息集合。

③信息服务化。信息组织的最终目的是向用户提供有效的信息服务，便于用户获取、传播和利用信息。泛在网络中信息的结构与内容非常多样，质量也参差不齐，因此，有赖于信息组织来防控信息过载，最终向用户提供符合其需求的信息服务。然而在信息组织过程中需要特别注意，用户才是信息服务的最终使用者，也就是说，在信息组织的过程中不仅要关注信息，考虑如何提高信息组织的质量，更要关注用户，考虑如何提升信息组织成果使用的便捷性。由于泛在网络增强了用户与信息服务间的交互性，因此在实现信息服务化的过程中可鼓励和吸引用户参与到信息组织活动中，从用户角度出发来组织信息，使得信息组织成果更易被用户理解，从而提升信息服务的用户体验。

5.1.2 泛在网络中信息组织的原则

为了使泛在网络信息组织过程更有利于信息服务的实施，进而能够更有效地满足用户的需求，在泛在网络开展信息组织工作的过程中，包括信息组织模式的构建过程中都需要遵照一定的原则，以协调信息组织模式中的各个组成部分，提升信息组织的整体价值。具体而言，泛在网络中信息组织应主要遵循以下原则：

1. 以用户为中心原则

用户是信息组织成果的使用者，是信息组织工作的导向与目标，因此泛在网络中信息组织的中心任务应是准确把握用户需求和实现集成化、个性化的信息服务。具体而言，就是在信息组织过程环节的设置中要体现对用户信息需求的关注和认知。基于此，在构建泛在网络信息组织模式的过程中，必须以用户为中心进行体系架构的设计，重点是收集用户参与信息描述的内容和反馈意见，其目的是：一方面，针对这些信息进行统计分析，利用其中的高频词汇和呈现出来的概念间的新关系，来优化已建立的信息组织体系；另一方面，应从这些信息中挖掘出用户的信息需求特征，并以此为基础建立用户需求模型，从而达到为用户提供更为个性化信息服务的目的。由于用户的信息需求不是静态的，而是不断发展变化，有阶段性的特征，因此在分析用户参与行为信息的基础上，准确把握用户的信息需求，并将其贯穿于信息组织的过程中，是构建合理的、有效的泛在网络信息组织模式的关键。

2. 系统性原则

系统论是一种新兴的科学方法论，由理论生物学家贝塔朗菲创立，在 19 世纪 70 年代被美国图书馆学家克特(Charles A. Cutter)引入信息组织研究领域。系统论认为，任何系统都是由处于特定位置的若干部分组成的具有特定结构和功能的有机整体，其各个组成部分之间不是简单组合，而是相互关联、相互作用的关系，并且系统的整体功能也要远大于各个组成部分的功能总和。从系统论角度来看，泛在网络中的信息组织模式应是一个具有复杂性、开放性、整体性和动态性等特征的系统，该系统是由多个信息组织环节、多种信息组织方式、多个信息组织层次构成的。因此，在构建泛在网络信息组织模式时，需要遵照系统性原则，既要将其作为一个整体加以统筹分析，确保其最终能实现为用户提供高效信息服务的功能；又要注意协调其不同组成部分间的关系，如不同信息组织环节间的衔接、多种信息组织方式间的配合等，形成合理的结构。这样才能将泛在网络中大量无序的信息有效地组织起来，使得信息组织模式的整体功能大于各个组成部分的功能之和，从而有效发挥信息组织模式的效用。

3. 协同性原则

协同论是由著名物理学家哈肯创立的，是一门研究系统进化普遍规律的科学，着重探讨系统的各组成部分通过协作从无序演化到有序的规律。协同论认为，系统由大量的子系统或要素组成，在系统与外界存在交换的情况下，系统内部的各要素之间会通过相互作用和协作，自发地形成时间、空间和功能上的有序结构，即协同是系统能够形成有序结构的内驱力。从协同论角度来看，泛在网络中信息组织模式是由信息资源、信息组织方法、信息组织管理机构、信息组织工作人员、信息组织技术工具、用户等要素构成，并与外界存在着物质、能源和信息的交换。该信息组织模式整体功能的好坏和效应的发挥，取决于各要素之间的协同性的优劣，如果各要素能够围绕共同的目标——将分散的无序信息加工整理为有序的信息集合，相互配合协调、协同运行则能实现高效的信息组织；如果各要素间相互冲突、离散，则会造成组织模式中的内耗增加，限制各要素功能的发挥，从而使得整个信息组织模式陷入混乱的状态。

4. 动态性原则

泛在网络的发展，使得网络信息的数量不断增长，内容和类型也更加多样化。在泛在网络信息环境不断动态变化的同时，用户对信息组织的需求也会呈现出动态变化的趋势，即便同一位用户在不同时间或不同目的的情况下，对信息组织需求的层次和效率也会不同，因此泛在网络中的信息组织工作也应具有随着信息环境的变化和用户需求变化，而动态变化信息组织方式和成果的能力。具体而言，在构建泛在网络中的信息组织模式时，应吸引用户参与信息的组织过程，在保持原有信息组织体系架构的基础上，依据用户对信息的描述与反馈意见，动态定义概念、动态揭示概念间的关系，并动态地调整信息组织的层次，将传统的静态信息组织模式转变为动态的信息组织模式，以更好地适应泛在网络中用户需求动态变化的要求。为了提高泛在网络中信息组织模式的动态性，必须尽可能高频率且即时性地了解用户的需求，因此在泛在网络的信息组织模式中应设置科学合理的用户激励机制，以吸引更多的用户积极主动的参与和贡献自己的思想。

5. 可扩展性原则

随着泛在网络信息环境与信息技术的不断发展，信息组织方式和用户需求也在不断发生变化。在信息组织方面，为了适应新的网络环境和信息环境，信息组织方式将由目前的以语法层面为主,转换为以语义层面为主;从目前强调信息的分类与主题,转换为强调信息之间的关联与融合;从单独使用一种组织方式到综合使用多种组织方式。在用户需求方面,为了提高获取信息的效率与效果,用户需求将从单维度——信息检索或知识检索,发展到多维度——有时仅需要对信息的浏览,有时需要关于某一主题的专业知识;从强调获取效率,到强调获取内容的针对性。信息组织方式和用户需求的变化,要求泛在网络中信息组织模式不能是一种静态的模式,而应具备随着外界环境变化而发生扩展的能力。这在宏观上体现为,信息组织模式的各个部分之间应有较好的兼容性,使得模式内部增删要素时不会导致整个组织模式的体系架构发生变化;在微观上体现为,信息组织模式各个部分都应具备进一步优化的空间,例如本体、分类法等信息组织方式都可根据用户的参与不断进化。

5.2 泛在网络中信息组织模式的宏观架构设计

泛在网络中信息形式多样、结构复杂的特点给信息组织带来了新挑战,因此,需要突破以往的经验与视角,形成新的理念,创造出新的信息组织模式。设计泛在网络中信息组织模式的宏观架构应从系统科学视角出发,以提供便捷有效的信息服务为目标,以用户信息需求为导向,根据泛在网络中信息组织的目标与原则来进行。

5.2.1 泛在网络中信息组织模式的宏观架构

泛在网络中的信息来源多样,既可由机构发布,也可由个人发布,还可由物体发布;信息资源的种类多样,包括数值、文本、图像、视频、音频等。因此,泛在网络中的信息组织模式应能够对来自各种信息源的信息进行筛选和描述,并通过使用多种信息组织方式和利用用户的参与,实现泛在网络中信息的多层揭示和动态组织,使信息组织成果更符合用户的需求。在应用层面上,一方面,用户可根据自己的需要,选择使用不同层次、不同类别的信息组织成果获取信息;另一方面,专业信息服务机构也可利用用户参与信息组织工作过程中生成的各种信息,建立用户需求模型,利用需求模型过滤用户的信息检索结果,向用户提供更为个性化的信息服务。基于泛在网络中信息资源的特性和信息服务的需要,本书设计了泛在网络中信息组织模式的宏观架构,如图5-1所示。

泛在网络中信息组织模式的宏观架构图展现了泛在网络中信息组织的基本理念、内容和程序，是本书提出的泛在网络中信息组织工作实施的参考方案，下面本书将从参与方、基本理念、工作程序这三方面进行具体说明。

5.2.2 泛在网络中信息组织工作的参与方及其职能

如图 5-1 所示，泛在网络中的信息组织工作由三方共同参与完成。

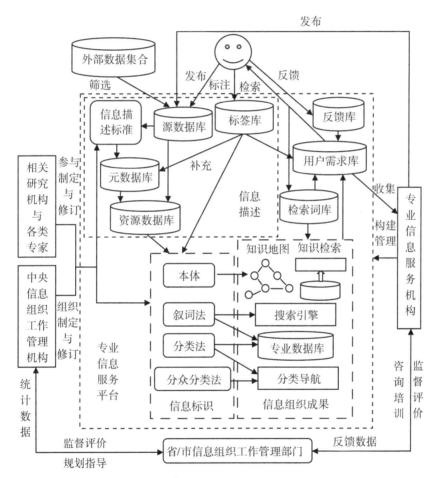

图 5-1 泛在网络中信息组织模式宏观架构图

（注：图中的专业信息服务机构是泛指所有专业信息服务机构。）

1. 专门的信息组织工作管理机构

这一参与方既包括进行宏观规划和指导信息组织工作的中央信息组织工作管理机构，也包括对下级部门或各类专业信息服务机构进行监督管理及咨询培训的省市级信息组织工作管理部门。两类不同级别的信息组织工作管理机构的具体工作职能在本书 4.4.2 中有详细说明，这里不再赘述。需要特别强调的一点是，专门的信息组织工作管理机构在泛在网络信息组织工作中的职能不只是管理监督，更重要的是组织相关研究机构、信息服务机构和专家制定信息描述标准以及各种信息组织方式的体系框架（即分类法、叙词表、领域本体等），并定期收集专业信息服务机构上报的用户行为分析数据，用于修订和进化各种信息组织方式的体系框架，使其适应信息环境和用户需求的不断变化。

2. 专业信息服务机构

专业信息服务机构是信息组织工作的具体操作方，其工作质量将直接影响信息组织工作的效果，因此在参与方中占有重要地位。泛在网络中的专业信息服务机构参与信息组织工作的主要职能是：依据通用、权威的信息描述标准对信息服务平台中的源数据进行描述，形成元数据库，并根据用户在平台上对信息资源的标注内容来定期更新元数据库；根据服务的用户与开展服务的种类，选择一种或多种合适的信息组织方式对经过描述的资源数据库中的信息进行组织，并形成相应的信息组织成果；将用户标注信息资源时所使用的标签、反馈的意见、检索常用的检索词等存入用户需求数据库中，并定期对用户需求库中的信息进行分析，再将分析结果上报给市级信息组织工作管理部门；利用信息组织成果向用户提供检索功能，并将检索结果经过用户需求模型的过滤再提供给用户。

3. 信息用户

在泛在网络中，信息用户既是信息组织工作的服务对象，也是信息组织工作的实际参与者。泛在网络中的信息用户可通过专业信息服务机构所构建的服务平台从三个方面参与信息组织工作：第一是对信息资源进行标注，标注信息资源的标签可用于对信息资源进行补充描述；第二是可通过服务平台的反馈渠道表述反馈意见；第三是利用信息服务平台构造检索式进行检索。这三个方面的信息都会被信息服务平台收集并存储在用户需求库中，一方面，服务平台可用这些信息来分析用户的需求特征，建立用户需求模型并存储于服务器端或客户端,用于过滤信息检索结果提高个性化服务水平;另一方面,服务平台会将这些信息进行统计并上报给信息组织工作管理机构,以方便于管理机构修订信息组织方式的体系框架。

5.2.3 泛在网络中信息组织工作的基本理念

泛在网络中信息组织工作的基本理念是:在泛在网络中信息组织目标的导向下,以用户为中心,按照泛在网络中信息组织的原则,遵循泛在网络中的信息组织过程,在信息组织工作管理机构的指导与监管下,由各专业信息服务平台遵照通用的信息描述标准描述信息资源,进而利用不同的信息组织方式,向用户提供不同层次的信息组织成果,并吸引用户通过信息标注、信息反馈、信息检索等行为参与信息组织工作,最终实现精准、个性化、多层次的信息组织成果。

5.2.4 泛在网络中信息组织工作的具体程序

泛在网络中的信息组织工作主要由大量的各类专业信息服务机构完成,这些机构既包括政府部门、科研教育机构,也包括各种商业机构,虽然这些机构的经营性质不同,但开展信息组织工作的具体流程却是一致的,具体包括下述程序。

1. 信息收集与筛选

泛在网络中会有大量由政府部门、各种机构甚至个人用户发布的数值、文字、图片、视频、音频等多种类型的数据。对于专业信息服务平台而言,首先需要根据自身所提供服务的类别对来自于本服务平台外部的数据进行筛选,将合适、有效的数据与发布于本服务平台中的数据去重去噪后,共同存储于平台的源数据库中,源数据库中的数据则是专业信息服务机构进行信息组织的对象。

2. 信息描述

开展信息组织工作,首先要完成对数据的描述,并将描述数据所形成的元数据与原始数据共同存储于资源数据库中,资源数据库中的每条记录既包括原始数据也包括其元数据。信息描述工作应遵循由中央信息组织工作管理机构主导制定的描述标准,准确的对原始数据的外部特征和主要内容特征进行客观的说明。由于信息描述是形成信息组织成果和为用户提供信息服务的基础,因此信息描述工作还应从用户需求出发，选择用户容易识别的特征作为描述的元素，并尽可能多地对原始数据的特征种类进行描述，以方便为用户提供更为多样化的检索途径。

在信息描述的过程中，泛在网络中的专业信息服务机构不仅应遵从一定的信息描述标准(详见本书5.3)，对数据进行外部特征和主要内容特征的描述，还应通过向用户提供的标注服务收集用户赋予数据的标签，并统计用户为每个数据所赋予的标签的前三位，将其与该数据的已有的标签描述进行对比，若重合则不纳入元数据库，若不重合则作为已有标签描述的补充纳入元数据库中该数据的标签描述字段中。将信息描述工作中引入用户参与机制，不仅能够保证对信息描述的全面、深入，更使得信息描述能够根据语言文化的发展而发展，从而使得信息组织具有更深的层次和更好的时效性。

3. 信息标识

完成信息描述工作后，应针对经过特征描述形成的信息资源，进一步的进行内容特征分析，并用一定的标识揭示信息资源所蕴含的主题、理念、结论等特征，该步骤也是整个泛在网络信息组织模式的核心部分。为了方便用户进行基于内容的信息检索，增强信息标识与用户需求表达间的一致性，本书所提出的信息组织模式中并未选择采用某种特定的信息组织方式，而是提倡将不同类型的信息组织方式结合使用，为用户提供不同种类、不同层次的信息组织成果，以满足用户的个性化需求。

具体而言，信息标识过程所采用的信息组织方式可分为三类：第一类是能够详尽揭示概念间关系，具有很强语义表达能力的本体。这类信息组织方式的体系框架由人工编制形成，所采用的标识语言是规范语言，能够揭示信息之间的多维关系，还能够通过推理判断两个信息之间的关系，因此用该类方式组织信息可通过规范信息表述与建立信息之间的多维关联，将信息按照主题之间的各种关系组织成网状结构的知识体系，从而向用户提供知识层面的服务。第二类是受控程度较强的文献分类法和叙词法。这一类信息组织方式的整个体系也由人工编制而成，所采用的标识语言为分类号或叙词，对同义词、词义歧义、概念间关系均有较好控制，能够揭示信息之间的等级关系、等同关系和相关关系。用这一类信息组织方式来标识和组织信息可形成具有严密层次结构的信息资源体系。第三类是受控程度弱的自编分类法和分众分类法。这一类信息组织方式没有严格的体系结构，所采用的标识语言基本为自然语言，对同义词、词义歧义、概念间关系控制较弱，而且概念语词、概念间的关系会随着外界动态发生变化,如自编分类法会根据社会热点设置不同的类目、分众分类法随着社会发展会出现新的概念语词。用这一类信息组织方式来标识和组织信息可形成易用性较强、关联度较弱的信息资源体系。

本书之所以提倡将不同类型的信息组织方式结合使用,主要是考虑到用户的信息素养不同、获取信息的目的也不同,对于想要获取专业知识或专门信息的用户更注重检索的查准率,因此更青睐于使用前两类信息组织方式形成的信息组织成果;而对于仅仅想要浏览信息、没有明确目的的用户更注重检索的便利性和时效性,因此更青睐于使用第三类信息组织方式形成的信息组织成果。对于泛在网络中不同的专业信息服务机构而言,应根据自己的目标用户群和所收集的信息的种类(专业或普通),选择其中的一类或多类信息组织方式来组织信息。

为了保证信息标识的时效性和准确性,泛在网络中的信息组织模式会通过服务平台向用户提供信息标注、反馈和检索服务,并将收集到的相关信息存储于用户需求库中。各专业信息服务机构可汇总用户需求库中出现的热点概念,并可对概念之间的关系进行挖掘,发现概念语词间的新关系。在将这些热点概念语词、新关系用于调整自编分类法体系结构的同时,定期将统计的这些热点概念、新关系上报给信息组织工作管理部门,以便于信息组织工作管理部门修订文献分类法、叙词表和进化领域本体。

4. 信息组织成果应用

在经过信息描述和标识后,原始数据已转化成为有序的信息资源体系,可以以此为基础向用户提供各种类别、各种层次的专业化信息服务。由于信息标识过程所采用的信息组织方式不同,因此在应用中呈现的信息组织成果(即信息服务产品)也不同。利用传统文献分类法和叙词法组织信息资源,可以形成具有较高查准率和查全率的分类导航、专业数据库及搜索引擎;利用自编分类法组织信息资源的专业信息服务机构,可以提供树状的、动态变化的分类导航服务;利用分众分类法组织信息资源的专业信息服务机构,可以提供平面化的、动态变化的分类导航服务;利用本体组织信息的专业信息服务机构,可以根据信息间的网状关系向用户提供具有导航作用的知识地图,也可提供能够对结果进行聚类的知识搜索。这些信息组织成果中,由于本体能够提供语义信息组织,而且组织动态化信息的能力强(如本书 4.3.4 所述),因此基于本体的知识地图和知识检索系统属于较高层次的信息组织成果,而基于其它信息组织方式构建的信息搜索、信息导航系统则属于一般层次的信息组织成果。由此可见，泛在网络中的信息组织模式可以向用户提供不同层次的信息组织成果，方便用户进行个性化的选择。

由于用户需求库中存储了用户的标注信息、反馈信息和检索提问，因此可通过对用户需求库中信息的挖掘发现用户的需求特征，建立用户需求模型。当用户检索信息时，可对检索获得的信息集合根据用户需求模型进行过滤，向用户提供更为个性化的信息服务，也可利用用户需求模型定期向用户推荐可能符合用户需求的信息。

5.3 泛在网络中信息描述标准的研究

泛在网络中信息源增加、信息数量巨大，极易出现信息过载的现象，因此利用信息组织模式将信息有序化，帮助用户获取信息和理解信息将变得越来越重要。在泛在网络的信息组织模式中，信息描述工作是信息标识和应用的基础，也是专业信息服务机构管理信息的基础和用户理解信息的基础，因此具有十分重要的作用。元数据是关于数据的结构化的数据，能够用于网络信息资源的发布、转换、使用、共享等多个方面，因此一直是网络信息资源描述的重要工具。利用元数据标准对信息资源进行规范化的描述，可以准确、完整地表述信息资源的各项主要特征，目前不同类型的信息资源有不同的元数据标准。由于泛在网络中的信息来源于不同的信息源和领域，属于不同的种类，具有不同的形式，元数据也不相同，因此要想实现信息之间的互联和信息内容的深层揭示，应建立一种统一的、标准化的基本元数据标准。在基本元数据标准的基础上，各个领域根据不同类型信息资源的特征可对基本元数据标准进行扩充，进一步形成专门元数据标准。而 RDF 作为元数据的"容器"，可对各种结构化的元数据进行编码，利用元数据标准来描述网络信息资源，并形成可由计算机自动处理的文件。基于此，本书认为为了实现泛在网络信息资源的有效组织，应建立一种开放性的基本元数据标准，并采用 RDF/XML 进行语义、结构和内容的描述，以方便与其他各种元数据标准进行相互操作。通过基本元数据标准的建立和应用，泛在网络中的各种专业信息服务机构可以更好地保存和管理信息资源，用户也可以更有效地检索和利用信息资源。

5.3.1 泛在网络中信息资源描述的需求分析

泛在网络信息组织模式中的信息描述环节主要是利用元数据标准对不同来源的数据集合进行外部特征和主要内容特征的描述，从而形成具有规范化特征描述的信息集合，为进一步的信息内容揭示和标识奠定基础。泛在网络中信息资源的来源和种类非常多样，因此泛在网络中信息资源的元数据标准应具备各类信息资源对描述需求的共性，同时又要注意对泛在网络中信息资源的特性的描述。

经前文分析可知，泛在网络中信息资源的存在形态非常多样化（详见本书2.2.1），具体而言存在以下几类：①数据类：各种数值型数据，在泛在网络中除了各种专业信息服务机构和人发布的数值型数据，如调查统计数据，还包括各种物体发出的关于物体各个方面实时情况的数据，如高架桥的压力、建筑物的表面温度、汽车的运动里程数等；②文本类：各种记录和存储文字信息的文本文档，如用户发布在微信中的一段话、政府网站发布的通知、科研机构发布的科技报告等，可以以 TXT、DOC、PDF 等各种格式存在；③音频类：记录和存储声音的文件，如一首歌曲、一段讲话、自然界的鸟叫声等，可以以WAV、MP3、APE 等各种格式存在；④图片类：由图形、图像等构成的文件，可分为点阵图和矢量图两大类，如一张照片、一张扫描图、一段动画等，可以以 GIF、JPG、PNG、SWF 等各种格式存在；⑤视频类：记录和存储各种动态影像的文件，如一部电影、一段拍摄现实生活的短片、一段动画短片等，可以以 MPEG、AVI、RMVB 等各种格式存在；⑥富媒体类：一个文件中存在以上几种类别中的两种或两种以上的组合，如一个包含弹出式视频的博客文件、一个系统安装文件、一个网页游戏等，可以以 EXE、DHTML、JSP 等各种格式存在。而另一方面，泛在网络中信息资源又可根据其产生过程的不同分为自在信息、认知信息、再生信息三类（详见本书2.3.1），其中自在信息的发布者为"物"，而认知和再生信息的发布者一般为"用户或专业信息服务机构"。

由前文（详见本书2.3.2）和上述分析可知，泛在网络中的信息资源具有来源泛在、形式多样、数量无限、内容时效性强、价值可增值等特点，同时由于在泛在环境中接入网络的便利性大大增强，使得用户生成内容的数量将快速增长，从而导致信息质量参差不齐、大量重复的问题也将凸显。因此，本书认为为了实现对泛在网络信息资源的高效组织与管理，便于用户方便快捷地获取精准、有效的信息资源，需要针对泛在网络中信息资源的特点制定合理的信息描述标准。具体而言，本书所构建的泛在网络中信息资源的描述标准应着重满足以下三个方面的需求：①加强对信息资源内容中对象的详细描述，例如除了对信息中的主题对象进行描述，还应对涉及到的概念、地点、人物、机构等进行描述，以实现信息组织粒度的细化；②体现信息源和类型复杂多样的特点，如在描述信息源时应细化元素，将"责任者"元素细分为"贡献源""创建者"和

"发布者"；③加强对信息资源原创性和质量的描述，例如在元数据中设置"原创性""点击率"等要素，以帮助用户判断信息的质量与可信度。

5.3.2 国内外常用元数据标准分析

目前对网络信息资源进行描述的元数据标准众多，各种组织针对不同类型的网络信息资源也制定了不同类型的元数据标准。如，由美国可视资源协会制定的用于描述可视文化作品和图像的 VRA Core；由美国联邦地理数据委员会制定的用于描述地理空间数据内容的 FGDC；由计算机人文协会、计算机语言协会、文字语言协会联合制定的用于描述电子文本的 TEI；由中国国家图书馆中文元数据研究组制定的用于中文数字资源建设和保存的中文元数据方案等。按照元数据标准的用途，可将数量众多的元数据标准大致分为两类①：一类是能够描述文本、声音、图像等各种数字资源的通用型元数据标准，如 DC（Dublin Core）；另一类是专门描述某一类数字对象的专用型元数据标准，如专门描述数字图像的 TMI（Technical Metadata for Images）、专门描述艺术作品的 CDWA（Categories for the Description of Works of Art）。由于泛在网络中信息资源种类繁多，包括文本、声音、图像、视频等各种存在形态，因此在构建泛在网络中信息描述标准时，应先调查对比多种国内外常见的元数据标准，了解其核心元素并辨析差异，再结合泛在网络中信息资源描述的需求特点来进行创建。本研究先后调研分析了 DC、VRA、CDLS、EAD、TEI 等 20 余种国内外常见元数据标准，鉴于篇幅原因，这里仅展示应用较广的部分常见元数据标准对比分析结果，如表 5-1 和表 5-2 所示。

表 5-1 　　　　　　　　　国外常用元数据标准对比分析表

元数据标准名称	描述对象	核心元素/基本元素
DC（Dublin Core）	各种网络信息资源	15 个核心元素：题名、创建者、主题、描述、其他责任者、格式、来源、权限管理、语种、关联、覆盖范围、出版者、日期、资源类型、标识
VRA（Core Categories For Visual Resources）	艺术类三维实体的可视化资源	17 个基本元素：类型、题名、作者、时间、身份号、文化、主题、关系、描述、来源、版权、记录式样、尺寸、材质、技术、所在地、风格/时期

① 王松林主编. 资源组织［M］. 北京：国家图书馆出版社，2014（8）：106.

元数据标准名称	描述对象	核心元素/基本元素
TEI (Text Encoding Initiative)	电子文本	24个元素(TEI Header):题名、版本、长度、出版、丛书、附注、来源元素、项目过程描述、抽样、编辑、标签、参照、分类、特征体系、变化声明元素、制作信息、语言使用、文本类别、文本参数、参加者、背景描述、日期、责任说明、变化项目元素
GILS (Government Information Locator Service)	政府公用信息资源	28个核心元素:标题、创作者、投稿者、公布时间、公布地点、使用语种、文摘、规范主题标引、非控主题词、空间域、时间段、联系方式、附加信息、目的、处理程序、参照、来源日期、方法、有效性、获取条件、使用权限、进度号码、处理标识、来源控制标识、记录来源、使用语种、最后更新时间、记录检查时间
EAD (Encoded Archival Description)	档案和手稿资源	共计146个元素,主要元素包括:档案描述、编排、书目、传记/历史、收藏历史、语言资料、实体描述、来源、范围与内容、单元题名、单元日期等

表5-2　　　　　　　　　国内常用元数据标准对比分析表

元数据标准名称	描述对象	核心元素/基本元素
中文元数据	中文数字资源	25个核心元素:名称、主题、版本、内容摘要、内容类型、语种、内容覆盖范围、内容创建者、其他责任者、内容创建日期、出版、版权所有者、资源标识符方案、关联资源、数字资源制作者、数字资源制作日期、数字资源制作地、权限声明、公开对象、操作许可、原始技术环境、加工处理历史、维护历史、认证指示符、基本抽象格式描述
中国科学院科学数据库核心元数据标准	科学数据库数据资源	41个基本元素:①数据集描述信息(名称、URI、主题、描述、目的、类型、数据量、数据来源、提供者、贡献者、更新频率、数据集时间、语种、URL、关联数据集、数据集范围);②数据集质量信息(数据志、评测报告);③数据集分发信息(数据格式、技术要求、收费策略、权限声明、订购指南、访问时间、联系方式、分发信息

元数据标准名称	描述对象	核心元素/基本元素
		元数据示例）；④元数据参考信息(元数据标准、元数据时间、元数据联系信息、参考信息元数据示例)；⑤服务参考信息(指示信息)；⑥结构描述信息(检索点、实体、关系)；⑦范围信息(学科范围、时间范围、空间范围)；⑧联系信息(联系人名称、联系地址、其他联系方式、联系时间)
基本数字对象描述元数据标准(CDLS)	各类数字资源	15个基本元素：题名、创建者、主题、描述、其他责任者、格式、来源、权限管理、语种、关联、覆盖范围、出版者、日期、资源类型、标识
中文元数据框架	各类数字资源	14个核心元素：名称、主要责任者、主题/关键词、资源描述、其他责任者、日期、资源类型、资源形式、资源标识、来源、语种、相关资源、时空范围、权限管理
大学数字图书馆国际合作计划(CADAL)元数据标准	各类数字资源	15个基本元素：题名、创建者、主题、描述、其他责任者、格式、来源、权限管理、语种、关联、覆盖范围、出版者、日期、资源类型、标识

通过调研，本研究发现国外常用的元数据标准中通用型标准较少，使用范围最广的是 DC；国外的专用型元数据种类丰富，针对不同类型信息资源和不同应用领域的元数据标准差异较为明显，但其中的核心元素也存在较多重合。对调研的国外元数据标准中的核心元素进行统计，发现通用的元数据核心要素主要包括：题名、创建者、主题、其他责任者、来源、语种、覆盖范围、日期。而与国外常用元数据标准不同，本研究发现国内常用的元数据标准中通用型标准较多，专用型元数据种类较少，各种元数据标准中核心元素也存在较多相似性。对调研的国内元数据标准中的核心元素进行统计，发现通用的元数据核心要素主要包括：名称、主要责任者、主题、描述、其他责任者、日期、资源类型、资源标识、来源、语种、相关资源、时空范围、权限管理。

5.3.3 泛在网络中信息资源元数据标准的制定原则

制定泛在网络中信息资源的元数据标准应遵循系统科学的方法，先分析确定其制定原则，再结合泛在网络信息资源的描述需求，在分析现有元数据标准的基础上，确定泛在网络中信息资源元数据标准的结构与核心要素。在制定泛在网络中信息资源的元数据标准时，除了考虑泛在网络中信息资源的特点，还需要考虑信息资源的用户及其各种信息行为。总体而言，泛在网络中信息资源元数据标准的制定应遵循下述原则。

1. 以通用型元数据标准为指导

泛在网络中信息资源类型多样，既有数字文本信息，也有视频、声音、图像等类型的信息，由于各种信息资源的特征并不相同，因此对每种资源进行详细描述的元数据元素也应不同。然而为了实现不同信息系统之间的互操作，在制定泛在网络中信息资源的元数据标准时还是应考虑其通用性和统一性，所制定的元数据标准应能描述各种类型信息资源的属性特征，故而应以目前的通用型元数据标准为指导。

2. 注重互操作与适用性

目前常用的元数据标准种类繁多，不同应用领域的系统使用的元数据标准可能不同，而在泛在网络中将仍存在着很多基于现行元数据标准建立的系统，因此，为了保证系统资源间的互联，应在制定时注重泛在网络中信息资源元数据标准的互操作性和适用性。一方面，应通过慎重构建元数据结构和进行元数据元素的定义，来提高所制定元数据标准的易转换性，使其在转换过程中能尽可能减少所携带信息的损失；另一方面，在制定元数据标准时其元素的语义定义应尽可能与现行的、应用较为广泛的元数据标准保持一致，便于信息组织工作人员的理解和使用，以保证其在泛在网络中有更大的应用范围。

3. 具有可扩展性

由于泛在网络中信息资源类型多样、特征复杂、应用领域广泛，为了广泛覆盖各种信息资源的特征，所制定的元数据标准会更多的考虑广度方面的要求，仅提供对各类信息资源共性特征的描述，在深度方面，即特殊特征方面的描述则难免纳入不足。而面对具体应用，各种具体类型的信息资源会需要得到更为细致、精准的描述，因此，在制定泛在网络中信息资源的元数据标准时，应允许各个具体应用领域元数据标准的制定者在不破坏已有规定的框架下，根据各个应用领域的实际需求从纵向和横向方面扩充已有的元数据标准，以满足不同应用领域中描述不同类型信息资源的需要。

4. 支持用户参与

制定元数据标准的目的是充分描述信息资源，为用户准确获取信息资源奠定基础，因此在元数据标准的结构、元素、扩展规则等方面的设置应从用户角度出发，在元数据标准的应用中也应通过反馈渠道的建立引导用户参与元数据标准的使用。由于泛在网络中的信息资源呈现出动态化、碎片化、多种类的特征，信息描述工作量巨大，因此在对信息资源中各种对象的描述方面和对信息质量的评判方面都可引导用户参与，以便为用户提供多粒度、高质量的信息组织成果。

5.3.4 泛在网络中信息资源元数据标准的制定

在制定泛在网络中信息资源元数据标准的过程中，应遵照制定泛在网络中信息资源元数据标准的原则，并考虑泛在网络中信息资源的特征与描述需求、泛在网络中的信息组织模式以及泛在网络中信息资源元数据标准的未来发展等因素。由于泛在网络中信息资源类型多样，而泛在网络中信息资源的元数据标准又应有较强的适用性，因此在制定元数据标准的过程中本研究调查分析了多种常用的元数据标准，选择了其中较为通用的元素，并以目前使用较为广泛的DC元数据为基础，制定了一套适合于泛在网络中信息资源描述和管理的元数据标准体系。

1. 元数据的内容结构

元数据内容结构的功能是对该元数据的构成元素及其定义标准进行描述[1]。根据元数据元素功能的不同，可将元数据的构成元素大致分为三类：内容描述型元素、管理型元素、外部特征描述型元素。内容描述型元素是用于描述和标识信息资源内容特征的元素，如题名、主题、关联等，由于不同应用领域的专用型元数据的差异主要体现在内容描述型元素方面，因此可以说内容描述型元素是元数据的核心组成部分；管理型元素是对信息资源进行维护和管理的元素，如版本、权限、历史信息等；外部特征描述型元素主要是对信息资源外部特征、保存方式和获取方式等进行定义的元素，如格式、使用软件、压缩方法等。将DC元数据的元素依照功能进行分类，结果如表5-3所示。

---

① 鞠英杰主编. 信息描述[M]. 合肥：合肥工业大学出版社，2010(12)：220.

表 5-3   DC 核心元素分类表

内容描述型元素	管理型元素	结构型元素
题名(Title)	创建者(Creator)	日期(Date)
主题(Subject)	出版者(Publisher)	类型(Type)
描述(Description)	其他责任者(Contributor)	格式(Format)
来源(Source)	权限管理(Rights)	标识(Identifier)
语种(Language)		
关联(Relation)		
覆盖范围(Coverage)		

本书以 DC 元数据为基础,参照国内外常用元数据标准中的通用元素,并根据泛在网络中信息资源的共同特点与共同描述需要,制定了泛在网络中信息资源描述标准的基本元数据集合,其中必备元素 16 个,可选元素 8 个。本描述标准允许用户根据需要扩充元数据元素,但必须符合本描述标准所规定的元素定义规则和定义方法。

本描述标准的基本元数据集合依据上述分类原则可分为三类,具体如下:

①内容描述型元素:主要用于对泛在网络中信息资源的内容特征进行描述,可提高用户检索获取信息资源的有效性,包括"题名""概念主题""语种""标签""标注率"等共计 11 个元素,其中 6 个为必备元素,如表 5-4 所示。

泛在网络信息描述标准中内容描述型元素的设计包括以下特点:

第一,将"主题"元素细分为"概念主题""对象主题"和"时间主题",以便对信息主题进行深层描述,并为用户提供更丰富的检索途径。概念是指信息资源主题中抽象的概念,由于所有信息资源的主题中都会涉及概念,因此"概念主题"是必备元素。而"对象主题"和"时间主题"则分别指信息资源中涉及的具体人物、机构或地点以及所涉及的时间区间,由于并非所有信息资源主题与实际对象或时间区间有关,因此这两个元素是可选元素。

第二,增加了"标签"元素,并设定为必备元素。由于泛在网络为用户接入网络增加了便利性,用户发布和评价信息非常方便,因此可利用用户发布信息时所赋予信息的标签和用户标注信息时所用的标签,对信息资源进行描述,既能体现创建者的个人意图,也能使信息资源描述更为全面和符合用户需求。

表 5-4   泛在网络元数据标准中的内容描述型元素

编号	元素名称 (中英文)	使用 选项	数据 类型	定 义	注 释
1	题名(Title)	必备	字符型	资源的名称	资源正式公开的名称
2	概念主题 (Concept Subject)	必备	字符型	资源内容主题涉及的概念	采用题名或关键词中的概念
3	对象主题 (Object Subject)	可选	字符型	资源内容主题涉及的对象	采用题名或关键词中的人物、机构或地点
4	时间主题 (Time Subject)	可选	复合型	资源内容主题涉及的时间范围	采用 DCMI Period、W3C-DTF 描述题名或关键词中的时间区间(日期或日期范围)
5	分类 (Classification)	可选	复合型	资源内容涉及的类别	可采用分类表中的类名来描述,应包括"分类表名称"和"类目名称"两部分
6	标签 (Tag)	必备	字符型	资源内容的特征描述	由发布者或用户使用的描述资源外部或内部特征的词语,如图像的色彩、视频中的对象
7	描述 (Description)	可选	字符型	资源内容的说明	可以包括但不限于如下部分:资源的摘要、内容的子目录、多媒体资源的文字说明
8	语种 (Language)	必备	字符型	描述资源内容的语言	采用 ISO 639-2 RFC 3066 定义语种
9	关联描述 (Relation Description)	可选	复合型	描述当前资源与其他资源间的关系	可采用 DC 元数据中"关联"元素的限定词来描述资源间的关系,应包括"关联类型""关联资源题名""关联资源 URI"三部分
10	点击率 (Clicks Ratio)	必备	数值型	描述资源内容被点击的热度	采用资源内容被点击次数与被显示次数的百分比来说明
11	标注率 (Label Rate)	必备	数值型	描述资源内容被标注的热度	采用资源内容被标注次数与被显示次数的百分比来说明

　　第三，增加了"点击率"和"标注率"元素，并设定为必备元素。泛在网络中信息有部分来自于用户，导致信息资源质量参差不齐，由于有价值的信息资源会吸引用户查阅和标注，因此，在信息描述标准中设定这两个元素，以帮助用户判断信息资源的价值，在一定程度上减少信息过载带给用户的困扰。

　　第四，增加了"分类"要素，设定为可选要素。通过分类要素对信息资源的描述，可将信息资源按类别进行标识和组织，从而为用户提供分类浏览的检索途径，弥补主题途径检索的不足。

　　②管理型元素：主要用于对泛在网络中信息资源进行维护和管理，可为专业信息服务机构管理信息资源和与其它机构之间共享信息资源提供依据，包括"创建者""发布者""权限管理""原创性"等共计 6 个元素，其中 5 个为必备元素，如表 5-5 所示。

表 5-5　　　　　　　　　泛在网络元数据标准中的管理型元素

编号	元素名称（中英文）	使用选项	数据类型	定义	注释
1	创建者（Creator）	必备	字符型	资源的原创者	创建者可以是个人也可以是组织机构
2	发布者（Publisher）	必备	字符型	使资源在泛在网络中可获得的责任者	发布者可以是个人也可以是组织机构
3	贡献者（Contributor）	必备	字符型	对资源内容做出贡献的实体	贡献者可以是物、人或组织机构
4	原创性（Original）	必备	字符型	描述资源内容的原创性	包括三种选择："全部原创""部分原创""非原创"
5	权限管理（Rights）	必备	字符型	资源本身所有的或被赋予的权限信息	声明资源的知识产权、版权或其它各种产权
6	共享管理（Sharing）	可选	字符型	资源共享程度的说明	声明资源共享所遵循的协议或共享的范围

　　泛在网络信息描述标准中管理型元素的设计包括以下特点：

　　第一，增加了"贡献者"元素，并设定为必备要素。由于在泛在网络中物体也可作为信息源发布信息，物体发布的信息可能被用于信息中作为分析依据，因此在泛在网络中贡献者可以是人、组织机构，也可以是物体。

第二，增加了"原创性"元素，并设定为必备要素。由于泛在网络中被发布的信息原创性不同，有些是完全原创，有些是在其他原创信息的基础上部分原创，还有些是完全转载的，为了避免用户反复阅读同样的信息，所以以增加该要素以便于用户判断对哪些信息进行浏览。

第三，增加了"共享管理"元素，设定为可选要素。泛在网络中存在着大量的用户生成信息，这些信息中有一部分是创建者希望能够被更多的关注和利用的，因此可能会遵循 CC 协议等共享协议，而有部分信息创建者可能只希望被部分人员查阅，因而会设置一定的访问权限。基于此，本书在标准中添加了该元素描述信息的共享范围及遵循的共享标准。

③外部特征描述型元素：主要用于定义泛在网络中信息资源的外部特征与保存、获取方式，既可用于用户检索信息资源，又可为专业信息服务机构和用户保存、传递信息资源提供参考，包括"媒体类型""格式属性""统一资源标识"等共计 7 个元素，其中 5 个为必备元素，如表 5-6 所示。

表 5-6　　　　　　泛在网络元数据标准中的外部特征描述型元素

编号	元素名称 （中英文）	使用选项	数据类型	定　义	注　释
1	发布日期 （Published Date）	必备	复合型	描述信息资源被发布的时间	采用 DCMI Period、W3C-DTF 描述时间
2	修改日期 （Modified Date）	必备	复合型	描述信息资源被修改的时间	采用 DCMI Period、W3C-DTF 描述时间
3	媒体类型 （Media Type）	必备	字符型	资源内容的媒体形式	采用 MIME 定义媒体形式
4	内容类型 （Content Type）	可选	字符型	资源内容的类型	如技术报告、论文、小说等，采用 DCMI 类型词汇表进行描述
5	格式属性 （Format Attributes）	必备	复合型	资源的数字化表现形式的具体属性	包括资源的格式的"属性名"（如大小或时长）及"属性值"
6	统一资源标识 （URI）	必备	自由型	给予资源在泛在网络中的一个明确标识	采用正式的统一资源标识符(URI)

编号	元素名称 （中英文）	使用 选项	数据 类型	定　义	注　释
7	适用条件描述 （Applicable Conditions Description）	可选	文本型	描述资源被获取和 查阅的相关条件	包括资源可被获取和查阅 的硬件设备类型、软件类 型及版本号及其他相关技 术说明

泛在网络信息描述标准中外部特征描述型元素的设计包括以下特点：

第一，将"日期"元素细化为"发布日期"和"修改日期"两个元素，并均设定为必备要素。信息资源发布后可能会由于错误或遗漏而后期发生修改，对日期元素进行细致描述能够帮助用户有效了解信息的变化情况。

第二，将"类型"元素细化为"媒体类型"和"内容类型"两个要素。其中，"媒体类型"要素为必备要素，主要是描述信息资源的媒体类型，如声音、视频、图像等；"内容类型"要素为可选要素，主要描述信息资源内容的类型，如学位论文、工具书、小说等。由于泛在网络中信息资源的媒体类型和内容类型非常多样，对其类型进行详细描述可帮助用户筛选信息。

第三，增加了"适用条件描述"要素，设定为可选要素。考虑增加该要素是由于泛在网络允许 PC 终端、移动终端等各种设备接入网络，而信息资源在不同设备中的呈现形式会有所区别，因此对信息资源适用的硬件设备类型进行描述，有利于用户选择合适的设备浏览信息。此外，泛在网络中信息资源媒体类型多样，不同类型的媒体应使用不同类型的软件进行浏览，因此对信息资源适用的软件类型进行描述，能帮助用户了解浏览信息的合适方式。

2. 元数据的语义结构

元数据的语义结构是指定义元数据元素时需要遵循的规则和具体描述方法，即定义各个元素时所采用的标准或描述要求。

（1）泛在网络信息资源元数据标准中元素的定义规则

对泛在网络信息资源元数据标准中的元素进行定义需遵循以下规则：

第一，元数据标准可以进行横向扩展，但扩展新增的元数据元素不能与现有元数据元素存在语义重复。

第二，元数据标准在进行纵向扩展时，可通过增加修饰词扩展元数据子元素，子元素间的语义不能重合。

123

第三，元数据标准纵向扩展后，元素下一层的各子元素应不可再分，其子元素内涵覆盖不得超过元素定义的内涵。

（2）泛在网络信息资源元数据标准中元素的定义方法

本书以 DC 为基础构建了泛在网络中信息资源的元数据标准，因此也采用与 DC 一致的方法，即 ISO 11179 标准，来对元数据标准中的元素从十个方面的属性进行界定，具体如表 5-7 所示。

表 5-7   **泛在网络元数据标准元素定义**

元数据元素属性	属性说明
名称（Name）	元素名称
标识（Identifier）	元素的唯一标识符（URI）
版本（Version）	制定该元素的元数据版本
注册机构（Registration Authority）	注册该元素的授权机构
语言（Language）	元素说明语言（不是元素内容的语言）
定义（Definition）	对元素概念和内涵的界定
使用选项（Obligation）	说明元素是必备的还是可选的
数据类型（Datatype）	元素值所描述内容的数据类型
最大使用频次（Maximum Occurrence）	元素被使用的最大频次
注释（Comment）	元素的应用说明

下面是依据表 5-3 所示定义方法，对元数据标准中的"主题"元素进行定义的一个实例。

名称：主题

标识：http：//www. zzu. edu. cn/2015/metadataaboutUR#（暂定）

版本：泛在网络元数据标准 X 版（待定）

注册机构：XX 机构（待定）

语言：中文（CN）

定义：描述信息资源主题内容的受控或非受控词汇

使用选项：必备

数据类型：字符型

最大使用频次：不限

注释：用于描述信息资源的主题内容，一般采用信息资源的标题、关键词或分类号，也可采用信息资源中能够体现主题意义的人物、事件、对象、地点等。

3. 元数据的语法结构

元数据的语法结构是指元数据记录编码的规范，该结构不仅能够保证元数据记录文档的有效性，而且是异构系统之间的互操作的基础。RDF 模型为元数据的定义和在网络上的应用提供了一个概念化的框架，基本的 RDF 模型由资源、属性、陈述三类对象组成，而该模型可以用 XML 语法来编码，把形式化的描述通过 XML 转化为机器可处理和理解的文档，因此本书认为可利用 RDF/XML 对泛在网络中元数据形式化的语法进行描述。

根据本书所构建的元数据标准，泛在网络中信息资源元数据标准中的核心元素有 24 个。下面以一个网页为实例，通过 RDF/XML 来实现对其的形式化描述。该实例的 RDF 模型以有向图来表示，如图 5-2 所示。

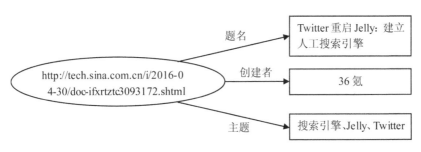

图 5-2　实例 RDF 图示法

用 RDF/XML 对该实例进行形式化描述：

<? xml version＝"1.0"？ >

<rdf：RDF

  xmlns：rdf＝http：//www.w3.org/1999/02/22-rdf-syntax-ns#

  xmlns：ns＝http：//www.zzu.edu.cn/2015/metadataaboutUR#

  <rdf：Description

about＝http：//tech.sina.com.cn/i/2016-04-30/doc-ifxrtztc3093172.shtml>

    <ns：Title> Twitter 重启 Jelly：建立人工搜索引擎</ns：Title>

    <ns：Creator>36 氪</ns：Creator>

    <ns：Subject>搜索引擎</ns：Subject>

    <ns：Subject> Jelly </ns：Subject>

<ns：Subject> Twitter </ns：Subject>

  </rdf：Description>

</rdf：RDF>

在该实例的描述中，首先是关于 XML 的版本声明<? xml version = "1.0"? >，然后是 RDF 的根<rdf：RDF>，表明下面的 XML 文档是一份 RDF 文档，该文档包含了整个实例。在该文档中首先要声明 RDF 和泛在网络中信息资源元数据标准的命名空间，RDF 命名空间的 URI 是 xmlns：rdf = http：// www. w3. org/1999/02/22-rdf-syntax-ns#，本书将泛在网络中信息资源的元数据标准的命名空间设定为 namespace，并暂时将其 URI 设定为 http：// www. zzu. edu. cn/2015/metadataaboutUR#。描述中的前缀 ns 即表示泛在网络中信息资源的元数据标准的命名空间。完成声明后则可以开始对网络资源进行描述，每个资源的描述都包含在一个 Description 元素中，在该实例中网络资源的 URI 是 http：//tech. sina. com. cn/i/2016-04-30/doc-ifxrtztc3093172. shtml，那么该 URI 则是 Description 元素的属性 about 的值，用来描述该信息资源的元数据标准的元素即为 RDF 框架中资源的各个属性。如实例中的"Title"、"Creator"、"Subject"，每个元素出现的次数应符合元素定义的最大使用频次，重复的元素(如实例中的"Subject")以平行的方式进行描述，元素中的说明是实例中该元素的值。

4. 元数据元素的扩展方式

本书只是制定了描述泛在网络中信息资源的一个基本的元数据集合，这个集合中的元素的选取和设置主要是从方便用户获取信息和方便著录的角度考虑的，但是它对各类信息资源的描述程度不深。要实现对于各种不同类型信息资源专门特性的精确描述，就应该在目前的元数据集合的基础上，根据各类信息资源的特点，修订现有元素或定义新元素，即应在现有基本元数据集合的基础上进行扩展，形成能够描述专门类别信息资源的应用方案。具体而言，对元数据元素的扩展可通过以下两种方式进行：

①可通过补充定义元素的修饰词来进行纵向扩展。为了增加描述信息资源的深度，扩充用户检索信息的途径，可在现有元数据集合的基础上，通过增加元数据元素的修饰词来进一步细化和限定元素的语义，提高元素的专指度和精确度。如，可对元素"对象主题"加上"地点""人物""机构"等修饰词，这样当用户将检索提问设定为某个人物时，可以通过选择"对象主题"这一检索途径，对信息资源进行更为深层、精准的检索。

②可通过增加元素来进行横向扩展。为了方便用户进行专指度较高的检索或更好的管理泛在网络中专门的信息资源，如博物馆的 3D 展示资源、视频类教学资源等。可在基本元数据集合的基础上补充定义能够反映各类信息资源特色属性的元素，如建筑物尺寸、影像编号等。由于增加元素对于使用关系数据库存储元数据的系统来讲更新不易，因此一般只有在现有元素或通过增加修饰词也无法描述数字对象的某个重要特征时，才使用该种扩展方式。

5.4 泛在网络中信息组织模式的技术实现

泛在网络信息组织模式宏观架构的实现需要数据库技术、信息过滤技术、信息聚类与挖掘技术等各种技术的支持。在未来的泛在网络环境下，各种技术的发展会进一步提升泛在网络信息组织模式的效果，而泛在网络中用户需求的变化也会改变泛在网络信息组织模式对实现技术的选择，因此，本书中所探讨的信息组织模式的实现技术在实际实施中可能会有差异。基于以上原因及篇幅限制，本节仅对泛在网络中信息组织模式宏观架构实现中的关键技术进行探讨。

5.4.1 数据存储技术

泛在网络中信息的类型和来源多样化，导致信息的格式、大小、特征各不相同，要处理不同类型的信息、满足不同的信息使用需求，所使用的信息存储技术也应不同。泛在网络中的信息既有能够数字化的结构化信息，如交易数据、用户信息等，还有无法完全数字化的非结构化信息，如音频、视频、图片等，以及结构变化很大的半结构化信息，如 HTML 文档、XML 文档等。由于泛在网络允许各种信息源接入网络发布信息，因此泛在网络中的大部分信息会是由各种设备自动生成或是由用户生成并发布的，如定位数据、视频、用户行为数据、健康监控数据等，而这些信息多是以非结构化、半结构形式存在，并且增长迅速。对于结构化信息，可用传统的关系型数据库进行存储和管理，而对于非结构化、半结构化信息而言，则需要使用非结构化数据库来进行存储和管理。在本书所提出的泛在网络信息组织模式的宏观架构中，由于存在各种不同类型的信息，因此也需要用到不同类型的存储技术。具体而言，元数据库、标签库、检索词库存储的信息结构稳定、多为字符型和数值型，可用关系数据库存储，如 SQL Server 等；源数据库、反馈库中要存储大量半结构化和非结构化的网页、图片、视频、音频，可用非关系型数据库（NoSQL）存储，如

HBASE 等；存储用户标注、反馈、检索等行为信息的用户需求库，需要对其中的信息进行数据挖掘、发掘用户的信息需求特征，因此在用户需求库中既要存储数据还要存储数据间的逻辑关系，因而需用数据仓库进行存储。

1. 关系数据库

在泛在网络信息组织模式的宏观架构中，元数据库和标签库可用关系数据库实现。关系数据库技术出现在 20 世纪 70 年代，经过多年发展在事务处理和数值计算方面其体现出了强大的能力，目前已较为成熟。关系数据库主要是用二维的关系表来表示和存储数据，关系表中的每一行即为一条记录。当两个表格有一个共同的数据项，则能够将一个表格中的数据与另一个表格中的数据进行关联。因此，对关系数据库中数据的操作主要可通过对关系表的选择、投影、连接等运算来实现。泛在网络信息组织模式中元数据的存储可通过元数据的内容结构设计三个关系表来实现，在表中行与每条元数据记录对应，列与元数据元素对应，每个表中的主键均为题名。这样，利用选择运算可实现在关系表中查找符合条件的某条元数据记录；利用投影运算可在已有表的基础上，通过取出某些列并重新排列剩余列来建立一个新的关系表；利用主键进行连接运算可把相关表合并起来向用户提供更完整的信息。与元数据存储类似，用户标注的标签也可用关系数据库进行存储，具体可设置两个关系表：其中一个关系表的行与每个标签记录相对应，列分别与被赋予标签的信息题名、被赋予标签的信息 URI、标签的数量相对应，主键设为标签；另一个关系表的行与用户标注记录相对应，列分别与用户 ID、标签、标注信息的题名、标签数量相对应，主键设为用户 ID。进而，利用选择、投影、连接等运算可对标签库进行操作与管理。与标签库同理，收集用户提问形成的检索词库也可用关系数据库存储，可设置一个关系表，表的行与用户检索记录相对应，列分别存储用户 ID、检索词、检索日期，主键设为用户 ID。

2. 非关系型数据库

如前文所述，在泛在网络信息组织模式的宏观架构中，源数据库和资源数据库需要用非关系型数据库实现。由于在源数据库和资源数据库中有大量由物体或用户发布的网页、音频、视频等半结构化和非结构化信息，而这些信息的结构不同，如果用关系表的形式存储，要么需要频繁变更表的结构，要么需要将信息内容经过描述后转化为结构化信息进行存储，这对于泛在网络中信息量巨大、动态变化强的半结构化与非结构化信息来说，用关系数据库来存储并不是好的选择。非关系型数据库(NoSQL，即 Not Only SQL)具有高读写效率(能够满足数据的实时读写)、大数据容量和高可扩展性(能够满足数据量快速增长的需要)，善于解决大规模、多种类数据的应用问题，非常适合在泛在网络中存储大量、多种类的信息资源。所谓非关系型数据库，也即非结构化数据库，是指一种松散型数据库，该种数据库进行数据存储时不需要事先设计好的表结构，可随时存储各种数据格式，也不会出现表之间的连接操作和水平分割①。目前市场上有十几种较为流行的非关系型数据库产品，大致可以分为四种类型：键值存储数据库(Key-value)、列式存储数据库、文档数据库和图数据库。键值存储数据库的数据模型是利用哈希函数实现从数据唯一关键字到数据值的映射，由于可利用基于关键字的哈希值定位到数据在哈希表中位置，从而获得数据的具体值，因此该种类型的数据库可存储大量数据，并支持快速查询，但同时弱化了数据间的关联；列式存储数据库是键值存储数据库的一种扩展，是采用列的方式存储数据的数据库，当列式存储数据库中，同一列上有很多相同的值，则只需保存一份，因此非常便于压缩数据，其与 Key-value 数据库的区别在于，利用关键字哈希值定位到的不是一个特定数据而是多个列；文档数据库主要用于存储 HTML 文档、XML 文档等半结构化文档，该种数据库不需要预先设计表结构，表结构可以随着存储数据的变化而变化，允许不同数据记录有不同的格式，目前多用于微博等小文件的分布式存储；图数据库是利用图结构来进行存储，多用于关系图谱的构建，由于在查询信息时需要利用图遍历的相关算法，因此不便于进行分布式存储。经过对四种 NoSQL 数据库的分析，本书认为资源库可采用列式存储数据库，实现对泛在网络信息组织模式中大量原始信息的存储，这样既可实现对非结构化、半结构化数据的动态存储和分布式存储，又可实现快速查询。而反馈库则可用文档数据库存储，因为用户的反馈内容是大文本字段，而且长短不一，在数据库中可设置反馈用户 ID、反馈时间、反馈内容等字段对用户反馈信息进行存储。

3. 数据仓库

数据仓库的概念最早在 1990 年由 W. H. Inmon 在《Building the Data Warehouse》一书中提出，认为"数据仓库是面向主题的、集成的、非易失的、

---

① 谢毅，高宏伟，范朝东，杨望仙. NoSQL 非关系型数据库综述[J]. 先进技术研究通报，2010，4(8)：46-48.

随时间变化的数据集合，用于支持管理决策"①。从数据仓库的定义可知，与数据库主要用于存储数据不同，数据仓库在存储数据的基础上，还可以通过建立事实表和多个维度表来体现数据之间的逻辑关系。由于用户需求库承担着分析用户信息需求特征和发掘热点概念、新关系的工作，需要将标签库、检索词库和反馈库中的信息有机地集成起来用于分析，而数据仓库技术可将多个数据库中的信息关联起来，并可为按照主题从多个角度对信息进行分析提供支持，因此泛在网络信息组织模式中的用户需求库应当用数据仓库技术实现。在构建用户需求库时，应先将标签库、检索词库和反馈库中的信息进行复制，抽取出用户 ID、标签、检索词、反馈内容主题、标注资源题名等有分析价值的数据，再对数据进行清洗，将不完整、不正确、不一致、重复的数据清除，并利用数据转换引擎将数据进行格式转换处理，统一格式，最后装载入用户需求库中。完成了用户需求库中的数据装载后，按照用户需求库应承担的主要任务，可将用户需求库设计为基于用户、概念、时间、资源的星型模型，构建用户事实表、概念事实表、时间事实表、资源事实表四个事实表，每个事实表还可通过主键与多个维度表相联系。考虑到用户需求库既要准确推断用户的个性化需求，又要能够汇总出现的新概念与新关系，因此可将用户需求库设置两个粒度级别：一个是低粒度级别的，用户的每一次行为数据都被详细记录下来，如用户标注的每一个标签、提问的每一个检索词、反馈内容中的每个主题概念及每次用户行为的产生时间，用以挖掘用户的需求特征及需求的变化；另一个是高粒度级别的，只产生一条记录，内容包括每位用户每个月的各种行为的总次数、标注次数最多的标签、提问最常用的检索词、反馈内容中最常出现的主题词等，用以汇总发掘出现的热点概念或新关系。用户需求库的物理模型则需根据专业信息服务机构的现实状况来确定，包括硬件的要求、数据的存储结构及索引策略等。例如，由于用户反馈的内容是长度不一的非结构化文档，因此在构建用户需求库时可考虑将关系数据库与 NoSQL 数据库结合使用，将用户 ID、反馈时间、反馈内容主题等存储于关系数据库中，而将反馈的全部文本存储在 NoSQL 数据库中。

5.4.2　数据挖掘技术

随着泛在网络的发展，用户接入网络的能力越来越强，发布各种信息的频率也会越来越高，因而各专业信息服务平台的用户需求库中的信息数量也会迅

---

① William H. Inmon. 数据仓库[M]. 北京：机械工程出版社，2006：20.

速增长。由于用户需求库的功能不仅是存储信息,更重要的是通过用户需求库中的大量信息来推断和预测用户的需求特征,以及发掘泛在网络中不断出现的热点概念和概念间的新关系,而这些目标仅仅通过信息的查询和汇总功能无法实现,因此,需要利用数据挖掘技术把用户需求库中的信息按照目的转化为有价值的知识。

1. 对用户需求库进行数据挖掘的目的

数据挖掘就是从大量数据中提取隐含在其中的、人们事先不知道的、但又是潜在有用的信息或知识的过程,即"从数据中挖掘知识"的过程①。由于用户需求库是用数据仓库技术实现的,已经按照三个不同的主题对用户行为产生的大量信息进行了抽取、转换和集成,因此已为数据挖掘技术的应用提供了高质量、全面的信息源,满足了数据挖掘技术的要求,因而可直接对用户需求库中的信息进行挖掘分析。根据泛在网络中专业信息服务平台的用户需求库所承担的主要工作,利用数据挖掘技术对库中的信息进行处理,需要从中挖掘出三方面的知识:一是特征规则,即根据用户标注的标签、反馈信息和检索提问这些历史与当前信息,发现用户的长期和当前的信息需求特征;二是总结规则,即根据标签、反馈内容和检索提问中语词出现的次数及频率,总结出当前关注热点概念;三是关联规则,即通过对用户需求库中信息的挖掘,发现概念之间的关联。

2. 对用户需求库进行数据挖掘的流程

基于以上目标,对泛在网络中专业信息服务平台的用户需求库进行数据挖掘的基本流程如下:①明确研究目标。对用户需求库挖掘的目标即如上文所述,挖掘出三方面的知识。②数据准备。确定与研究目标有关的维度,如用户维、概念维、资源维等,这些维度的数据是后期建模所需的数据。在确定维度后应找出用户需求库中每一个维度的源数据项。③数据预处理。主要是对已选择的维度数据进行抽取、转换、清理和加载,该步骤由于涉及工作繁杂而重要,因此是整个数据挖掘中最为耗时的步骤。首先需要对准备好的数据进行抽取,数据抽取技术分为立即型数据抽取和延缓型数据抽取两类。由于对用户需求库中信息进行挖掘要实现的三个目标都更依赖于一段时间内的数据变化趋势,而不是实时信息,因此在对用户需求库进行数据挖掘应选择延缓型数据抽取技术,根据专业信息服务平台制定的时间周期,基于时间标记来抽取用户需

---

① 李於洪主编. 数据仓库与数据挖掘导论[M]. 北京:经济科学出版社,2012:26.

求库中的信息。在抽取数据时需要说明的是，在用户需求库中存储在 NoSQL
数据库中的用户反馈内容是长短不一的文本，在抽取前需要先将这些文本进行
分词处理，由于基于词典的分词算法是利用词典中的词语与用户反馈内容进行
字符串匹配，实现简单、精度较好、速度快，所以本书认为可采用该算法实
现，具体实现工具可利用中科院开发的较成熟的 ICTCLAS 系统完成。在将符
合需求的信息抽取出来后，还应对信息进行转换使其标准化。由于对用户需求
库的挖掘主要是面对专业信息服务平台内的信息，这些信息在格式、编码、表
示方法、度量单位等方面较为统一，因此在信息转换时主要是补充必要的数
据、进行多个不同粒度的数据汇总和对数据记录中的键进行重构(将某些在原
数据表中的主键变为普通键)。在对用户需求库中信息进行数据转换时可利
用转换工具自动完成，不仅高效准确，而且能够将转换规则记录下来作为元数
据，方便管理。当完成数据转换后，需要将其中的噪声数据进行清理。噪声数
据主要是指数据值在不同数据表中有冲突的数据、数据值缺失的数据，以及数
据值错误和重复的数据。在进行噪声数据处理时应对不同种类噪声数据进行说
明，并制定处理策略，如对于冲突数据，可查找冲突原因并确认正确值来进行
修改；对于数据值缺失的数据，通过推导计算进行补充，若无法补充则删除，
否则会被算法误认为是有用知识从而导致错误的分析结果；对于错误数据可根
据逻辑进行检查并修正或删除；对于重复数据记录应进行纠正或删除。清理完
噪声数据后，可对数据进行加载。④确定挖掘算法。该步骤需要根据用户需求
库要实现的三个工作目标和各专业信息服务机构的具体情况，来确定合适的挖
掘算法。由于该步骤决定了挖掘的结果与效果，因此是整个流程中最为关键的
步骤。为了保证算法的有效性和适用性，在初步确定算法后，还应利用算法先
尝试性的对样本数据进行挖掘实验，经过反复调试后再确定最终所用算法。在
本研究中，根据用户需求库的数据挖掘目标，可初步选定聚类方法、描述性统
计方法和关联分析方法作为挖掘的方法。每种方法中具体算法的选择，要根据
各专业信息服务机构中用户需求库的结构、规模大小、技术能力及服务要求来
确定。⑤进行数据挖掘并解释挖掘的结果。确定挖掘算法后，利用算法对加载
后的数据进行挖掘，得到挖掘结果，即数据背后隐藏的模式，并对模式进行可
视化展现和解释。⑥挖掘结果评估。对得到的最终模式进行评估，判断挖掘出
的模式是否实现了挖掘用户需求库的目标。

3. 对用户需求库进行数据挖掘所用方法

数据挖掘的方法很多，目前常用的方法有两类，一类是建立在统计模型基

础上的方法，如分类、聚类、决策树等；另一类是建立在机器学习、人工智能技术基础上的方法，如人工神经网络、遗传算法等。如前文所述，挖掘用户需求库要实现三个目标：发现用户的信息需求特征、发现当前关注热点概念、发现信息之间的关联。针对这三个目标，本书认为应将描述性统计方法、聚类方法和关联分析方法结合使用。其中，描述性统计方法主要是通过对数据的汇总，来发现和描述数据的一般性特征。如通过对学生选修课程的记录统计来发现受欢迎的课程及课程的共有特征；聚类方法是将集合中的对象按照某种标准划分成多个类(簇)，类(簇)的数目和结构都不事先确定，并保证同一类(簇)中对象之间具有较高相似度，而不同类(簇)中对象之间的相似度较低。如通过标签的使用数据可将喜好使用同类标签的用户聚类；关联分析方法主要是通过分析大量数据发现数据之间的相关联系。如通过分析用户购买书籍的记录来发现常被用户同时购买的书籍。为了实现三个目标，对用户需求库进行数据挖掘的具体方法如下所述。

(1)发现用户信息需求特征的具体方法

首先，针对用户信息库中每一条用户记录中的标签、检索词和反馈内容主题词，利用描述性统计方法分别进行汇总，并分别选出使用频率排在前20的语词。

再基于WordNet对由标签、检索词和反馈内容主题词构成的语词集合，利用文献"基于WordNet的语义相似性度量及其在查询推荐中的应用研究"[①]的方法进行语义相似度计算，在计算时可采用最短路径算法，即两个语词间的语义相似度取决于它们在WordNet语义网络中的距离，在语义网络中两个语词之间边的数目越少则距离越近，也越相似，而判断相似度的阈值可由各专业信息服务机构根据经验自行确定。

经过语义相似度计算后，合并语义相似度高的语词，最后剩下的语词集合则可作为反映用户信息需求特征的向量字项，用于信息过滤和信息推荐服务。需要说明的是，每个专业信息服务机构都可自行设定数据挖掘的周期，每个周期数据挖掘完毕后，都应将用户需求模型中的特征语词进行记录，并进行二次挖掘，其中长期、多次出现的语词能够代表用户的长期信息需求，而短期、出现频次较低的语词仅能代表用户暂时的信息需求。

(2)发现当前关注热点概念的具体方法

---

① 孟玲玲. 基于WordNet的语义相似性度量及其在查询推荐中的应用研究[D]. 华东师范大学博士学位论文，2014.

首先,将用户需求库中所有用户记录中的标签、检索词,利用描述性统计方法分别进行汇总,并分别选出使用频率排在前 50 的语词。

再对标签和检索词所组成的语词集合根据目的不同进行两种操作:一种是对整个语词集合基于 WordNet 进行语义相似度计算,根据计算结果合并语义相似度高的语词,再从合并后的语词集合中选取使用频次排在前 20 的语词,作为当前关注热点词汇上报给市级信息组织工作管理部门。

另一种是对标签集合和主题词结合分别利用共现分析法进行聚类,用于变更标签云图或自编分类法类目,以保证信息组织的动态化。根据共现分析法的基本思想,即当两个词具有语义关联性则会被使用者在相邻的位置记录下来,则可通过统计分析两个语词的共现次数来判断其相关性。在进行聚类时,对于标签可先随机选取频次排序前 10 的 10 个标签为聚类中心,再分别计算标签集合中剩余的每个标签与 10 个中心标签的共现次数,即在标注信息资源时同时出现的次数,与哪个中心标签的共现次数多就把它归在哪一类中;对于检索词也是先随机选取频次排序前 10 的 10 个检索词为聚类中心,再分别计算检索词集合中剩余的每个检索词与 10 个中心检索词的共现次数,即在用户检索提问中共同出现的次数,与哪个中心检索词的共现次数多就把它归在哪一类中。在聚类完成后,对于利用分众分类法组织信息的服务机构,可将 10 个中心标签与现有标签云图中的标签做相似度计算,相似度高则不显示,相似度低则将其添加入标签云图中;对于利用自编分类法组织信息的服务机构,可将 10 个中心标签和 10 个中心主题词分别与现有类目进行相似度计算,若相似度高则不变更现有类目,若相似度低则将其作为二级类目添加入现有类目中与其最相似的类目下。

(3)发现概念之间关联的具体方法

首先,将信息资源题名、标签、用户等数据记录中的内容抽取出来形成信息资源标签事务集 A,将用户、检索词、时间等数据记录中的内容抽取出来形成用户检索词事务集 B,并对事务集 A 和事务集 B 中的语词进行相似度计算,合并相似度高的语词。

在对事务集 A 和事务集 B 进行关联分析前,由于关联规则的提取需要基于支持度和置信度,以此来反映两个概念之间的关联性,从而判断两个概念间是否具有关系,因此需要先设置支持度和置信度的阈值。支持度反映了两个语词同时出现的概率,置信度反映了在出现一个语词的情况下另一个语词出现的概率。由于两个阈值设置太小说明关系不大,设置大了又可能挖掘出已成为常识的关联规则,因此阈值的设置应由领域专家进行初步设置,并根据挖掘的以往经验不断调整。

基于已设定的支持度和置信度的阈值，可利用 Apriori 算法对事务集 A 和事务集 B 进行关联分析。对于事务集 A 可先统计得到由标签和被标注该标签的信息资源数量构成的数据集 C；对于事务集 B 可先统计得到由检索词和使用该检索词的用户人数构成的数据表 D。再扫描数据集 C 和数据集 D 统计其支持度，并将每条记录与支持度阈值相比较，高于支持度阈值的则判断其频繁，进而确定频繁 1-项集中包含的数据项，从而形成标签词频繁 1-项集 E 和检索词频繁 1-项集 F。接着对频繁 1-项集 E 和 F 中的语词两两进行连接运算，形成候选 2-项集 G 和 H，并对 G 和 H 进行扫描统计其支持度，将每条记录支持度与支持度阈值相比较，高于支持度阈值的则判断为频繁，最终形成标签词频繁 2-项集 I 和检索词频繁 2-项集 J。

得到频繁 2-项集 I 和 J 后，先将它们分别划分成两个非空子集，即标签词非空子集 M 和 N-M，检索词非空子集 X 和 Y-X，再分别对每个非空子集求其关联规则的置信度。如，对于关联规则 M→N-M，置信度的计算方法是：置信度=(N-M)的支持度计数/M 的支持度计数。在计算完所有非空子集之间的置信度后，分别将它们与置信度阈值进行比较，高于置信度阈值的说明其关联性较强，应作为关联规则输出。这些关联规则先由专业人员判断其新颖性，最后定期将挖掘得到的概念间的新关系上报给市级信息组织工作管理部门。

5.4.3 信息过滤技术

泛在网络中信息数量大、种类多，用户在享受发布信息便利的同时，也会受到查询信息时返回结果数量巨大的困扰。另一方面，泛在网络接入的便利性使得用户更喜好利用等车、坐地铁等碎片化的时间来获取信息，在数量巨大、发布源众多的信息环境中，浏览信息会耗费用户大量的时间，因此，用户更希望能被推荐与自身需求更贴合的信息，以提高信息获取的效率。为了满足泛在网络中用户对信息服务的需求，提高信息服务的质量，泛在网络中的信息服务机构应提升信息服务的个性化和主动化水平，在提高信息检索结果准确性的同时，向用户提供更为主动的推荐信息服务。

1. 泛在网络信息组织模式中采用信息过滤技术的作用

各专业信息服务平台要向用户提供个性化信息服务和推荐信息服务，应根据存储于服务器端或客户端的用户需求模型，采用信息过滤技术，从大量信息检索结果或新发布信息中筛选出与用户偏好相关性较大的信息，传递给用户，让用户花费更少的精力即可获取更有价值的信息资源。具体而言，在泛在网络信息组织模式中采用信息过滤技术可达到以下目的：①减轻信息过载的危害。如前文所述，泛在网络中信息数量增长迅速，质量参差不齐，虽然网络接入性增强提高了用户获取信息的方便性，但用户获取有价值信息的效率很低。利用信息过滤技术帮助用户自动筛选出更有用的信息，能够减轻信息过载给用户带来的各种负担。②优化信息组织效果。信息组织能够将泛在网络中杂乱无章的信息资源序化，并提供给用户获取信息的有效途径，但针对庞大数量的信息资源，现有信息组织方式在利用自动化处理方式保证信息组织成果完整性的同时，无法很好地保证信息组织成果的精准性，因此在对信息进行组织的基础上，根据用户的需求将信息经过过滤再提供给用户，能够弥补信息组织成果个性化程度较低的不足。③提升信息服务的个性化水平。信息组织体系的设置是科学规范的，但其成果往往是面向大众用户的，这就导致了信息服务的专指性不够强。用户常常需要自己在浏览、阅读信息服务提供结果的基础上，经过一次甚至多次筛选，才能获取符合自己需求的信息。由于用户的知识结构、所从事的工作、生活环境等各种主客观因素都会影响用户的信息需求，因此用户的信息需求是千差万别的。利用信息过滤技术从信息服务结果中进一步筛选出符合用户需求的信息，可提升信息服务的个性化水平，提高信息服务的精准性。④增强信息服务的主动性。由于信息用户的需求差别较大，多数信息服务都是采用被动的方式通过接受和处理用户的检索提问，来向用户提供信息。这对于泛在网络中常利用碎片时间阅读信息的用户或是不明确自己需求的用户而言，往往觉得信息获取效率低下。利用信息过滤技术，可按照用户的需求将服务平台每天产生的新信息筛选出来，并遵照用户的订阅方式推荐给用户，可增强信息服务的主动性，提高用户获取信息的效率。

2. 泛在网络信息组织模式中信息过滤的原理与方法

信息过滤的原理主要是根据用户的行为数据，建立反映用户信息需求特征的用户需求模型，再将用户需求模型与动态信息流进行匹配，最终将其中符合用户信息需求的信息传递给用户，从而减轻信息过载给用户带来的危害。根据信息过滤的原理可知，在信息过滤的整个过程用户需求模型的建立是首要且十分重要的环节。获取用户信息需求特征的方式有两种：一种是通过显式反馈，如通过用户填写的调查表格、对信息的评价等获取；另一种是通过隐式反馈，如通过挖掘用户下载信息的行为、关注信息的行为等获取。在泛在网络信息组织模式中，应根据采用的信息过滤方法的不同，来选择不同的用户需求特

征获取方式,进而建立用户需求模型。信息过滤的方法多种多样,目前常用的信息过滤方法主要包括以下四种类型:

(1)基于内容的过滤方法

该方法是应用最为广泛的一种过滤方法,原理是先根据用户历史行为数据建立用户需求模型,可将其表示为需求特征向量,并将动态信息流也表征为特征向量,再计算信息内容特征向量与用户需求模型之间的相似度,将超过相似度阈值的信息传递给用户。由于文本类信息的表征比视频、音频等半结构化信息容易得多,因此,该种过滤方法在文本类信息过滤中应用最多。

在泛在网络中信息组织模式中,由于所有类型的信息资源都用元数据标准描述了其内容特征,因此,可利用各种信息资源元数据中的部分内容特征元素来对其进行表征,而每个内容特征元素项在表述内容特征中所起到的作用不同,因而可设置为不同的权重。这样,信息可表征为特征向量 $I(C_1, W_1; C_2, W_2; \cdots; C_n W_n)$。其中,C 表示特征项,可用元数据内容特征元素中的概念主题、对象主题、时间主题、标签等字项来标识,$W \in [0, 1]$ 表示各字项的权重。用户需求模型也同样可用特征向量 $N(T_1, W_1; T_2, W_2; \cdots; T_n W_n)$ 来表征,其中,T 表示需求特征项,可用对用户需求库挖掘得到的需求特征语词来标识(如本书5.4.2所述),$W \in [0, 1]$ 表示各字项的权重,可由挖掘时统计的特征语词的词频来确定。

在对信息内容特征向量与用户需求模型之间的相似度进行判断时,可采用计算两个特征向量夹角余弦值的方法,余弦值越大则相似性程度越大,当余弦值超过系统设定的阈值,则认为该信息符合用户的需求,将信息传递给用户。如信息 I_t 和用户 N_m 的相似度计算,可参照见公式(5-1)。

$$\cos(I_t, N_m) = \frac{\sum_{i=1}^{k} I_{ti} N_{mi}}{\sqrt{\sum_{i=1}^{k} I_{ti}^2} \sqrt{\sum_{i=1}^{k} I_{mi}^2}} \tag{5-1}$$

(2)基于用户的协作过滤方法

又被称为社会学过滤,原理是将各位用户对各信息项目的评分收集起来形成评价矩阵,利用评价矩阵,可以计算目标用户与其他用户需求之间的相似度,当用户需求相似度大于阈值则被作为邻居用户,然后根据计算邻居用户对信息项目的评分来预测目标用户对其未评分信息项目的可能评分,选择预测评分超过设定阈值的信息传递给用户。在收集用户对信息项目评分时,可根据用户的行为进行简单统计,如可设定为用户点击过信息计 1 分、标注过标签计 2

分、下载过信息计 3 分等，若所有行为都没有则评分计为 0。计算用户之间相似度最常用的方法是 Pearson 相关系数，即通过两个用户对共同评价过的信息的评分情况及各自的总评分情况，来判断两用户之间的相似程度，计算方法如公式(5-2)。

$$\text{sim}(x, y) = \frac{\sum_{n \in I_{xy}} (R_{xn} - \bar{R}_x)(R_{yn} - \bar{R}_y)}{\sqrt{\sum_{n \in I_{xy}} (R_{xn} - \bar{R}_x)^2} \sqrt{\sum_{n \in I_{xy}} (R_{yn} - \bar{R}_y)^2}} \qquad (5\text{-}2)$$

在公式(5-2)中，x 和 y 分别为两位用户，I_{xy} 表示用户 x 和用户 y 共同评价过的信息集合，R_{xn} 表示用户 x 对信息项目 n 的评分，$\bar{R}_x$ 表示用户 x 对已评价过的信息项目评分的平均值。根据用户之间相似度计算，超过相似度阈值的用户被划分为目标用户的邻居用户，接下来便可以通过邻居用户对信息项目的评分，来预测目标用户对未评价信息项目的评分了，预测的具体公式如公式(5-3)所示。

$$R_{pm} = \bar{R}_p + \frac{\sum_{a \in U_p} \text{sim}(p, a) \times (R_{am} - \bar{R}_a)}{\sum_{a \in U_p} (|\text{sim}(p, a)|)} \qquad (5\text{-}3)$$

公式(5-3)中，R_{pm} 表示目标用户 p 对未评价的信息项目 m 的预测评分，a 是目标用户邻居用户 U_p 集合中的一个邻居用户，$\text{sim}(p, a)$ 表示目标用户 p 与邻居用户 a 之间的相似度，R_{am} 是邻居用户 a 对信息项目 m 的评分，$\bar{R}_p$ 和 $\bar{R}_a$ 分别表示目标用户 p 和邻居用户 a 对所有已评价项目的评分平均值。预测了目标用户对信息项目的评分后，可将评分值超过系统设定阈值的信息传递给目标用户。

(3)基于项目的协作过滤方法

其基本原理与基于用户的协作过滤类似，是通过计算目标用户已评价过的信息项目与目标信息项目之间的相似度，找到与目标项目最为相似的邻居项目，根据计算目标用户对邻居项目的评分来预测用户对目标项目的评分，将评分超过阈值的项目推荐给用户。要特别说明的是，在寻找目标项目的邻居项目时不是根据信息项目本身的属性来计算相似度的，而是根据用户对信息项目的各种行为来计算项目之间的相似度。例如，计算两条信息之间的相似度不是根据信息的元数据，而是根据用户对信息的标注、下载等行为来计算信息之间的相似度。在寻找与目标项目最为相似的邻居项目时，也可使用 Pearson 相关系数利用公式(5-2)进行计算,邻居项目的寻找过程也与邻居用户的寻找过程类似。最后在预测目标用户对目标项目的评分时可参考公式(5-4)。

$$R_{pi} = \frac{\sum_{t \in U_n} sim(i, t) \times R_{pt}}{\sum_{t \in U_n} (|sim(i, t)|)} \tag{5-4}$$

在公式(5-4)中,R_{pi} 表示目标用户 p 对目标项目 i 的预测评分,$sim(i, t)$ 表示目标项目 i 与项目 t 的相似度,而项目 t 属于目标项目 i 的邻居项目集合 U_n,R_{pt} 表示目标用户 p 对邻居项目 t 的评分。在预测出目标用户对目标项目评分后,可将预测评分超过系统设定阈值的信息传递给目标用户。

(4)基于社交关系的过滤方法

该种过滤方法是随着社交网络的兴起而出现的,主要是通过用户之间的社会关系来过滤信息,原理是利用社交网络获取用户间的关系(如好友、关注等),再以用户间的关系系数(包括熟识程度与兴趣相似度)为权重,以目标用户好友群体对信息项目的喜好为数据源,计算目标用户好友对喜好的信息项目的评分,将评分超过一定阈值的项目推荐给用户。在统计用户对信息项目评分时可将其简单化,如喜好的(有转发、收藏等行为的)将其评分计为 1,不喜欢好的计为 0。那么目标用户对目标项目的预测评分可参照公式(5-5)进行计算。

$$R_{pi} = \sum_{f \in U_p} W_{pf} R_{fi} \tag{5-5}$$

在公式(5-5)中,R_{pi} 表示目标用户 p 对目标项目 i 的预测评分,R_{fi} 表示目标用户好友集合 U_p 中的用户 f 对目标项目 i 的评分,W_{pf} 表示目标用户 p 与其好友用户 f 之间的关系系数(权重)。关系系数可用两种数值衡量,一是用户之间的熟识程度 f(p, f),该数值可用用户 p 与用户 f 之间共有好友的数量除以两位用户各自好友数量之和求得;另一个是用户之间的需求相似程度 s(p, f),该数值可用用户 p 与用户 f 之间共同喜欢信息的数量除以两位用户各自喜好信息的数量之和求得。在预测出目标用户对目标项目评分后,可将预测评分超过系统设定阈值的信息传递给目标用户。

3. 泛在网络信息组织模式中信息过滤方法的选择

根据上文所述,可发现以上四种过滤方法各有优缺点:①基于内容的过滤方法简单有效,由于是基于用户需求模型的,因此传递给用户的信息通常符合用户需求;但必须掌握用户的需求历史信息才能够建立用户需求模型,对于新用户则无法实施信息过滤,而且只能推荐与用户已有需求相似的信息,无法挖掘用户未表达的需求，也难以对筛选出的信息资源质量进行区分。②基于用户的协作过滤方法和基于项目的协作过滤方法，是通过用户历史行为计算用户之间的相似度或项目之间的相似度从而进行信息过滤的，因此能帮助用户发现新的信息需求，而且由于两种协作过滤方法是基于用户的历史行为来推荐信息的，因此向用户推荐的信息相当于附带了用户的评估，能较好地保证信息内容的质量；但两种协作过滤方法仍然存在着和基于内容的过滤一样的"冷启动"问题，而且当用户对信息的评价数据很少时，也无法寻找相似用户或相似项目，从而导致无法实现过滤或无法保证过滤的精准性。③基于社交关系的过滤方法算法简单，不依赖于用户的历史行为避免了"冷启动"的问题，此外，来源于好友的推荐往往保证了信息内容的质量；但由于用户的社交关系较为复杂，很多社交好友未必和目标用户有共同的信息需求，易导致过滤不精准，而且用户的社交关系群可能人数较多，再加上该种过滤方法需要记录每位用户的大量行为数据，数据变化又非常频繁，因此每次过滤时需要花费较多时间来进行计算，对系统内存也有较高要求。

总而言之，四种信息过滤方法都有各自的优缺点，无论单独使用哪种方法都无法很好的满足用户个性化、主动化的信息需求，因此，在泛在网络信息组织模式中，应将其结合使用。较为推荐以基于用户的协作过滤方法或基于项目的协作过滤方法为主，以基于内容的过滤方法为辅来向用户推荐信息资源，由于基于社交关系的过滤方法目前还不是非常成熟，对系统内容要求也较高，因此，在泛在网络的初期阶段不推荐使用，或仅仅在以社交关系建立为主的信息服务平台中使用。

5.5 泛在网络中信息组织模式的特点分析

泛在网络中信息组织模式是遵循以用户需求为导向的核心理念进行设计的，该模式强调了用户的参与性和信息组织成果的多种类、多层次性，从而使得泛在网络中基于信息组织的各种专业信息服务能更贴近用户需求，为用户提供更为个性化的服务选择。具体而言，本书所构建的泛在网络中的信息组织模式具有以下五个特点。

5.5.1 提供多层次信息组织成果

泛在网络中的信息组织模式能够利用不同的信息组织方式向用户提供不同层次的信息组织成果，例如可利用自编分类法、分众分类法向用户提供粒度较粗、适合于浏览检索、满足一般性信息需求的信息组织成果；可利用文献分类法、叙词法向用户提供粒度较细、适合于精准检索、满足专业性信息需求的信息组织成果；可利用本体向用户提供粒度精细、可满足多种检索需求的知识层面的信息组织成果。用户可根据自己的检索习惯、对获取信息的不同要求，选择不同层次的信息组织成果；专业信息服务机构也可根据提供的信息组织成果的不同设置不同的服务费用等级。

5.5.2 实现动态性信息组织

由于泛在网络中信息增长迅速，新概念与概念间的新关系出现的频率也可能会越来越高，为了提高信息服务的效果，泛在网络中的信息组织模式将更注重组织过程的动态性。该动态性体现在两个方面：一方面是信息组织方式的动态性，另一方面是信息资源的后组织。

信息组织方式的动态性是指泛在网络中自编分类法和分众分类法的体系架构都不是固定不变的。其中，对于分众分类法而言，用户标注内容和频率的不同会使得分类类目和标签云发生变化；对于自编分类法而言，根据从信息资源内容和用户采用的标签及反馈信息中提取出的关键词，可推断实时的热点，进而依据热点来动态设置分类类目。传统文献分类法、叙词表和本体的基本体系结构虽然相对固定，但在泛在网络中会依据用户的反馈信息、标注内容、检索提问来周期性的修订与进化，因此也是动态更新的。

另一方面，信息组织的动态性还体现在信息资源的后组织过程中，与目前信息资源强调前组织(即在用户检索信息前先对信息资源进行组织)不同，泛在网络中的信息组织模式会将用户所用的标签、反馈信息、检索提问存入用户需求库中用于建立用户需求模型，在用户检索信息后，各专业信息服务机构还可以根据存放于服务器端或客户端的该用户的需求模型对检索结果进行过滤，即再次进行组织，从而向用户提供更为精准的信息服务。

5.5.3 以用户为中心进行信息组织

目前的信息组织模式多是以信息资源为中心，利用一定的信息组织方式来对信息资源进行描述和标识，关注的仅仅是信息资源本身的外部和内容特征。而泛在网络中的信息组织模式更强调信息组织的使用对象，不仅关注信息资源本身，更关注用户的需求，坚持以用户为中心的信息组织原则。

"以用户为中心"的组织原则在泛在网络信息组织模式中的应用主要体现在三个方面：首先，在该信息组织模式中融合了多种信息组织方式，能够向用户提供不同种类、不同层次的信息组织成果，以便于用户根据自己的需求进行选择；其次，该信息组织模式中采用的信息组织方式的体系架构都不是固定的，而且其变更、修订和进化都是根据用户的需求模型进行的；第三，该信息组织模式将前组织与后组织相结合，在后组织的过程中，通过利用存放于服务器端或客户端的用户需求模型，过滤掉与用户需求相关度不大的信息，从而向用户提供更为符合其个性化需求的信息服务。

5.5.4 用户参与信息组织工作

由于在泛在网络中用户接入网络的便利性将大大提升，因此，在泛在网络的信息组织模式中专业信息服务平台可通过向用户提供多种交互式服务，吸引用户参与信息组织工作。用户参与信息组织工作不仅能够保证信息组织成果更贴近用户需求、更具时效性，而且也能够在一定程度上减少迅速增长的网络信息资源给信息组织工作者带来的巨大的工作量。在本书所提出的信息组织模式中，最主要的交互式服务形式包括信息标注服务、信息反馈服务和信息检索服务。

信息标注服务可使用户直接参与信息组织工作，利用信息标注服务，用户可对感兴趣的信息资源添加标签，标签在信息组织中的作用有四个：第一个是作为该信息元数据补充的基础；第二个是可存入用户需求库中用于分析用户需求特征，作为提供后组织服务（个性化服务）的基础；第三个是定期被汇总分析并上报给信息组织工作管理机构，作为信息组织方式体系结构修订和进化的基础；第四个是作为利用分众分类法组织信息资源的基础，并可为自编分类法体系的调整提供依据。也就是说，通过信息标注服务，用户不仅直接参与了信息的描述和标识工作，还间接的参与了信息组织方式体系结构的变更或修订工作，因此该服务的提供在泛在网络中有非常重要的作用。

信息反馈服务和信息检索服务都可使得用户间接参与信息组织工作。信息反馈服务可收集用户对信息组织工作效果的反馈意见，这些反馈意见一方面可用于专业信息服务平台调整信息组织方式的使用，另一方面可作为分析用户需求特征的基础，还可作为信息组织方式修订的依据。而信息检索服务可收集用户的检索提问，用以分析用户的需求特征，以及作为信息组织工作管理部门修订信息组织方式体系结构的依据之一。虽然这两种交互式服务不能使用户直接参与信息组织工作，但对于专业信息服务平台进行信息资源的后组织，以及信息组织方式体系结构的修订都有重要作用。

5.5.5 信息组织工作更为标准化

信息组织工作的标准化程度越强，在泛在网络中不同信息系统间的互操作能力越强，整个泛在网络中的信息共享也更容易实现，而对于用户来讲，由于不用学习和熟悉各种不同的信息组织体系，信息的获取负担也将更小。因此，本书所设计的泛在网络中的信息组织模式特别强调，应由中央信息组织工作管理机构来组织相关研究机构和相关专家，在现有的各种信息组织标准和信息组织方式体系结构的基础上制定泛在网络中的信息组织标准和信息组织方式体系结构(如分类法、叙词表、领域本体等)，并推广制定的信息标准和信息组织方式体系的应用。为了保证信息组织成果的有效性，这些制定的标准和信息组织方式体系结构也会随着信息环境的变化而发展变化，但其变化也应遵循标准化的原则。为此，本书所设计的信息组织模式中各专业信息服务平台会定期将通过交互式服务收集的标签、反馈意见、检索提问进行统计分析，并将分析结果上报给省/市级信息组织工作管理部门，再由这些部门将收集到的信息汇总上报给中央信息组织工作管理机构。中央信息组织工作管理机构再组织相关研究机构和专家在收集到的各种用户信息的基础上，对所制定的信息标准和信息组织方式体系进行修订并推广应用。

6 案例分析

由于泛在网络目前在各国都处于建设阶段，还未完全形成，因此也无法将本书提出的信息组织模式进行实验性检验。而根据 Robert K. Yin 的理论①，当研究问题类型属于研究对象是目前正在发生的事件，且研究者对于当前正在发生的事件不能进行控制或仅能进行极低程度的控制，则适合用案例研究法来进行研究。目前泛在网络中的信息组织问题就属于该种类型的问题，因此本书认为可用案例研究法来对其进行更深层次的探讨。

在案例选择中，本书选取了目前应用泛在技术较多的旅游领域中具有代表性的网络服务平台，通过对其信息组织模式的现状进行详细分析，并结合本书第五章所提出的信息组织模式进行比较研究，以实现进一步探讨泛在网络中信息组织模式的可行性及优势的目的。选择旅游领域中的案例进行研究，一方面是由于旅游业属于信息密集型产业，信息技术可以扩大旅游信息传播速度、提高旅游服务的效率和效果，因此，信息技术在旅游领域一般会得到更为广泛的应用。例如，我国从 2010 年开始建设发展的"智慧旅游"就是建立在泛在网络基础上的一种旅游生态系统，国家旅游局将 2014 年确定为"智慧旅游年"，近年来智慧旅游得到很大发展，技术的进步使得游客的旅游过程和景区对旅游相关元素的管理都变得越来越便捷和有效。对于游客而言，调查显示②，在选择比较旅游产品时 86% 的中国游客会通过旅游网站，52% 的游客会使用旅游APP，仅有 18% 的游客会通过旅行社门店了解旅游产品信息。另一方面是由于旅游活动日益大众化和个性化，目前自由行的游客越来越多，《全球自由行报告 2015》③显示：2014 年中国国内游自由行的比例已达 96.4%，出境游自由行

---

① [美]殷(Yin, R.)著；周海涛，李永贤，李虔译. 案例研究：设计与方法(第四版)[M]. 重庆：重庆大学出版社，2014(7)：15.

② 携程旅行网. 2015 中国游客旅游度假意愿报告[EB/OL]. [2016-5-20]. http://www.199it.com/archives/345791.html.

③ 马蜂窝. 全球自由行报告 2015[EB/OL]. [2016-5-20]. http://www.mafengwo.cn/gonglve/zt-735.html.

的比例也达到了 64.1%，2015 年全球自由行市场规模与 2014 年相比同比增长 5.6%，其中，中国的国内自由行人群达到 32 亿人次，出境自由行达到 8000 万人次，是全球增速的 3 倍。而对于自由行的游客来说，在旅行过程中的"吃""住""行""游""购""娱"等问题均需依赖于各种信息来解决，可以说信息是贯穿于整个旅游活动过程中的。早在 2012 年，MDG Advertising 在博客中发布的信息图表就显示①，有 52%的美国人会通过社交网站获得"旅游灵感"，在 2011 年 12 月到 2012 年 2 月间就有 51%的智能手机用户会通过移动门户网站预订机票和/或酒店。《全球自由行报告 2015》的数据显示②，在旅途中使用移动 WiFi 服务的游客中，71%的人是用来查看地图、查找餐馆和景点路线。由以上数据可以看出，游客在整个旅游过程中对信息的需求度是较高的。正是由于旅游领域应用先进技术较快，用户的信息需求度也较高，因此本书选择旅游类网络信息服务平台作为案例分析的对象。

6.1　用户对网络旅游信息组织的需求分析

从前文分析可以看出，目前游客出行会更多选择自由行以满足自己个性化的旅行体验，与过去跟团出游主要依靠各类旅行社提供旅游信息、由旅行社解决出游问题不同，自由行游客在出行前往往会先进行目的地相关信息的咨询以及交通工具、住宿、门票的预订，在旅行过程中会依赖于地理定位系统、信息查询系统、社交点评系统等满足行程中的各种需要，在旅行结束后还会在社交类网络服务平台进行旅行体验的分享。因此，现在游客既是旅游信息的获取者、利用者，也是旅游信息的创造者、发布者。网络技术的快速发展与各种旅游类网络信息服务平台的出现，使得网络中的旅游信息得到了极大的丰富。然而用户为了规划合理的行程、选择理想的旅行产品，还需依赖有效的信息组织方式才能便捷高效地从大量的旅游信息中找到自己所需的信息。从目前的各种调查报告中可以发现，用户对网络旅游信息组织的需求有如下特点：

---

① MDG Advertising. 旅行者如何使用社会媒体［EB/OL］.［2016-5-20］. http：//www.199it.com/archives/64678.html.

② 马蜂窝. 全球自由行报告 2015［EB/OL］.［2016-5-20］. http：//www.mafengwo.cn/gonglve/zt-735.html.

1. 注重碎片化信息的组织

马蜂窝发布的《自由行用户行为分析报告》显示①，目前用户在出行前搜集信息时，最信赖的信息获知渠道是"朋友推荐"，其次是"网络搜索和线上社区"，如图 6-1 所示。

图 6-1　出行前自由行用户信息获知渠道情况

这说明在对旅游类信息进行组织时，所选择的组织对象不应局限于线下和在线旅行社的旅游产品介绍以及各种分享社区中的旅游攻略，还应更多关注用户朋友圈中的推荐或分享信息。《自由行用户行为分析报告》还显示，在旅游结束后，有 55% 的用户会通过微信朋友圈分享旅行经历和体验，有 20% 会通过微博分享信息，在社区撰写游记的只有 16%。这说明，用户更倾向于在各种社交平台中分享旅游体验信息。基于以上分析，由于用户更信赖于朋友推荐，而用户本身又更喜欢在社交平台的朋友圈中分享旅行信息，因此，在对旅游信息进行组织时应注重对社交平台中碎片化信息的有效组织。

2. 信息组织的系统化

马蜂窝调查数据显示②，71.2% 的自由行用户希望获得一站式解决方案和

---

①　马蜂窝.自由行用户行为分析报告（2014-2015）［EB/OL］.［2016-5-22］. http：//www.mafengwo.cn/gonglve/zt-678.html.

②　马蜂窝.全球自由行报告 2015［EB/OL］.［2016-5-20］. http：//www.mafengwo.cn/gonglve/zt-735.html.

完整旅游产品的购买，缩短其旅游的决策时间。中国旅游研究院和携程公布的
《2016年"五一"旅游报告》也显示①，用户会从移动端预订门票、一日游、出
境WiFi、演出、美食等碎片化产品，也有近六成的游客通过手机端办理签
证。也就是说用户希望在一个网络旅游信息服务平台中，既能够获取旅游攻
略、点评、游记等信息，也希望能够预订酒店、机票、门票，甚至能够委托
办理签证，这就需要网络旅游信息服务平台能够对各种旅游信息进行集成和
组织。

3. 信息组织方式的易用化

根据齐夫最小努力原则可知，用户在获取信息时会力图把可能付出的平均
工作消耗最小化，因此，用户在获取旅游信息时也希望能够使用熟悉的信息组
织方式，不用重新去熟悉信息组织方式的结构体系和学习使用方法。《2014年
中国在线旅行预订市场研究报告》显示②，用户选择去"携程""去哪儿"网站预
订机票和酒店最主要的原因都是习惯使用该网站，而用户获取旅游度假产品预
订信息的主要途径是搜索引擎，其中使用综合搜索引擎获取信息的用户为
65.7%，使用旅游搜索引擎获取信息的用户为44.6%。从该报告也可以看出，
用户更倾向于使用便捷的、熟悉的信息组织方式来获取信息，因此，网络旅游
信息服务平台在选择信息组织方式时要考虑其易用化程度。

4. 信息组织的个性化

目前网络旅游信息服务平台中的信息组织模式较为类似，然而用户旅游的
兴趣却各不相同。调查显示，2015年中国在线自由行用户旅游主题类型多样，
不同年龄段的偏好不同，喜好奇骏山水型旅游主题和海岛度假型旅游主题的用
户较多，具体数据如图6-2所示。此外，目前还有许多自由行用户出游的目的
也不只是单纯的旅游，而是在旅游的同时满足自己的其他兴趣，如摄影、美
食、运动等。马蜂窝发布的自由行用户行为报告中显示③，虽然单纯观光仍是

---

① 中国旅游研究院，携程. 2016年"五一"旅游报告与人气排行榜[EB/OL]. [2015-05-22]. http：//www.199it.com/archives/469886.html.

② 中国互联网统计中心. 2014年中国在线旅行预订市场研究报告[EB/OL]. [2015-05-22]. http：//www.cnnic.cn/hlwfzyj/hlwxbg/201507/P020150715651604925304.pdf.

③ 马蜂窝. 自由行用户行为分析报告（2014—2015）[EB/OL]. [2016-05-22]. http：//www.mafengwo.cn/gonglve/zt-678.html.

用户旅游的主要目的，但用户旅游的目的主题也呈现出多样化的趋势，具体如图6-3所示。正是由于用户旅游喜好主题的类型和要实现的目的都呈现出多样化的趋势，因此网络旅游信息服务平台在组织信息时也应根据用户的偏好提供分类类目，以方便于用户进行信息的检索和获取。

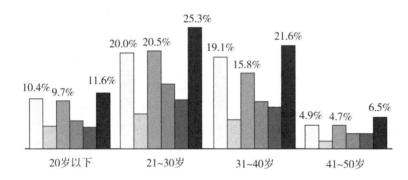

□海岛度假游 ▨疯狂购物游 □文化体验游 ▨缤纷行摄游 ▨摩登城市游 ■奇峻山水游

2015年中国在线自由行用户旅游主题类型分布

图 6-2　2015 年中国在线自由行用户旅游主题类型分布图

消费者旅行主题偏好

图 6-3　自由行用户旅行主题偏好分布图

6.2 网络旅游信息服务平台的信息组织现状

目前网络旅游信息服务平台数量众多、种类多样、规模不一，本研究根据网络信息服务平台提供信息资源的来源和种类侧重的不同，将目前的网络旅游信息服务平台分为三种类别：政府型旅游信息服务平台、电子商务型旅游信息服务平台、社交网络型旅游信息服务平台。为了较全面的反映网络旅游信息服务平台的信息组织情况，本研究选择了三种不同类别的信息服务平台中较具代表性的案例进行了详细分析，并探讨了这些信息服务平台目前信息组织模式中存在的问题。

6.2.1 政府型旅游信息服务平台

政府型旅游信息服务平台并不是指各国旅游管理部门的官方网站，而是隶属于各国旅游管理或推广部门的网站，往往整合了国家旅游方面的多种资源，主要起到宣传国家旅游资源和吸引游客的目的。

1. GoUSA（美国国家旅游局）

GoUSA（走遍美国）是美国旅游推广局的网站，该网站主要通过展现美国各地的旅游资源，来吸引全世界的游客前往美国观光旅游，其中文站点界面如图6-4所示。该网站搜集的信息非常全面，既有网站官方制作发布的信息，也有用户撰写的博客、游记等，主要包括以下六个方面：①美国各州和主要旅游城市的介绍、人气活动、最新活动；②美国的旅游信息，包括美国的国家简介、地理环境、生活习俗与礼仪、节假日与特别活动、境内的交通与住宿信息、法律与医疗信息等；③游客的游记、行程攻略、购物和玩乐指南、专栏博客等；④专题旅游信息，专题旅游包括"舌尖上的美国""完美户外"和"公路旅行"；⑤活动信息，包括"艺术""美食""历史""购物""娱乐""户外"这六个方面活动的信息；⑥天气与地图信息。

GoUSA在组织旅游信息资源时主要采用了自编分类法，类目的设置与用户规划旅游行程所涉及的方面有关，大致包括地理区域、交通住宿、旅游主题、游记攻略等几个方面，具体类目体系如表6-1所示。其中，在信息组织中较有特色的是"目的地推荐"栏目。该栏目中所有被推荐的活动都是基于用户的评价，用户可以对网站中的活动"点赞"和分享，在推荐页面中活动默认是按照用户"点赞"的数量从高到低排列的。对于网站中目前还没有的活动，网

图 6-4　GoUSA 中文站点界面

站也允许用户在其个人主页创建，以供其他用户评价。值得一提的是，"目的地推荐"栏目中还为用户提供了信息筛选功能，允许用户按照"州"对喜好的活动进行筛选，在活动排序的选择上除了可以为用户提供按照人气强弱进行排序外，还为用户提供了按照活动开展的时间先后进行排序的功能，如图 6-5 所示。为了吸引用户对信息组织做出贡献，网站还设置了激励措施，鼓励用户创建账号并分享资源，这些行为都可以获取一定的积分，而用积分可通过抽奖兑换一定的奖品。此外，为了帮助用户更好的规划行程、发掘自己所喜好的活动，网站还可以按照用户的选择为用户聚类适合安排在一起的活动。

　　在信息组织成果方面，除了树状分类导航外，网站也提供了站内搜索引擎，方便用户利用关键词检索旅游信息，同时根据用户的搜索频率向用户提供了热门搜索的关键词。

表 6-1　　　　　　　　　　　　　GoUSA 类目体系表

一 级 类 目	二 级 类 目
目的地推荐	卡罗莱纳大剧院；胡德山冒险公园；南海滩；弗吉尼亚海滩美食之旅；大盆地国家公园；太平洋科学中心；双子峰；曼哈顿；沼泽探险之旅
各州	密西西比州；加利福尼亚州；新罕布什尔州；得克萨斯州；俄勒冈州；弗吉尼亚州；爱荷华州；怀俄明州；南达科他州

一 级 类 目	二 级 类 目
城市	旧金山；盐湖城；圣路易斯；芝加哥；清水湾；巴吞鲁日；纽约；荷兰；阿斯本
区域	南部之旅；新英格兰；美国首都地区
旅游信息	关于美国；美国境内交通；住宿
旅游游记	玩美户外；美滋美味；行程攻略；公路旅行；热门节日；购物指南；专栏博主；资源下载；玩乐指南
专题	舌尖上的美国；玩美户外；公路旅行
奖品	无

图 6-5　GoUSA 中的目的地推荐界面

　　GoUSA 网站中包含的信息不仅内容非常丰富，而且种类也非常多样，除了文本信息，还有大量的图片以及视频。总体而言，该网站在信息组织方面有如下特点：①提供了分类导航和搜索引擎两种信息组织成果，主要采用自编分类法组织信息，其搜索引擎仅有简单检索功能；②自编分类法的类目是动态性的。在 GoUSA 网站中，分类体系的一级类目较为固定，但部分二级类目会发生动态变化。如随着用户评价的变化，"目的地推荐"的二级类目会发生变化；随着用户偏好主题的变化，"专题"的二级类目也会发生变化；随着旅游资源的日益丰富，"区域"的二级类目也可能会发生变化；③信息组织过程注重用户的参与。如上文分析，GoUSA 网站的"目的地推荐"栏目中信息的排序是根据用户的评价决定的；为用户提供的热门搜索的关键词也是根据统计用户搜索频率而得到的。也就是说，在 GoUSA 网站中用户的评价(点赞、分享)行为和检索行为都可以为信息的组织过程以及其他用户的检索过程提供一定的帮助；④信息组织的个性化程度较强。GoUSA 网站在组织旅游信息资源时，除了按照地理区域设置类目外，还对用户进行了具体活动的推荐和专题旅游信息的组织，方便用户按照活动的好评度或偏好的专题获取旅游信息资源。此外，在"目的地推荐"栏目中，当用户选择地域后，可根据自己的需求选择不同的排序方式，网站可按照好评度或活动开展的先后顺序组织排列信息资源并展现给用户。当用户点击"伙伴活动"时，网站还可以按照用户选择的地域将适合安排在一起的活动聚类展现给用户，以辅助用户规划行程。

2. 新加坡旅游局

新加坡旅游局网站是新加坡旅游局的官方网站，该网站分为体验、浏览、规划旅行三大板块。体验板块主要是通过图片的形式为用户展现新加坡的著名景点、餐饮美食、购物场所和娱乐场所，点击任何图片都可进入到浏览板块的具体类目下。规划旅行主要是新加坡的游客须知信息，点击可进入到浏览板块的"认识新加坡"类目下。因此，虽然新加坡旅游局网站有三个板块，但其实只是提供了三个不同的入口进入到旅游信息的浏览板块，也即所有的新加坡旅游信息资源都被组织在浏览板块中，浏览板块界面如图 6-6 所示。新加坡旅游局网站中的信息，主要是网站自身制作的信息，但在部分栏目中搜集和应用了其合作单位"猫途鹰"(Tripadvisor)所提供的来自用户的评价信息。

图 6-6　新加坡旅游局网站界面

新加坡旅游局网站主要采用自编分类法组织信息资源，类目的设置符合用户旅游行程中的"游""食""购""住""行"的基本需求，具体类目体系如表 6-2

所示。为了方便用户筛选信息，新加坡旅游局网站在组织信息资源时，还在很多二级类目下以"仅向我显示"的形式增设了类似于三级类目的筛选条件，每个类目旁边还附上了相应的景点数量，用户可以勾选其中的选项以缩小获取信息的范围。如在"邻里"类目下，网站增设了"市中心""南部""东部"3个三级类目；在"艺术"下增设了"表演与展览场所""艺术博物馆和机构"2个三级类目；在"历史"下增设了"历史博物馆"和"纪念碑及纪念馆"2个三级类目；在"建筑"下增设了"历史建筑"和"现代建筑"2个三级类目；在"文化"下增设了"探古新知"和"宗教场所"2个三级类目；在"娱乐与休闲"下增设了"趣味活动""综合度假胜地"和"观景点"3个三级类目；在"自然风景与野生生态"下增设了"和动物互动""岛屿""公园与花园"和"自然保护区"4个三级类目。此外，"节庆与活动"这一一级类目下，除了二级类目外，还提供给了用户按日期筛选信息的方式，如图6-7所示。为了帮助用户更高效地获取自己所需的信息、做好旅游决策，新加坡旅游局网站还按照"行程""编辑精选"和"散步漫游"三个不同主题汇聚了旅游信息，"行程"可按照用户不同的停留时间推荐多种行程规划方案；"编辑精选"从"餐饮""观光与活动"和"购物"三个不同方面向用户推荐了网站编辑精选的高质量信息；"散步漫游"从"艺术之旅""感受文化""尽情购物"三个角度向用户推荐了相关旅游信息。

在信息组织成果方面，除了树状、动态性分类导航外，新加坡旅游局网站还向用户提供站内搜索引擎，点击分类类目旁的搜索标志即可进入搜索界面。

表 6-2　　　　　　　　**新加坡旅游局网站类目体系表**

一 级 类 目	二 级 类 目
我行由我 新加坡	邻里；艺术；历史；建筑；文化；娱乐与休闲；自然风景与野生生态；新加坡岸外
节庆与活动	精彩推荐；最新信息
餐饮	本地风味美食；外出用餐；城市夜间娱乐；特色
购物	去哪儿购物；买什么
住宿	新加坡最佳酒店；新加坡最佳奢华酒店；新加坡最佳服务酒店
认识新加坡	我们的历史；新加坡的多元面貌；游客须知；特色
精选优惠	旅行社合作伙伴；抵达前；在新加坡期间

新加坡旅游局网站中包含的旅游信息内容非常详实，而且信息的展示都是

图 6-7 新加坡旅游局网站节日与活动栏目界面

以文本信息和图片结合的方式，有较好的用户体验。该网站在信息组织方面有如下特点：①提供了分类导航和搜索引擎两种信息组织成果，主要采用自编分类法组织信息，其搜索引擎仅有简单检索功能。②能够提供二次检索功能。新加坡旅游局在组织旅游信息时没有直接采用树状的分类体系架构，对于三级类目是以筛选条件的形式出现，相当于能够在现有信息中进行二次检索，这种形式与固定类目相比好处有两个：第一，用户在勾选筛选条件时可以勾选多个，这样相当于一次浏览了两个类目下的信息，与查阅固定的三级类目相比获取信息的效率更高；第二，筛选条件可根据用户偏好主题的增加不断进行修改，动态性更强。③利用用户的间接参与进行信息组织。与 GoUSA 将用户直接评价的结果融入信息组织不同，新加坡旅游局给用户提供了收藏和分享旅游信息的功能，但并没有利用这些用户行为组织信息，而是直接使用了其合作单位Tripadivisor 中用户对酒店的点评数据，将其用于网站中对住宿信息的组织。④提供不同层次的信息组织成果。新加坡旅游局除了向用户提供一般层次的信息分类组织成果，供用户浏览信息外，还提供了更高层次的三个主题服务。之所以说这三个主题服务是更高层次的信息组织成果，是因为一方面，其组织对象是编辑从大量旅游信息中精选的；另一方面，形成的信息组织成果更为个性化和智能化。其中，"编辑精选"和"散步漫游"两个主题中的信息组织成果又按照不同用户的兴趣偏好被各自细分为三个方面，用户可勾选自己偏好的选项对信息进行筛选，以达到更好的满足用户个性化需求的目的。而"行程"中的信息则是按照用户的不同停留时间组织的，用户通过设置停留时间，则可获取多种行程规划方案，不仅满足用户的个性化需求，而且可以辅助用户实现行程规划，在一定程度上体现了信息组织的智能化。

6.2.2 电子商务型旅游信息服务平台

电子商务型旅游信息服务平台多是以旅游中的电子商务交易为基础，逐渐发展形成的综合类旅游信息服务平台。在该类服务平台上，用户可以预订酒店、交通工具、门票，也可订购旅行社推出的各种旅游产品，还可以查阅自由行所需的各种旅游信息，甚至可以购买保险、办理签证。

1. 携程网

携程网是中国用户粘性较大的一个电子商务型旅游信息服务平台，该服务平台已从早期提供机票、酒店预订的专业服务商，发展成为了服务种类繁多、信息资源丰富的在线旅行社。《2015—2016 年中国在线旅行社市场研究报告》显示①，携程旅游以 25% 的份额蝉联了中国在线休闲度假市场第一名。携程网以一站式服务闻名，如图 6-8 所示。与政府型旅游信息服务平台相比，其搜集和提供的信息更为丰富，既包括交通工具、酒店、门票的订购信息，还包括各个旅行社推出的各种旅游产品的信息，和用户用以办理签证、购买保险、购买海外购物折扣卡等服务信息，以及用户发布的攻略与游记。除了 PC 端，携程现还推出了移动端 APP(见图 6-9)，以方便用户随时随地查阅信息和获取服务。

图 6-8 携程网 PC 端旅游板块界面

---

① 《中国旅游发展报告》：携程成为中国旅游领跑者［EB/OL］．［2016-5-26］．http：//pages. ctrip. com/marketing/news. htm？ file=2016053102.

图 6-9 携程网移动端界面

携程网主要采用了自编分类法组织旅游信息资源,由于移动端和 PC 端信息组织模式非常相似,因此,本书仅对 PC 端的信息组织进行详尽分析。携程网网站的一级类目包含类目较多,如与用户旅游中"住"有关的"酒店",与"行"有关的"机票""火车""汽车票""用车"和"邮轮",与"购"有关的"全球购",与"游"有关的"旅游""门票"和"攻略"。由于酒店、交通工具、购物折扣卡、门票的预订主要与电子商务活动有关,信息组织特色不鲜明,因此本书主要分析其"旅游"和"攻略"两个栏目下的信息组织方式,其具体的类目体系如表 6-3 所示。"旅游"类目下的二级类目主要是根据旅游的喜好不同设置的,但其中也有与旅游相关的"签证""企业会奖"和"保险",显得类目设置较为混乱。其中部分二级类目在其他一级类目下也会重复列类,如"当地玩乐"和"周末游"就同时在"旅游"和"门票"两个一级类目下列类,"企业会奖"也在"商旅"下列类。这种多重列类的方法虽然便于用户从多个入口查阅信息，但也会由于分类标准不够明晰，让用户在检索信息时花费更多时间。特别是保险和签证，由于用户未必是因为旅游需要而办理的，但这两个二级类目却设置在"旅游"一级类目下，因此可能会使得用户需要花费更多的时间来搜寻信息入口。值得一提的是，携程在大数据技术的基础上推出了"智慧旅游"板块，该板块中旅游目的地的排序是通过对携程网 2.5 亿用户和合作机构中用户的评价数据，进行数据分析和挖掘而实现的。

表 6-3　　　　　　　携程网中旅游和攻略板块的分类组织体系

一级类目	二级类目	三 级 类 目
旅游	周末游	我是酒店控；景点主题分类；当季个性周末游；周末热门目的地
	跟团游	出境跟团游；国内跟团游；周边跟团游
	自由行	国内自由行；国际自由行
	邮轮	热门航线；出发城市；热门邮轮；出发时间；热门主题
	酒店+景点（自驾游）	热卖推荐；热门产品排行；热门主题
	当地玩乐	精选玩乐；境外玩乐；国内玩乐；玩乐主题
	主题游	户外活动；人文探索；赛事庆典；拓展提升；健康养生
	定制包团	公司定制；个人定制
	游学	热门路线；特色主题
	签证	旅游签证；商务签证；探亲签证
	企业会奖	奖励旅游；公司会议；活动策划
	顶级游	目的地；旅行主题；品牌理念；顶级自驾；婚礼婚拍；海外名校；私人定制
	爱玩户外	高尔夫；骑游；徒步；潜水
	保险	国内旅游保险；境外旅游保险；申根签证保险；意外健康保险；商旅出行；交通意外；邮轮观光；全年保险计划
	特卖汇	跟团游；自由行；门票；一日游；邮轮游；自驾游；团购酒店；特价酒店

157

续表

一级类目	二级类目	三级类目
攻略	目的地攻略	近期热门攻略下载；热门住宿推荐；携程旅行口碑网
	游记	全部；国内；亚洲；欧洲；北美洲；大洋洲；其他州
	问答	热门问题；最新问题；待回答问题
	伴游	热门城市；最近出发旅行结伴；精选向导服务
	口碑榜	目的地；酒店；景点；美食；邮轮；旅游；购物
	食美林	2016 食美林榜单目的地
	智慧旅游	热门目的地；国内目的地；海外目的地

在信息组织成果方面，除了树状分类导航，携程还提供了站内搜索引擎方便用户直接检索信息，且为用户提供了高级检索功能，如图 6-10 所示，用户可以在选定旅游产品并输入关键词后，通过对出发日期、价格和出行天数三个条件的限定来进一步筛选检索结果，以提高获取信息的准确度。

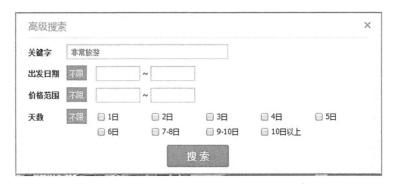

图 6-10 携程网高级检索界面

携程网汇聚了关于旅游行程的各种信息，能够为用户提供一站式的服务。正是由于携程网提供的信息数量巨大、种类丰富，因此其信息组织也有其自己的特点：①提供了分类导航和搜索引擎两种信息组织成果。主要采用了自编分类法组织信息，而其搜索引擎能够提供高级检索功能，可进行三种条件的限制性检索。②采用了多重列类的信息组织方式。携程网在采用分类法组织信息时，对部分二级类目采用了多重列类的方式，在多个一级类目下同时设置，这种方法给用户增加了搜寻信息的入口。③在信息组织过程中注重用户的参与。携程网中的许多信息在组织时都是按照用户的评价来进行排序的，如"目的地攻略"中的热门攻略是按照用户的下载率来进行排序的，"口碑榜"中的信息也均是按照用户的选择和评分来排序的，"智慧旅游"是按照携程网和合作机构中大量用户的评价数据来进行排序的。④信息组织能够体现一定的个性化。携程网的信息组织比较注重个性化，首先，在类目的设置上，尽可能多地反映了用户的个性化需求，例如在"旅游"类目下的二级类目体现了多种不同的用户需求，既包括不同的形式旅游(跟团游、自由行、自驾游)，又包括不同成本的旅游(顶级游、特卖汇)，还包括了不同时间的旅游(周末游、游学)，用户可根据自己的需求选择合适的类目进行信息的搜寻；其次，在组织旅游信息时就主题进行了聚合，以满足用户不同的旅游主题偏好，如二级类目中有专门的"主题游"类目，在"周末游"中汇集了"当季个性周末游"的信息，在"邮轮""自驾游"和"游学"中也都汇集了热门主题旅游信息或特殊主题旅游信息；最后，搜索引擎提供高级检索功能，允许用户设定"出发日期""价格范围"和"天数"三个限制条件，以进一步缩小检索结果。

2. 途牛旅游网

途牛旅游网是近年来发展较为迅速的电子商务型旅游信息服务平台，该平台一方面提供了大量的旅游产品供用户选择购买，另一方面推出了全球中文景点目录和中文旅游社区以帮助用户制定旅游计划和预订旅游服务项目。该网站也在传统 PC 端(见图 6-11)的基础上，同时推出了移动端(见图 6-12)，方便

图 6-11 途牛旅游网 PC 端网站界面

用户在任何环境下获取信息和预订服务项目。与携程网类似，途牛旅游网也致力于为用户提供一站式的旅游服务，因此，其搜集信息的渠道非常多样，既包括旅行社、酒店、航空公司、银行、景点等机构，也包括用户，还包括《孤独星球》杂志。目前网站中包含的信息内容主要可分为四种：①旅游行程规划和预订信息；主要是包括各种旅游形式的行程信息、旅游产品的信息、交通工具和酒店的预订信息、签证的办理信息、门票的购买信息等；②各种旅游优惠信息。主要包括特卖的旅游产品信息、酒店预订的优惠信息、银行特惠的旅游信息和银行分期付款的旅游信息；③旅游攻略类信息。主要包括旅游攻略、旅游社区、游记、旅行线路的排行榜、推荐的旅游主题、各地出游趋势的分析等；④各种服务信息。包括火车时刻表、天气预报、地图路线等的查询。

图 6-12　途牛旅游网移动端界面

与上文携程网一样，本书这里仅对途牛旅游网 PC 端的信息组织方式进行详尽分析。途牛旅游网主要采用自编分类法组织旅游信息资源，虽然途牛旅游网和携程网同属电子商务型旅游信息服务平台，涉及的信息种类繁多，既有旅游产品信息，又有用户发布的体验信息，但是途牛旅游网在分类体系上比携程网更为简洁，其具体分类体系如表6-4所示。从分类体系表中可以看到，途牛旅游网与携程网相比在分类体系设置方面更为简洁科学，虽然也存在电子商务活动与旅游产品同时列为一级类目的问题，但是其分类标准相对较为一致，也基本没有出现多重列类的类目。途牛旅游网中信息组织较有特色的是"攻略"栏目，在"攻略"的一级类目下设置了五个二级类目，这五个二级类目在信息组织模式上各有特点，本书下面着重对该栏目中的信息组织模式进行详细分析。①"游记"类目下的信息的组织采用了三种信息组织方式：一是关键词法，通过提取游记中的关键词建立索引，以搜索引擎为组织成果形式，用户可在搜索框中输入关键字搜索游记；二是自编分类法，以分类导航为组织成果形式，用户可按照分类目录浏览获取相关信息。需要说明的是，该类目中的信息导航采用了两种不同的分类标准，一种是按照地域，分为"国内""亚洲""欧洲""北美洲""大洋洲""南美洲"和"非洲"，方便于用户有目的的按照目的地所在区域进行信息查找，另一种是按照主题，分为"推荐""最新""家庭亲子""情侣蜜月""单身旅行"和"结伴而行"，方便于用户在目的地不明确的情况下按照不同的偏好主题进行信息的查找；三是分众分类法，用户在发表游记时可在游记最后给游记赋予多个标签，用户浏览游记后也可根据游记后面的标签查看标注有同样标签的其他游记。②"途牛风向标"类目下设置了四个三级类目"排行榜""出游趋势""主题推荐"和"人在旅途"。"排行榜"是根据用户订购的数量对旅游产品进行的排序；"出游趋势"是根据不同目的地旅游产品历史销售数据绘制出的全年的预测趋势图，向用户展现的是不同目的地旅游淡旺季的信息；"主题推荐"将用户评分高的信息分为了"热门""当季""美食""购物""住宿""摄影"和"游玩"等主题，每个主题均为一个三级类目；"人在旅途"下设置了"牛访谈""孤独星球杂志"和"旅途小品"三个三级类目，三个类目下的所有信息都附上了编辑标注的标签和用户的"点赞"数据，以方便用户选择自己所需的信息。③"论坛"类目下设置了"途牛天下""途牛自由行""途牛问答""途牛中国""途牛亚洲""途牛欧洲""途牛美洲""途牛非洲""途牛大洋洲"和"论坛服务"共10个三级类目，每个类目下又根据论坛中信息涉及的主题或目的地不同设置了四级类目，在每个四级类目下都附有对类目的具体注释、主题数和帖子数，方便用户快速获取信息。④"旅游达人"是按照用户来分类组织信息的，通过申请被认证为旅游达人的用户所发布的游记、与网友间的问答、想去与推荐的景点和路线都会被组织在用户名下，向用户提供基于达人网名和照片的导航。⑤"攻略问答"类目下的信息的组织采用了两种组织方式：一种是自编分类法，以分类导航为组织成果形式，将问答分为"热门问题""精华问题""线路问题""最新问题"和"待回答问题"；另一种是分众分类法，用户提问时可标注标签，信息组织成果以标签云的形式出现，如图6-13所示。

表6-4　　　　　　　　　　途牛旅游网分类组织体系

一级类目	二　级　类　目
跟团游	出境跟团；国内跟团；周边跟团；当地参团
自助游	国内自助；出境自助；机票+酒店；火车票+酒店；当地玩乐；签证；出境 WiFi
邮轮	包船专享；日韩航线；欧洲航线；三峡航线；美洲航线
自驾	周边自驾；国内+出境自驾
特卖	特卖首页；尾货特价；限时秒杀；预售钜惠；老于推荐
品质游	牛人专线；瓜果亲子游；首航途牛假期
门票	当季精选；周边城市；热门城市；游玩主题
酒店	国内·港澳台；海外
机票	国内机票；国际·港澳台机票
火车票	无
出游服务	签证；当地玩乐；通信·WiFi；租车用车；向导服务
定制游	公司定制；家庭定制；会议＆奖励旅游；途牛商旅
金融	理财；首付出发；出境金融；保险；礼品卡；购物退税
攻略	游记；途牛风向标；论坛；旅游达人；攻略回答

在信息组织成果方面，除了树状分类导航，途牛旅游网也向用户提供了站内搜索引擎且具有高级检索功能，如图6-14所示。与携程网类似，途牛旅游网搜索引擎的高级检索功能允许用户在选择检索产品后，输入关于旅游的目的地、主题或有关关键词后，可在旅游类型、形成天数和价格区间三方面进行条件限定。比携程网搜索引擎高级检索功能更有优势的是，途牛旅游网向用户提供了更多的限制条件选择，还允许用户按照自己的需求在交通类型、住宿类型、组团特色和产品特色方面限定性检索。

途牛旅游网从多方搜集关于旅游行程的各种信息，能够为用户提供一站式

图 6-13 途牛旅游网攻略问答标签云

图 6-14 途牛旅游网高级检索界面

的信息服务。途牛旅游网中信息数量巨大，而且种类丰富，除去文本信息，还
有大量的图片与视频信息，给用户提供了较好的体验，其信息组织也非常具有
特色：①提供了分类导航、搜索引擎、标签云三种信息组织成果，融合了多种
信息组织方式。主要采用了自编分类法组织信息；其搜索引擎能够提供高级检
索功能，而且可进行多种条件的限制性检索；在部分栏目中采用了分众分类
法，用户可通过标签云或信息中的标签搜寻相关信息。②类目体系的多样化。
途牛旅游网在进行类目设置时，部分类目采用了同时提供两种划分标准的形
式，这样可以为用户提供不同类型的导航，如一种是按照目的地的地理位置进
行导航，一种是按照主题进行导航，这样用户可以按照不同的检索途径获取信
息。③信息组织过程注重用户的参与。途牛旅游网比上述分析的三个网站更为
注重用户的参与，这种参与体现在三个方面：一是信息的排序方面，更多的依
赖于用户的订购数量或评分高低；二是分众分类法的实现上，在对游记、访

谈、问答类信息组织时都允许发布信息的用户标注标签，从而实现基于标签的信息聚类；三是数据的组织方面，可按照用户购买旅游产品的历史数据来预测不同目的地的旅游淡旺季，并绘制可视化的趋势图方便用户理解数据。④信息组织能够体现一定的个性化。途牛旅游网在信息组织方面也能够较好地实现个性化组织，首先，在类目的设置上既兼顾了目的地的地理位置，又兼顾了用户的旅游主题偏好，部分栏目还采用了多种导航的方式，为用户提供了多种检索途径；其次，允许用户对自己发表的信息标注标签，并采用分众分类法组织信息，为用户提供了另一种平面化和更为细粒度化的信息导航系统，用户可按照感兴趣的主题标签搜寻信息；最后，其搜索引擎提供了高级检索功能，而且能够为用户提供 7 种不同的限制条件，便于用户更高效地获取自己所需的旅游信息。

6.2.3 社区型旅游信息服务平台

社区型旅游信息服务平台是基于用户间分享信息而逐渐形成的一种综合性旅游信息服务平台。这种服务平台构建的初衷和主要目的是为用户提供分享旅游信息的空间，而服务机构则可以根据用户分享的信息来生成更高层次的旅游知识，如旅游攻略、各类排行榜，供用户进行旅游行程规划和决策，现在该类服务平台也进行一定的电子商务活动，但活动在种类远远少于电子商务型旅游信息服务平台。

1. TripAdivisor（猫途鹰）

TripAdivisor 是世界上最大的旅游信息分享社区之一，其中文站点名为"猫途鹰"，界面如图 6-15 所示。该网站汇集了全球旅行者的点评、攻略和游记，一方面利用用户点评数据对酒店、景点和餐厅进行排名和评奖，向用户进行推荐，另一方面通过从用户的旅游攻略中搜集信息制作旅游指南，指南中包括地图、照片、酒店、景点、餐厅以及旅行者的点评等深层次的信息，以帮助用户规划行程。此外，TripAdivisor 还与多家国内外旅游预订网站建立了合作关系，用户在输入选择条件搜索酒店信息后，网站还可同时查询同一家酒店在不同预订网站中的价格和信息，并将比价信息和用户的点评、照片等一同展示给用户，以方便用户选择。

TripAdivisor 主要搜集来自用户的旅游体验信息，也有部分来自于合作网站和酒店的官方信息。在组织旅游信息资源时 TripAdivisor 主要采用了自编分类法，类目的设置非常简单，与用户规划旅游行程所关注的"吃""住""游"相

图 6-15　TripAdivisor 中文站点界面

关，具体类目体系如表 6-5 所示。TripAdivisor 对信息资源的组织主要是依据用户的点评，这点在类目体系中有很好的体现，例如在所有二级类目中都有“主题游推荐”和“2015 旅行者之选”这两个类目，这两个类目下的信息都完全是按照用户的点评，综合多个考评度计算得出得分，再按照得分高低进行的排序。对于“旅行者之选”栏目中的信息，TripAdivisor 还采用了多重列类的方式，在“目的地”“景点”“酒店”和“美食”四个一级类目下分别设置了“2015 旅行者之选”的二级类目，但其分类体系的一级类目中同时也设置了“旅行者之选”，该类目下二级类目“2015 获奖得主”中的信息内容与前面四个二级类目下的信息内容一致。要特别说明的是四个二级类目“主题游推荐”下面的三级类目设置完全不同，其三级类目的设置与各自栏目信息内容的主题划分有关，如“目的地”类目下“主题游推荐”中的主题包括“摄影”“美食”“购物”“博物馆”和“探险”；“景点”类目下“主题游推荐”中的主题包括“地标景点”“地标建筑”“博物馆”和“游乐园”；“酒店”类目下“主题游推荐”中的主题包括“国内休闲游”“国内热门”“海岛度假”“温泉酒店”和“博彩之旅”；“美食”类目下“主题游推荐”中的主题包括“经典美食”“美味海鲜”和“中餐在全球”。每个推荐的主题下面的信息都被附上了排名、用户评分、用户点评数和标签，标签是网站标注的既能够反映信息的主要内容特征，又能用来作为用户筛选信息的条件。

165

表 6-5   **TripAdivisor 分类体系表**

一级类目	二 级 类 目
目的地	全部目的地；当季目的地推荐；主题游推荐；2015 旅行者之选
酒店	主题游推荐；2015 旅行者之选；全部酒店
景点	主题游推荐；2015 旅行者之选；全部景点
美食	主题游推荐；2015 旅行者之选；美食自助游指南；全部美食
游记	欧洲；亚洲；非洲；南太平洋；中东；南美洲；中美洲；北美洲；南极洲
指南	东南亚；东亚；欧洲；美洲；南亚；大洋洲；非洲 & 中东；旅行者之选；专题指南
旅行者之选	2016 获奖得主(酒店、旅游城市、海滩、岛屿、地标)；2015 获奖得主(全包式度假、新晋热门目的地、景点、博物馆、餐厅)

在信息组织成果方面，除了树状分类导航，TripAdivisor 还提供了站内搜索引擎方便用户直接检索信息，TripAdivisor 所提供的搜索引擎分为两种，如图 6-15 所示，一种是图上部的，可供用户从地理区域或内容主题进行关键词查询；另一种是图下部的，使用该搜索引擎时用户需先选择查询信息的范围，若选择"景点"可输入城市或景点名称进行关键词查询，若选择"美食"可输入城市或餐馆名称进行关键词查询，若选择"目的地"可输入国家、地区或城市名来进行查询，若选择"酒店"则需输入城市或酒店名称并选择好住宿时间进行查询，而对于酒店的查询如前文所述可提供给用户智能比价的服务。与前文分析的其他网站不同的是，TripAdivisor 所有一级类目下的页面中都能够提供分类导航和搜索引擎两种信息组织成果。

TripAdivisor 中的信息绝大部分来自用户，信息种类丰富，包括文字、图片、地图、视频等多种形式，网站中大部分四级类目也都是采用图片结合文字的展示形式，用以提升用户体验。而且，为了保证信息的客观性，网站中对于酒店、景点、餐厅的介绍，除了有官方发布的照片外，还有用户拍摄的照片，包含的内容非常详实。总体而言，TripAdivisor 中信息内容丰富，对信息的组织也非常有特色：①提供了分类导航、搜索引擎两种信息组织成果，主要采用了自编分类法组织信息；其搜索引擎包括两种类型，其中一种可进行智能比价。②提供二次检索功能。在景点、酒店、餐厅等信息内容中，网站标注了标签，虽然并没有形成标签云，用户不能通过标签搜寻信息，但可以将标签作为筛选条件，相当于利用标签进行了二次检索。而且在按照标签在页面左侧设置了更深一层的分类导航，如图 6-16 所示。③信息组织过程注重用户参与。一方面，TripAdivisor 中"目的地""景点""酒店""美食"和"旅行者之选"中信息的排序完全依赖于用户的点评。另一方面，"游记"类目下的信息均由用户发布，在组织时完全依赖于用户在游记中的时间顺序，将游记以时间结构的方式组织起来展现给用户。④信息组织的个性化程度较强。在分类体系的类目设置中，没有完全遵循目的地的地理区域，而是更多的体现了不同的旅游主题及旅游品质，以供用户选择，因此在大部分一级类目下都设置了"主题游推荐"和"2015 旅行者之选"两个类目。此外，TripAdivisor 网站提供的搜索引擎中的比价功能和二级类目下用标签筛选信息的二次检索功能，都能够有效地帮助用户获取符合自己需求的信息，体现了该网站较强的个性化信息组织功能。

图 6-16　TripAdivisor 二次检索功能界面

2. 马蜂窝自由行

马蜂窝自由行是供用户分享旅游信息的社区类旅游信息服务平台，该网站与 TripAdivisor 有相似的地方，如依靠用户发布的游记来制作旅游攻略、根据用户的点评来向用户推荐酒店。但也有不同之处，马蜂窝自由行也为用户提供预订酒店、购买机票、租车等电子商务活动，其网站界面如图 6-17 所示。马蜂窝自由行搜集的信息主要来自用户，也有部分是其合作单位(酒店、租车公司、旅游网站)发布的,还有网站自身制作发布的。马蜂窝自由行提供的信息主要包括以下几个类别:①用户发布的游记、音乐、照片、视频等信息;②马蜂窝在用户游记的基础上制作发布的旅游攻略、旅游指南以及包括旅游动态和热点等的资讯信息;③马蜂窝在汇集合作单位信息基础上发布的旅游行程规划及预订信息,包括酒店和机票的预订、旅游产品信息、签证办理信息、保险购买信息、国际租车服务信息等。

图 6-17 马蜂窝自由行网站界面

马蜂窝自由行对信息的组织主要采用了自编分类法,其提供的分类目录非常简洁,涵盖了其包含的三种信息类别,具体的类目体系如表 6-6 所示。马蜂窝自由行网站中在信息组织方面较有特色的是三个栏目,第一个是"酒店"栏目,该栏目中的信息可首先允许用户通过设置"价格""星级""住宿类型""设施""品牌"和"与指定地点距离"几方面的条件来进行筛选,筛选后的信息提供"综合排序""销量"和"价格"三种不同的排序方式供用户选择,每个酒店都为用户提供其他用户的评分及不同网站的预订价格(如图 6-18 所示),以方便用户做出决策。第二个有特色的栏目是"目的地",该栏目按目的地将有关目的地的该网站中的所有信息都汇集在一起,并提供了更详细的关于目的地的信息导航,包括"概况""景点""餐饮""地图"等 8 个类目,而且还从大量的用户发布的游记中统计出了出现频率较高的词语形成了标签,以方便用户按照其他用户关注的热点进行信息的浏览和获取(如图 6-19 所示)。第三个较有特色的栏目是"问答",该栏目在用户提问后会根据内容自动匹配标签,也同时允许用户对标签进行删减,并添加更为个性化的标签,以方便于其他用户按照标签获取自己所关注或需要的信息(如图 6-20 所示)。

一 级 类 目	二 级 类 目
目的地	国内推荐；第一次出国；主题精选；全球目的地；国内目的地
旅游攻略	旅游攻略导航；推荐攻略；海外初夏目的地精选；国内初夏目的地精选；奔向海岛；主题推荐
自由行商城	机票+酒店；当地游；签证；国际租车；保险
酒店	主题酒店；特价酒店；
社区	问答；马蜂窝周边；蜂蜜兑换；结伴

表 6-6　　　　　　　　　　　　马蜂窝自由行分类体系表

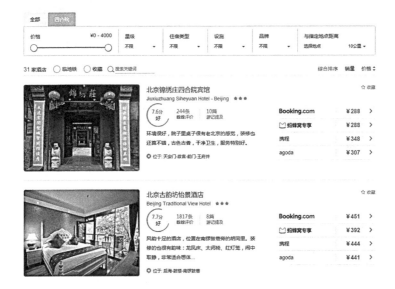

图 6-18　酒店信息组织界面

在信息组织成果方面，除了树状分类导航，马蜂窝自由行也向用户提供了站内搜索引擎，如图 6-17 所示。使用该搜索引擎时用户需先选择查询信息的范围，若选择"全部"则可对目的地名称、攻略名称、酒店名称和用户名称进行关键词查询；若选择"酒店"则需输入国家、地区或城市名称并选择好住宿时间进行查询，而查询结果则可为用户提供多个预订酒店网站的价格，供用户比较选择；若选择"目的地"可输入国家、地区或城市名来进行查询；若选择"商城"，则可通过旅游产品名称、目的地和商户三个途径进行关键词查询。与 TripAdivisor 类似，马蜂窝自由行所有一级类目下的页面中都能够提供分类

图 6-19　目的地攻略信息组织界面

图 6-20　社区问答信息组织界面

导航和搜索引擎两种信息组织成果。

　　马蜂窝自由行网站中的信息种类也非常多样,包括文本、图片、音频、视频、地图等多种信息,网站中的三级、四级类目主要采用图片的形式,给用户非常直观的感受,网站中的大部分目的地和酒店的照片都来源于用户,保证了信息的真实性。马蜂窝自由行网站中信息组织的特点主要体现在以下几个方面:①提供了分类导航、搜索引擎两种信息组织成果,主要采用了自编分类法组织信息；其搜索引擎针对不对内容提供多种不同的检索途径，对于酒店的检索也能够提供多种预订网站的价位，但是不像 TripAdivisor，马蜂窝自由行无法进行智能比价，需要用户比价。②利用标签组织部分信息，实际采取的是主题法和分众分类法结合的信息组织方式。马蜂窝自由行利用标签对"目的地"中的部分信息和"问答"中的信息进行了组织，但并不是完全采用的分众分类法，也没有形成标签云或分类类目等组织成果。网站赋予"目的地"栏目中信息的标签其实是通过统计词频或主题识别等智能化的方式自动抽取出信息中的主题词，从而作为信息的内容主题提供给用户，并按照这些主题词聚合信息，实际上是主题法的一种应用。在"问答"栏目中网站允许用户对网站提供的标签删减，并添加自己认为合适的个性化标签，是分众分类的应用，但没有形成任何的信息组织成果。③信息组织过程注重用户参与。马蜂窝自由行中多个栏目的信息组织都利用了用户的参与行为数据，如"酒店"栏目中酒店的综合排序就是综合了用户的评分、用户的预订量等用户数据来确定的；"目的地"栏目中系统根据大量用户游记中涉及的词频统计抽取出词频较高的标签，作为目的地介绍内容的主题词，便于用户从主题词角度获取更为细粒度的信息；"问答"栏目中系统允许用户在自动抽取的标签的基础上进行删减，并添加标签。④信息组织能够体现一定的个性化。马蜂窝自由行在网站类目设置、信息排序等方面都能够在一定程度上满足用户的个性化需求，如在"目的地"一级类目下设置的二级类除去按照地理区域将信息分为"国内目的地"和"全球目的地"外，还设置了"第一次出国""主题精选"等类目，方便于用户按照喜好的不同主题和出国经历状况获取符合自己需求的信息；在"酒店"栏目中，为用户提供了"综合排序""销量"和"价格"三种不同的排序方式；在"问答"栏目中也允许用户删减系统自动标注的标签，并添加更为个性化的标签。

6.3　网络旅游信息服务平台中信息组织的特色与不足

经前文分析可知，对于用户而言，用户希望网络旅游信息服务平台中的信息组织对象能够更为碎片化、组织内容能够更为系统化、组织方式能够更为易用化、组织成果能够更为个性化。对目前的网络旅游信息服务平台中的信息组织现状进行分析，发现网络旅游信息服务平台中信息内容丰富，采用的信息组织方式也较为多样，能够满足用户一定的个性化需求，但是与用户对旅游信息组织的需求相比还是有一些不足之处。下面本书将在前文分析网络旅游信息服务平台案例的基础上，总结网络旅游信息服务平台中信息组织的特色，并结合用户的需求进一步探讨其不足。

6.3.1 网络旅游信息服务平台中信息组织的特色

经过对三种不同类型的网络旅游信息服务平台的案例分析可以发现，虽然不同类型的旅游信息服务平台中的信息来源和内容不同，但是它们在信息组织方面有一些共同的特点。

1. 采用的信息组织方式较为多样

从上述六个旅游信息服务平台的分析可以发现，在信息组织方式的利用上，大部分信息服务平台会选择两种或两种以上的方式。上述六个案例中，有五个案例都采用了自编分类法和关键词法，形成了分类导航和搜索引擎两种信息组织成果。途牛旅游网使用的信息组织方式最为多样，除了上述两种方式外，还使用了分众分类法，形成了标签云，以供用户获取信息。这样用户就可以根据自己的不同需求情况和使用习惯，选择适合自己的信息组织成果使用，如还没有具体的信息获取目标则可使用分类导航或标签云，若目的明确则可使用搜索引擎。

2. 注重用户对信息组织过程的参与

上述六个旅游信息服务平台都非常注意搜集用户的评价、预订、搜索等信息，并将这些用户参与行为形成的数据用于信息组织过程中。如将用户的评价分数和预订数量用于信息的排序；对用户的搜索词频率进行统计，将高频词作为热门搜索词提供给用户；将用户的预订数量用于预测旅游的热点和趋势；将用户标注的标签用于形成分众分类法中的标签云等。信息技术和信息设备的进步与发展，使得用户能够更方便地进行对各种信息和产品的评价，也使得信息服务的提供商能更容易地搜集和分析用户参与行为形成的各种数据。利用用户参与行为形成的数据组织信息，能够使得信息的组织成果更贴近用户的需求，便于用户高效高质地获取自己所需的信息，并利于用户作出正确的决策。

3. 能够在一定程度上满足用户的个性化需求

在上述分析的六个案例中，旅游信息服务平台都能够在一定程度上满足用户的个性化需求，大部分都能够向用户提供多种信息排序供用户选择，有部分网站在类目设置上能够提供多种导航或是提供进一步的筛选条件，以满足不同用户的信息需求，还有些网站(如途牛旅游网、马蜂窝自由行)允许用户标注信息，直接参与信息组织。此外，携程网和途牛旅游网所提供的搜索引擎能够提供高级检索的功能，允许用户通过多种不同条件的限制来精选检索结果。但是，由于所有网站都不能按照用户个人的信息和预订情况分析用户的兴趣偏好，没有推荐信息和筛选信息的功能，所以只能说能够在一定程度上满足用户的个性化需求。

6.3.2 网络旅游信息服务平台中信息组织的不足

目前网络旅游信息服务平台随着旅游业的发展，数量增长迅速，由于用户更倾向于自由行，也更喜好通过各种旅游信息服务平台获取旅游信息、制定行程规划、预订各种旅游产品。《2015 中国自由行市场研究报告》显示①，在线自由行用户在旅行前会从 OTA（Online Travel Agent，在线旅行社）类信息平台和信息攻略类平台获取各种出游信息，但其中有近 60% 的用户会利用在线智能行程规划工具协助完成规划。这说明大部分用户认为依靠自己收集规划行程所需信息的效果不够好，也从一个侧面反映了目前旅游类网络信息服务平台的信息组织效果并不能完全满足用户的需求。从前文对六个较具代表性的网络旅游信息服务平台的分析，可以发现它们在信息组织的某些方面还不能完全满足用户的信息需求，这些不足主要体现在以下几个方面：

1. 信息组织的标准化程度较低

目前的各种网络旅游信息服务平台在描述信息时没有按照统一的标准，因此，各网站在对信息进行标引和揭示时，揭示深浅程度不一、类目设置与归属混乱。某些网站在对信息进行揭示时能达到较细的粒度，如马蜂窝自由行在对目的地的信息进行组织时，会将用户发布信息中的名词抽取出来，并按照词频高低排序，以供用户按照词语进行浏览，但大部分网站在对信息进行揭示时只涉及主要对象，粒度较粗，在标引时也是按照对象的地理区域或旅游主题进行分类。此外，从前文详细分析的六个旅游信息服务平台也可以看出，各个网站都采用了自编分类法，分类体系的设置没有任何统一标准，因此有的简洁有的混乱，有的采用了多重列类的形式，还有的在同一级类目设置时按照不同的划分标准设置了多种导航。因为各个网络旅游信息服务平台在信息组织时都采用了不同的描述和分类标准，一方面使得用户在不同服务平台获取信息时需要先

---

① 易观智库，百度旅游，百度大数据 .2015 中国自由行市场研究报告［EB/OL］.［2015-5-22］. http：//www.199it.com/archives/427912.html.

熟悉其信息组织体系和信息成果提供方式，大大影响了用户的检索效率和效果；另一方面不利用信息的互联互通和整合，极易形成"信息孤岛"，也增加了知识地图和知识搜索引擎这些高层次信息组织成果形成的难度，反过来使得用户不得不在获取旅游信息时浏览多个信息服务平台，耗费较多的精力和时间。

2. 信息组织的层次较低

从前文分析的六个案例可以发现，目前的网络旅游信息服务平台主要采用的信息组织方式是自编分类法和关键词法，部分信息服务平台采用了分众分类法（如途牛旅游网），都仅能向用户提供分类导航和进行简单关键词匹配的搜索引擎。利用这三种信息组织方式，所进行的信息组织粒度较粗，适合于浏览检索和语法层面的搜索，仅能满足用户一般性的信息需求，还不能很好地满足用户的决策需求，这也解释了为什么大部分用户在浏览旅游信息服务平台后还会利用智能行程规划工具来协助完成行程规划的工作。由于每个用户的旅游兴趣偏好不同、信息素养不同、信息需求也不同，因此用户对信息组织的层次要求也具有差别。网络旅游信息服务平台应该在传统信息组织成果的基础上，利用对旅游信息的深度揭示和用户的关注情况，并融合使用多种信息组织方式，来优化自己的信息组织成果。例如可在用户提供标签的基础上修改类目设置，利用文献分类法规范划分标准，使用叙词法来提高搜索引擎的检准度，最好是可以利用本体的方法来从语义层面组织信息资源，形成旅游知识地图和旅游知识搜索引擎，为用户提供高层次的一站式的服务。

3. 信息组织的动态性不足

如前文（详见本书5.5）所述，信息组织的动态性包括两个方面，一个是信息组织方式的动态性，另一个是信息的后组织。但是从上文分析的六个案例可以看出，在信息组织方式的动态性方面，目前的网络旅游信息服务平台仅有"途牛旅游网"中的标签云会根据用户标注的变化而变化，其他的网站多采用自编分类法，类目体系相对比较固定，也只是在个别类目上会有变化，如"主题推荐"类目可能会根据用户旅游兴趣发生改变而产生变化。在信息的后组织方面，上文分析的所有案例中，当用户成为注册用户后，网站也只是希望利用用户发布的信息来进行信息的搜集和排序，并设置了一定的激励措施。如基本上都是可以根据用户发布的游记或评价的行为等奖励用户一定的虚拟货币，但都没有为注册用户建立相应的用户需求模型，因此也无法对用户检索的信息进行过滤，完全没有对信息的后组织。由以上两个方面可以看出，目前的旅游信息服务平台的信息组织中，所设置的信息类目相对比较固定，也都无法提供信息的后组织，因此，可以说目前的网络旅游信息服务平台在信息组织方面的动态性是非常不足的。

4. 信息组织的个性化程度较低

从前文(详见本书6.1)分析可以发现，用户对网络旅游信息组织有个性化的需求，目前旅游的主题类型很多，用户兴趣多样，喜好不同的旅游主题，还不断有新的旅游主题出现，如动漫主题、收藏主题等，因此，用户希望获取的旅游信息能够与自己的兴趣偏好有关。但从上文的六个案例分析可以发现，目前的网络旅游信息服务平台在满足用户对信息组织的个性化需求方面程度都不高。在类目设置方面，虽然网站大多按照旅游主题聚合了信息，但这些主题是网站根据大部分用户的选择或是旅行社的产品来设置的，并没有按照用户分布广泛的各种不同需求来设置多样化的主题类目，主题的种类都较少。在信息排序方面，六个网络旅游信息服务平台在向不同用户提供各种旅游信息时，仅仅能提供两到三种不同的排序方式供用户选择，而且这些排序基本是依据用户的评价实现的。但其实对于每个用户而言喜好不同、体验感受也不同，对同一个酒店或餐厅的评价很难一致和客观，而且大部分用户评分较高的产品也未见得符合某个特定用户的需求，因此，这种信息排序方式忽略了用户自己的个性化需求，准确度不够高。在信息推荐方面，上述分析的六个网络旅游信息服务平台均未对注册用户建立用户信息需求模型，从而使得网站不具备向用户主动推荐符合其需求的旅游信息的功能，而且虽然上述六个网站基本都有信息搜索的功能，但仅有两个具有高级检索功能，也只能按照用户设定的检索限制来筛选信息，并不能按照用户的个性化需求来主动的过滤信息，因此这些网络旅游信息服务平台的主动性服务能力差，且信息的检准率不高。从类目设置、信息排序和信息推荐三个方面可以看出，目前的网络旅游信息服务平台中信息组织的个性化程度较低。

6.4 泛在网络中旅游信息服务平台信息组织的发展

由于移动网络的发展完善和移动设备的携带方便，现今用户在旅游的游前、游中、游后都越来越喜欢利用移动设备来获取和发布各种旅游信息，并完成各种旅游产品的预订。在即将到来的泛在网络中，除了这一现象将继续存在，大量物体也将发出多种信息，例如现在黄山景区中安装了一些二维码标识牌，用户可通过手机扫码软件扫描标识牌，获取该景点的旅游导览等基本信息。也就是说，在泛在网络中旅游信息的数量和种类都将得到极大的丰富，为了提升用户的旅游体验，除了考虑如何通过各种信息技术来增加用户获取旅游信息的方便性外，还应考虑如何通过科学合理的信息组织工作来帮助用户提高获取信息和制定决策的效率与效果。

通过上文分析可发现，目前的网络旅游信息服务平台中的信息组织工作在标准化、层次设定、动态性、个性化等方面还有一定的不足，不能满足用户对旅游信息组织的需求。另一方面，在实际调研中发现，在国内目前"智慧旅游"建设相对较好的黄山景区和桂林景区中，虽然在网络覆盖、旅游产品(包括酒店和门票等)在线预订、旅游网站建设等方面取得了较大的进步，但是在旅游信息整合、旅游信息更新、景点讲解等方面仍然有较大的问题。如用户在制定行程规划时，景区网站无法整合所有的信息，目前网络中也没有相应的高层次信息组织成果可整合所有有关信息，用户必须登录各大旅游信息服务平台和景区网站搜集信息，需要花费很多的时间和精力，还要面对信息过载现象。而各网站中的旅游攻略等指南性信息一般更新周期较长，需要几个月至一年不等，用户在攻略中看到的酒店、餐厅等可能在实际中已不存在了，导致用户制定的行程规划必须临时修改。此外，虽然景区内现在在热门景点也安装了一些二维码标识牌，但是并未覆盖所有的线路，较少人选择的线路、包括水上的线路，没有二维码标识牌也没有景点的讲解信息，会使得用户的旅游体验下降。基于目前的问题，未来的泛在网络中，旅游信息服务平台的信息组织工作应进一步发展优化，克服目前的不足，并应尽可能地防控信息过载现象的出现和危害。为实现该目标，本书在结合5.2节提出的泛在网络中信息组织模式的宏观架构和6.1节对网络旅游信息组织的用户需求分析的基础上，针对目前网络旅游信息服务平台中信息组织工作的不足，提出下述几点关于泛在网络中旅游信息服务平台信息组织的发展建议。

1. 提高信息组织工作的标准化水平

目前的网络旅游信息服务平台由于类型不同，为了彰显自己的特色，在对信息进行描述和分类标引时都是各自为政、自成体系，导致了信息共享和互联互通的程度低，用户在搜集信息时每登录一个网站就需要重新了解和熟悉其分类体系才能有效获取信息。在泛在网络中，随着接入网络便利性的增加，网络中信息的种类和数量将更加丰富，特别是碎片化信息将大大增加，若不对信息按照统一描述标准进行描述，在整合信息时将存在大量的元数据互操作问题，对于形成高层次信息组织成果将非常困难。而对于信息素养不高的用户，从各种成体系的网络旅游信息服务平台获取信息时不仅需要花费很多时间和精力，还往往有可能影响信息获取的效果。为了减少上述问题给用户带来的困扰，本书认为一方面中央信息组织工作管理机构应设计和修订各种信息组织体系框架，如泛在网络中信息资源元数据描述标准、分类法框架、领域本体等；另一方面，省市级信息组织工作管理部门还应通过经济手段，特别是通过建立激励措施，推进各种信息组织体系框架在各网络信息服务平台中的实施。信息组织标准化程度越高，各网络信息服务平台中信息的整合和互联互通将更加容易，用户获取信息的效率和效果也将更好。

2. 向用户提供多层次信息组织成果

根据前文分析可发现，目前各种专业的网络旅游信息服务平台中的信息组织工作基本都是面向本平台内部的信息，所提供的信息组织成果均为本网站的分类导航和站内搜索引擎，并无法集成多个网站的信息资源。另一方面，对于百度、搜狗等通用搜索引擎，虽然数据库中搜集了众多网站中的信息，但是只是采用了全文检索算法，提供简单的关键词匹配检索，用户检索旅游信息时获取的信息量非常巨大，冗余信息多，用户必须耗费精力进行浏览和筛选。因此，可以说目前的各种网络旅游信息服务平台中的信息组织成果层次都较低，仅能提供语法层面的检索，用户在获取信息时，无法同时获取信息间的关联，容易出现信息过载的问题。在未来泛在网络中，信息数量更加巨大，用户发布和物体发布的信息都将大量增长，在网络旅游信息服务平台中应同时融合使用多种信息组织方式，向用户提供不同层次的信息组织成果，以满足用户的不同需求。从"途牛旅游网"的案例分析中可以看到，多种信息组织方式是完全可以结合使用的，最终可依托于不同的信息组织方式向用户提供多种不同的信息组织成果，供用户选择。如果用户仅仅是想浏览信息获取旅游灵感可使用分类导航，若用户有明确目标想查找特定信息可使用搜索引擎，若用户想了解更为细粒度的信息或热点信息可使用标签云。但在泛在网络中，除了这些一般层次的信息组织成果，网络旅游信息服务平台还应基于本体构建知识地图或知识搜索引擎，帮用户把同一主题信息汇集起来，并向用户提供不同主题之间的关联，方便用户按照主题间的关系进行更多信息的搜集。由于旅游信息需要涉及"吃""住""行""游""购"等多方面的信息，而用户目前除了官方制作发布的信息外，更希望获取其他用户特别是朋友发布的信息，因此网络旅游信息服务平台非常需要将不同来源多种类型的信息进行整合，并向用户提供语法和语义等不同层面的信息组织成果，以更好地满足用户的不同需求并提升用户获取信息的效果。

3. 增强信息组织过程的动态性

由前文可知，目前的网络旅游信息服务平台在组织信息的过程中常用自编分类法，而且分类体系架构相对比较固定，仅在个别类目上会根据用户的兴趣变化而发生调整。此外，本文所分析的所有案例都未建立用户需求模型，无法对用户检索出的信息进行进一步过滤。但是由于旅游中的新主题出现频率较高，而且不同季节、不同类型用户关注的热点也会不同，因此较为固定的信息组织体系架构和无差别化的信息检索结果都不足以满足用户的信息需求。在泛在网络环境中，用户可以采用任何设备在任何时间地点发布信息，参与性会大大增加，这给网络旅游信息服务平台增强其信息组织过程的动态性提供了更多的可行性。要增强网络旅游信息服务平台信息组织过程的动态性，本书认为可从两个方面着手：一是建立动态性的分类体系架构，如可根据用户标注的标签和提问中关键词的频率来推断检索热点，根据热点来修订网站中的分类体系架构；二是建立用户需求模型开展信息后组织工作，如可根据用户的注册信息、标注标签和提问关键词来建立用户的需求模型，在用户利用搜索引擎检索出结果后，可根据用户需求模型对检索结果进行过滤，将过滤后的结果呈现给用户，以提高用户信息检索的精度。

4. 提升信息组织的个性化程度

从上述案例分析可知，目前的网络旅游信息服务平台在类目设置方面多样化程度不足，在信息排序方面忽略了不同用户的体验差异，在信息推荐方面没有主动推荐信息的功能，也即，在这三个方面的个性化程度都较低。然而如前文 6.1 节所述，调查显示现今用户旅游的主题偏好和目的非常多样化，因此，统一化的信息组织方式显然不适合目前的网络旅游信息服务平台。在泛在网络环境下，信息分享的便利性会使得用户在旅行的前期准备阶段与行程中更多地依赖于网络旅游信息服务平台，为了提高用户的信息获取效果和用户体验，应完善现有的信息组织方式，特别是提升网络信息服务平台信息组织的个性化程度。具体而言，在类目设置方面，可将用户根据标注的标签和提问关键词进行分类，为不同类用户提供不同的检索入口，在不同入口中设置不同的类目体系架构。在信息排序方面可为用户提供多种排序方式供用户选择，一方面可将信息内容细化为多个类别，如将酒店或景点分为不同的主题类别，分类别再按照用户评分向用户提供排序；另一方面可将用户按照旅游偏好的不同划分为多个类别，向用户提供排序时只参考该类别中用户的评分情况。在信息推荐方面，除了应根据建立的用户模型将用户的检索结果进行过滤外，更重要的是，应根据用户的旅游偏好、同类用户的评分、不同的时间，按照用户喜好的方式向用户主动推荐用户可能感兴趣的信息。

6.5　案例分析结论

从前文案例分析可以发现，目前的信息服务平台中已出现将多种信息组织方式结合使用的信息组织模式，例如旅游信息服务平台已将自编分类法、关键词法、分众分类法结合使用，而且用户也有参与信息组织的意愿，如用户会在旅游信息服务平台中评价景点、酒店等，还会对某些信息资源添加标签标注信息。这说明本书所提出的泛在网络中的信息组织模式(详见本书5.2节)具有实现的基础和可行性。另一方面，从本章的案例分析可知，目前信息服务平台的信息组织模式具有标准化程度低、组织层次不高、动态性不足、个性化程度较差的缺点，而本书所提出的泛在网络中的信息组织模式从基本理念和特点上来说(详见本书第5章)，恰好可以弥补这些不足，有利于提升泛在网络中信息服务的层次和效果，因此本书所提出的泛在网络中的信息组织模式具有实现的必要性。

7 结　语

7.1　总结

随着各种信息技术、通信技术的发展与应用，互联网将与电信网、广电网等多种网络进行融合，形成无所不能、无所不在的泛在网络。泛在网络中的信息交流将超越人与人的交流界限，出现人与物、物与物的信息交流方式。因此，泛在网络中的信息资源不仅在数量上将大大增长，还将呈现出来源泛在、形式多样、数量无限、内容时效强、价值可增值等特点。然而，在泛在网络提升信息共享便利性的同时，信息资源数量急剧增长与用户获取量一定之间的矛盾将进一步凸显，若无有效的方法进行缓解与控制，信息过载问题将给用户带来诸多危害，影响用户对信息的吸收与利用。由于信息组织可以揭示信息间的关系，建立信息与人之间的关联，因此，采用科学的信息组织方式可有效的防控信息过载，在泛在网络中建立一个良好的信息环境，让用户能快速便捷地获取信息。

基于此，本书对泛在网络中的信息过载问题与信息组织模式构建问题展开了深入研究，分析了泛在网络中信息资源的基本情况，并在调研的基础上探究了泛在网络中信息过载的现象、危害及产生的原因，进而探讨了泛在网络中信息组织对信息过载的防控作用以及泛在网络中信息组织的机理，最后基于泛在网络中信息组织的机理，以用户为中心并遵循系统性、协同性、动态性、可扩展性等原则，通过移植并适用性的改造传统信息组织方式，建立了更适合于泛在网络信息资源的新型信息组织模式，继而在探讨该信息组织模式中信息描述标准设计与技术实现的基础上，本书还结合案例对该种信息组织模式的应用进行了深入分析。

具体而言，本书主要包括以下研究工作：

①本书在研究泛在网络发展现状、基本架构及其与互联网间关系的基础上，分析了泛在网络中信息资源的载体及属性，揭示了泛在网络中信息资源的

类型及特征，并探讨了泛在网络中信息资源的层次结构。

②针对泛在网络中信息过载将更加突出的问题，该次研究采用问卷调查的方式，深入研究了泛在网络中信息过载的现象、危害及原因，基于调研结论，本书从信息过载与信息组织间的关系出发，探讨了信息组织对信息过载的防控途径。

③本书在研究泛在网络中信息资源基本情况的基础上，分析了泛在网络中信息组织的特征和过程，并对常用的信息组织方式进行了比较研究，探讨了它们在泛在网络信息组织中的应用，进而从系统论的角度研究了泛在网络中信息组织的机制，着重分析了信息组织机制中的各组成要素及要素间的相互关系。

④本书以防控泛在网络中的信息过载问题为导向，分析了泛在网络中信息组织应遵循的目标与原则，基于对现有信息组织方式的应用与改进，探索性地构建了泛在网络中信息组织模式的宏观架构，并尝试性地设计了泛在网络信息组织中的信息描述标准，继而进一步研究了泛在网络中信息组织模式的技术实现问题及特点。

7.2　展望

泛在网络是一种正在建设中的、由多网融合而构成的无所不在的网络，各国相继将泛在网络建设提升至国家信息化战略的高度。目前国内外许多不同学科的研究人员从不同视角对泛在网络中的相关问题展开了研究，本书从信息资源管理的角度出发，针对泛在网络中信息快速增长所引发的信息过载问题，从用户的角度探讨了有效的信息组织模式对信息过载的防控作用，取得了一些较系统的研究成果，但是由于泛在网络发展迅速以及研究者自身知识的局限性，导致尚存在一些需进一步深入研究的问题：

①本次研究在研究信息过载问题时主要采用了问卷调查的方式，但是由于泛在网络尚处于建设与发展过程中，导致所设计问卷中的问题多集中于当前网络环境，具有一定的局限性。此外，该次研究中的调研采用的是非概率抽样方法，所采用的样本数量有限，会存在着一定偏差。这将是后续研究中需要不断深入研究的部分。

②本书所构建的泛在网络中信息组织的机制，所提出的信息组织机制中的各组成要素，包括对要素之间的关系分析，均是基于对泛在网络信息组织特征与过程的分析，研究具有一定的局限性，还有待于未来随着泛在网络的发展和用户需求的变化进一步修正与优化。

③本书所构建的泛在网络中信息组织模式的宏观架构与设计的泛在网络中的信息描述标准，只是一种新的探索，尽管进行了一定的理论基础、技术实现和案例研究，但并未经过实证检验，还有待于进一步的验证与完善，这也是后续研究的重点之一。

参 考 文 献

［1］新浪科技．苹果最新运营数据：iMessage 发送 3000 亿条信息［EB/OL］.
　　［2014-12-25］. http：//tech. sina. com. cn/it/2012-10-24/01187731403. shtml.

［2］第 35 次中国互联网络发展状况统计报告［R/OL］. ［2014-12-25］. http：//
　　www. cnnic. net. cn/hlwfzyj/hlwxzbg/hlwtjbg/201502/P020150203548852631921. pdf.

［3］艾瑞咨询．大数据行业应用展望报告［R/OL］. ［2014-12-25］. http：//
　　www. iresearch. com. cn/Report/2065. html.

［4］IDC 最新调研报告：2020 年的"数字宇宙"［EB/OL］. ［2014-12-25］.
　　http：//tech. ifeng. com/it/detail_2012_12/26/20554584_0. shtml.

［5］赵国栋等．大数据时代的历史机遇：产业变革与数据科学［M］. 北京：清
　　华大学出版社，2013(6)：21.

［6］赵伟．大数据在中国［M］. 南京：江苏文艺出版社，2014(6)：58.

［7］Noyes J M, Thomas P J. Information overload：an overview［C］. London：IEE
　　Colloquium on Information Overload, 1995：1-3.

［8］Eden B. The information age：economy, society and culture［J］. Cities, 1998,
　　48(2)：132-134.

［9］Eppler M J, Mengis J. A Framework for Information Overload Research in
　　Organization［J］. Inglese, 2003(9)：1-37.

［10］Bergamaschi S, Guerra F, Leiba B. Information Overload［J］. IEEE Computer
　　Society, 2010(11)：10-13.

［11］Jackson T W, Farzaneh P. Theory-based model of factors affecting information
　　overload［J］. International Journal of Information Management, 2012, 32(6)：
　　523-532.

［12］Sasaki Y, Kawai D, Kitamura S. The anatomy of tweet overload：How number
　　of tweets received, number of friends, and egocentric network density affect
　　perceived information overload［J］. Telematics & Informatics, 2015, 32(4)：

853-861.

[13]Swain M R, Haka S F. Effects of information load on capital budgeting decisions[J]. Behavioral Research in Accounting, 2000(12): 171-199.

[14]Baldacchino K, Armistead C, Parker D. Information overload: It's time to face the problem[J]. Management Services, 2002, 46(4): 18-19.

[15]Denning P J. Infoglut[J]. Communications of the ACM, 2006, 49(7): 15-19.

[16]Schoop M, Moor A D, Dietz J L G. The pragmatic web: A manifesto[J]. Communications of the ACM, 2006, 49(5): 75-76.

[17]Otterbacher J. "Helpfulness" in online communities: a measure of message quality[C]. Boston: Sigchi Conference on Human Factors in Computing Systems. ACM, 2009: 955-964.

[18]Sevinc G, D'Ambra J. The influence of Self-Esteem and Locus of Control on Perceived Email Overload[C]. Pretoria: European Conference on Information Systems Ecis 2010, 2010: 86.

[19]Denning P J. The Profession of IT, Managing Time[J]. Communications of the ACM, 2011, 54(3): 32-34.

[20]Chen C Y, Pedersen S, Murphy K L. The influence of perceived information overload on student participation and knowledge construction in computer-mediated communication[J]. Instructional Science, 2012, 40(2): 325-349.

[21]Pedro S A, Francisco J M C, Carolina L N, Ricardo C P. The effect of information overload and disorganisation on intention to purchase online[J]. Online Information Review, 2014, 38(4): 543-561.

[22]Peter M, Tolja K, Dirk S. Information Overload: A Systematic Literature Review[J]. Perspectives in Business Informatics Research, 2014, 194: 72-86.

[23]Ozgur T, Ramesh S. Development of a fisheye-based information search processing aid for managing information overload in the web environment[J]. Decision Support Systems, 2004, 37(3): 415-434.

[24]Lin C C. Optimal Web site reorganization considering information overload and search depth[J]. European Journal of Operational Research, 2006, 173(3): 839-848.

[25]Himanshu K S, Ambalika D K. Managing information overload for effective

decision making: an empirical study on managers of the south pacific[J]. A New School of Thought, 2006(3): 1-13.

[26]Simperl E, Thurlow I, Warren P, Dengler F. Overcoming information overload in the enterprise: The active approach[J]. IEEE Internet Computing, 2010, 14(6): 39-46.

[27]Hu S C, Chen I C. Alleviating information overload caused by volumes of numerical web data: the concept and development process[J]. IET Software, 2011, 5(5): 445-453.

[28]Whelan E, Teigland R. Transactive memory systems as a collective filter for mitigating information overload in digitally enabled organizational groups[J]. Information & Organization, 2013, 23(3): 177-197.

[29]Hernani C, Luis M. Emotion-Based Recommender System for Overcoming the Problem of Information Overload [J]. Communications in Computer & Information Science, 2013, 365: 178-189.

[30]Liu C L. Ontological subscription and blocking system that alleviates information overload in social blogs[J]. Knowledge-Based Systems, 2014, 63(6): 33-45.

[31]Memmi D. Information overload and virtual institutions [J]. Ai & Society, 2014, 29(1): 75-83.

[32]Gloria Y M K, Peng C C. A multi-source book review system for reducing information overload and accommodating individual styles [J]. Library Hi Tech, 2015, 33(3): 310-328.

[33]Inakage M, Tokuhisa S, Watanabe E, Yu U. Interaction Design for Ubiquitous Content[J]. The Art and Science of Interface and Interaction Design, 2008, 141: 105-113.

[34]Cui Y, Kim M, Gu Y, Jung J J, Lee H. Home Appliance Management System for Monitoring Digitized Devices Using Cloud Computing Technology in Ubiquitous Sensor Network Environment [J]. International Journal of Distributed Sensor Networks, 2014(1): 1-10.

[35]Lee C S, Lee G M, Rhee W W. Smart Ubiquitous Networks for future telecommunication environments[J]. Computer Standards & Interfaces, 2014, 36(2): 412-422.

[36]Takao Takenouchi, Naoyuki Okamoto, Takahiro Kawamura, Akihiko Ohsuga,

Mamoru Maekawa. Development of Knowledge-Filtering Agent along with User Context in Ubiquitous Environment[J]. Systems and Computers in Japan, 2007, 38(8): 11-19.

[37]Xiaogang Han, Zhiqi Shen, Chunyan Miao, Xudong Luo. Folksonomy-Based Ontological User Interest Profile Modeling and Its Application in Personalized Search[J]. Active Media Technology, 2010, 6335: 34-46.

[38]Sheng-Yuan Yang. OntoIAS: An ontology-supported information agent shell for ubiquitous services[C]. International Symposium on Computer Communication Control and Automation. IEEE, 2010, 1(6): 142-145.

[39]Jan P. A. M. Jacobs, Pieter W. Otter, Ard H. J. den Reijer. Information, data dimension and factor structure[J]. Journal of Multivariate Analysis, 2012, 106(1): 80-91.

[40]Lin Shi, Feiyu Lin, Tianchu Yang, Jun Qi, Wei Ma, Shoukun Xu. Context-based Ontology-driven Recommendation Strategies for Tourism in Ubiquitous Computing[J]. Wireless Personal Communications, 2014, 76(4): 731-745.

[41]V. Phan-Luong. A framework for integrating information sources under lattice structure[J]. Information Fusiong, 2008, 9(2): 278-292.

[42]Chen H, Jin Q. Ubiquitous Personal Study: a framework for supporting information access and sharing[J]. Personal & Ubiquitous Computing, 2009, 13(7): 539-548.

[43]Chen H, Zhou X K, Jin Q. Socialized ubiquitous personal study: Toward an individualized information portal[J]. Journal of Computer and System Sciences, 2012, 78(6): 1775-1792.

[44]Pang L Y, Zhong R Y, Huang G Q. Data-source interoperability service for heterogeneous information integration in Ubiquitous enterprises[J]. Advanced Engineering Informatics, 2015, 29(3): 549-561.

[45]陈小娓. 谈连续出版物的信息超载问题[J]. 情报探索, 1994, 49(2): 8-9.

[46]顾犇. 信息过载问题及其研究[J]. 中国图书馆学报, 2000, 26(5): 42-45, 76.

[47]周玲. 信息超载综述[J]. 图书情报工作, 2001(11): 33-35.

[48]曾晓牧, 孙平. 信息超载与图书馆的应对方案[J]. 图书情报工作, 2004, 48(6): 106-109.

[49]洪跃，赵霞琦．特色数据库建设和信息超载的悖论研究及解决方案[J]．图书情报工作，2006，50(3)：37-39，122.

[50]余向前．网络环境下用户信息超载问题及对策[J]．图书馆学研究，2008(1)：9-12.

[51]李江天，徐岚．信息搜寻中感知信息超载的实证研究[J]．武汉理工大学学报，2008，30(5)：724-728.

[52]梁劳慧．信息焦虑与信息超载下的图书馆作用分析[J]．图书馆学研究，2011(1)：27-29，68.

[53]贺青，钟方虎，于丽，陈炎琰．信息过载对信息用户的影响及对策[J]．医学信息学杂志，2010，31(5)：41-43，47.

[54]罗玲．信息时代的信息超载影响及对策[J]．现代情报，2011，31(6)：36-38.

[55]张念照．信息过载环境下网络消费者购买意愿形成过程研究[D]．北京邮电大学硕士论文，2013.

[56]廖建国．信息超载时代的用户信息素养[J]．编辑之友，2015(6)：59-62.

[57]徐婷婷．信息过载对人们使用新媒体行为的影响[J]．新闻研究导刊，2016，7(10)：107.

[58]于文莲．网络环境下的信息过载研究[J]．农业图书情报学刊，2008，20(11)：51-54.

[59]周蕊．网络时代信息超载解决方法初探[J]．工会论坛，2011，17(5)：76-77.

[60]曾云华，江伟．基于Lib 2.0的图书信息过载解决方案[J]．图书馆，2012(3)：117-118，125.

[61]过宇平．信息超载与图书馆员之角色转变[J]．农业图书情报学刊，2013，25(9)：192-195.

[62]王又然．社交网络站点社群信息过载的影响因素研究——加权小世界网络视角的分析[J]．情报科学，2015，33(9)：76-80.

[63]张平，纪阳，冯志勇．移动泛在网络环境1[J]．中兴通讯技术，2007，13(1)：58-62.

[64]张平，纪阳，李亦农．移动泛在网络环境2[J]．中兴通讯技术，2007，13(2)：55-60.

[65]张平，纪阳，李亦农．移动泛在网络环境3[J]．中兴通讯技术，2007，13(3)：44-46，55.

[66]蒋青，贺正娟，唐伦．泛在网络关键技术及发展展望[J]．通信技术，2008，41(12)：181-182，185．

[67]古丽萍．泛在网络及 U-China 战略(上)[J]．中国无线电，2009(9)：24-26．

[68]古丽萍．泛在网络及 U-China 战略(下)[J]．中国无线电，2009(10)：12-14．

[69]毕强，韩毅．泛在知识环境下数字图书馆知识空间构建研究[J]．情报科学，2008，26(7)：971-977．

[70]蒋楠．泛在环境下政府网站信息资源组织与整合研究[J]．江西农业学报，2011，23(10)：186-190．

[71]欧阳剑．泛在信息环境下图书馆信息资源组织探讨[J]．图书情报工作，2011，55(19)：68-72，124．

[72]罗彩红，原艳丽．泛在知识环境下的图书馆信息资源组织与服务探讨[J]．四川图书馆学报，2011(2)：9-11．

[73]毕荣，范华．泛在环境下图书馆信息资源组织特征趋势研究[J]．四川图书馆学报，2013(4)：34-36．

[74]姜永常．泛在知识环境与数字图书馆的危机管理[J]．图书情报知识，2009(4)：109-117．

[75]王娜．泛在环境下基于用户协作的信息组织机理研究[J]．图书情报工作，2010，54(14)：97-101．

[76]欧阳剑．泛在信息环境下图书馆信息资源组织构建研究[J]．图书情报工作，2011，55(5)：28-31，99．

[77]曹高辉，王学东，夏谦，谢辉．泛在信息环境下的学科知识地图构建研究[J]．情报科学，2014，32(5)：7-11．

[78]许春漫．泛在知识环境下知识元的构建与检索[J]．情报理论与实践，2014，37(2)：107-111．

[79]廖黎莉，孙逊，薛备钟，顾顺意．基于学习情境的泛在学习资源个性化推荐关键技术研究[J]．软件导刊，2016，15(6)：76-78．

[80]乐小虬，管仲，袁国华，李宇．嵌入式泛在个人知识服务模型研究[J]．现代图书情报技术，2009(12)：37-41．

[81]李霞．泛在计算环境下个性化资源推荐系统设计研究[J]．软件导刊，2012，11(11)：22-23．

[82]苏雪．一种泛在学习平台中个性化内容推荐机制[J]．深圳职业技术学院

学报，2012（1）：8-14.

[83]杨现民．泛在学习资源动态语义聚合研究[J]．电化教育研究，2014（2）：68-73.

[84]张安磊．泛在移动环境特色数字资源个性化推送系统研究[D]．贵州财经大学硕士学位论文，2014.

[85]张秀玉．移动终端泛在情境适应的网络音乐推送研究[J]．计算机科学，2015，42（6A）：503-509.

[86]冯婧禹．泛在学习环境下学习资源推荐系统的研究与设计[D]．北京交通大学硕士学位论文，2015.

[87]刘军伟．钢铁工业泛在信息匹配推送服务体系及其实现方法研究[D]．武汉科技大学博士学位论文，2015.

[88]Recommendation ITU-T Y. 2002. Overview of ubiquitous networking and of its support in NGN. [EB/OL]. [2014-12-20]. http：//www. itu. int/rec/T-REC-Y. 2002/en.

[89]International Telecommunication Union. Ubiquitous network societies：the case of Japan. [EB/OL]. [2014-12-20]. http：//www. itu. int/osg/spu/ni/ubiqui-tous/Papers/UNSJapanCaseStudy. pdf.

[90]International Telecommunication Union. Ubiquitous network societies：the case of Korea. [EB/OL]. [2014-12-20]. http：//www. itu. int/osg/spu/ni/ubiquitous/Papers/UNSKoreacasestudy. pdf.

[91]中国通信标准化协会．泛在网是"感知中国"的基础设施．[EB/OL]．[2014-12-20]．http：//www. ccsa. org. cn/worknews/content. php3？id=2486.

[92]徐安士，李正斌．未来的网络——泛在网．全国未来通信科技与产业发展战略高级研讨会论文集[C]．万方，2005.

[93]文浩．无处不在的终极网络——泛在网[J]．射频世界，2010（1）：44-47.

[94]胡海波．泛在网络环境下的政府信息服务[J]．情报资料工作，2011（3）：83-87.

[95]Masayoshi Ohashi. Ubiquitous Network-Next Generation Context Aware Network [EB/OL]. [2014-12-22]. http：//www. pdfio. com/k-2521016. html.

[96]于凤霞．i-Japan 战略 2015[J]．中国信息化，2014（7）：13-23.

[97]王玮．建立 21 世纪无所不在的网络社会——浅谈日本 U-Japan 及韩国 U-

Korea 战略[J]. 信息网络, 2005(7): 1-4, 8.

[98]Minho Kang. IT 839 Strategy: A Korean Information Technology Development Strategy[J]. Communications Magazine, 2006, 44(4): 32.

[99]古丽萍. 面对泛在网络发展的思考[J]. 现代电信科技, 2009(8): 65-69.

[100]Living the iN2015 vision [EB/OL]. [2014-12-22]. http://www.ida.gov.sg/~/media/Files/Infocomm% 20Landscape/iN2015/IDAInfographi. pdf.

[101]王仲成, 官秀玲. "U-Taiwan 计划"及其出台的原因分析[J]. 全球科技经济瞭望, 2008, 23(7): 39-42.

[102]张学记等著. 智慧城市: 物联网体系架构及应用[M]. 北京: 电子工业出版社, 2014: 136.

[103]信息化司. iN2010——欧洲信息社会: 促进经济增长和就业 [EB/OL]. [2014-12-22]. http://www.miit.gov.cn/n11293472/n11293832/n12843986/12853534. html.

[104]北京邮电大学. 泛在网络发展研究及标准化建议[EB/OL]. [2014-12-22]. http://wenku.baidu.com/view/50225ac2d5bbfd0a795673e3. html.

[105]法国提出"2012 数字法国"计划 应对金融风暴[EB/OL]. [2014-12-22]. http://tech.qq.com/a/20081109/000035. htm.

[106]法国发布《数字法国 2020》[EB/OL]. [2014-12-22]. http://intl.ce.cn/specials/zxgjzh/201112/29/t20111229_22958873. shtml.

[107]数字英国计划制定五大目标[EB/OL]. [2014-12-22]. http://www.e-mgn.com/News/T-10337.

[108]物联网[EB/OL]. [2014-12-22]. http://news.xinhuanet.com/ziliao/2009-12/28/content_12717347. htm.

[109]周洪波, 胡海峰, 邵晓风. M2M 产业——"两化"融合的核心推动力[J]. 中国制造业信息化, 2009, 38(11): 23-27, 31.

[110]中国电子信息产业发展研究院, 赛迪顾问股份有限公司著, 中国物联网产业发展及应用实践[M]. 北京: 电子工业出版社, 2013: 9.

[111]张琪编著. 探索中国物联网之路[M]. 北京: 电子工业出版社, 2012: 195.

[112]国家中长期科学和技术发展规划纲要(2006-2020 年)[EB/OL]. [2014-12-23]. http://www.gov.cn/jrzg/2006-02/09/content_183787. htm.

[113]信息产业科技发展"十一五"计划和 2020 年中长期规划纲要[EB/

OL］．［2014-12-23］．http：//www. cnii. com. cn/20060808/ca369689. htm.

［114］国务院关于加快培养和发展战略性新兴产业的决定［EB/OL］．［2014-12-23］．http：//www. gov. cn/zwgk/2010-10/18/content_1724848. htm.

［115］物 联 网 "十 二 五" 发 展 规 划 ［EB/OL］．［2014-12-23］．http：//kjs. miit. gov. cn/n11293472/n11295040/n11478867/14344522. html.

［116］国务院关于推进物联网有序健康发展的指导意见［EB/OL］．［2014-12-23］．http：//www. gov. cn/zwgk/2013-02/17/content_2333141. htm.

［117］黄怡，崔春风．移动泛在网络的发展趋势［J］．中兴通讯技术，2007，13（4）：1-4.

［118］张平，纪阳，冯志勇．移动泛在网络环境1［J］．中兴通讯技术，2007，13（1）：58-62.

［119］张学记等著．智慧城市：物联网体系架构及应用［M］．北京：电子工业出版社，2014：136.

［120］Recommendation ITU-T Y. 2221. Requirements for support of ubiquitous sensor network（USN）applications and services in the NGN environment.［EB/OL］．［2014-12-26］．http：//www. itu. int/rec/T-REC-Y. 2221/en.

［121］刘文等编著．资源价格［M］．北京：商务印书馆，1996.

［122］潘玉田．从接受过程看文献信息的自在、自为与再生［J］．图书情报知识，1990（2）：19-20.

［123］董珍时，余丰民．钟义信的信息概念三层次观点对高校图书馆信息资源建设的启示［J］．情报探索，2011（9）：72-74.

［124］王娜．泛在网络中信息资源的层次结构与价值增值机理研究［J］．情报理论与实践，2013，36（10）：31-35.

［125］王娜，陈会敏．泛在网络中信息过载危害及原因的调查分析［J］．情报理论与实践，2014，37（11）：20-25.

［126］王娜，梁艳平．微博刷屏与其对用户获取信息效果影响的调查研究［J］．图书馆学研究，2015（17）：85-94.

［127］A. G. Schick，L. A. Gordon，S. Haka. Information overload：A Temporal Approach［J］．Accounting，Organization and Society，1990，15（3）：199-120.

［128］David Bawden，Clive Holtham，Nigel Courtney. Perspectives on information overload［J］．Aslib Proceedings，1999，51（8）：249.

［129］A. Edmunds，A. Morris. The problem of information overload in business organisations: a review of the literature [J]. International Journal of Information Management, 2000, 20(1): 17-28.

[130] C-Y Chen, S. Pedersen, K. L. Murphy. The influence of perceived information overload on student participation and knowledge construction in computer-mediated communication[J]. Instruction Science, 2012, 40(2): 325-349.

[131] 李书宁. 互联网信息环境中信息超载问题研究[J]. 情报科学, 2005, 23 (10): 1587-1590.

[132] 蔺丰奇, 刘益. 网络化信息环境中信息过载问题研究综述[J]. 情报资料工作, 2007(3): 36-41.

[133] 余向前. 网络环境下用户信息超载问题及对策[J]. 图书馆学研究, 2008 (1): 9-12.

[134] 李国垒, 陈先来. 潜在语义分析在关键词——叙词对照系统构建中的应用[J]. 情报理论与实践, 2014, 37(4): 127-133.

[135] Staab, S. Studer, R. Schnurr, H. P. Knowledge processes and ontologies[J]. Intelligent Systems, 2001, 16(1): 1-24.

[136] 王娜, 李昱瑶. 泛在网络中信息组织方式的比较与模型构建研究[J]. 图书馆学研究, 2015(12): 31-39.

[137] CNKI 中国工具书网络出版总库. 机制[EB/OL]. [2015-12-28]. http://gongjushu.cnki.net/refbook/detail.aspx? db = crfd&RECID = R2006072820052353.

[138] 叶继元主编. 信息组织(第2版)[M]. 北京: 电子工业出版社, 2015 (3): 3.

[139] 张明盛. 网络信息组织标准现状、应用技术与展望[J]. 信息技术与标准化, 2003(11): 11-15.

[140] 杨雨霖. 我国图情档领域信息组织标准发展现状研究[J]. 图书馆学研究, 2014(11): 63-66.

[141] 刘炜, 夏翠娟, 张春景. 大数据与关联数据: 正在到来的数据技术革命[J]. 现代图书情报技术, 2013(4): 2-9.

[142] 何腾. 浅谈云存储技术及应用. 第29届中国(天津)IT、网络、信息技术、电子、仪器仪表创新学术会议, 2015: 79-82.

[143] Golder S, Huberman B A. Usage patterns of collaborative Tagging systems [J]. Journal of Information Science, 2006, 32(2): 198-208.

[144] 王娜, 马云飞. 网络环境下大众标注行为动机的调查与分析[J]. 图书情

报工作，2013，57(23)：100-107.

[145]梁孟华.基于用户交互的数字图书馆服务评价模型构建与实证检验[J].
图书情报工作，2012，56(7)：72-78.

[146]梁孟华.图书馆知识信息服务综合评价指标体系的构建及其校验研
究[J].图书情报工作，2012，56(1)：73-77.

[147]夏立新，孙丹霞，王忠义.网络环境下数字图书馆知识服务用户满意度
评价指标体系构建[J].图书馆杂志，2015，34(3)：27-34.

[148]王娜，童雅璐.网络知识服务平台用户反馈体系的构建[J].图书情报工
作，2016，60(3)：90-98.

[149]王松林主编.资源组织[M].北京：国家图书馆出版社，2014(8)：106.

[150]鞠英杰主编.信息描述[M].合肥：合肥工业大学出版社，2010(12)：
220.

[151]谢毅，高宏伟，范朝东，杨望仙.NoSQL非关系型数据库综述[J].先进
技术研究通报，2010，4(8)：46-48.

[152]William H. Inmon.数据仓库[M].北京：机械工业出版社，2006：20.

[153]李於洪主编.数据仓库与数据挖掘导论[M].北京：经济科学出版社，
2012：26.

[154]孟玲玲.基于WordNet的语义相似性度量及其在查询推荐中的应用研
究[D].华东师范大学博士学位论文，2014.

[155]殷(Yin, R.)(美)著；周海涛，李永贤，李虔译.案例研究：设计与方
法(第四版)[M].重庆：重庆大学出版社，2014(7)：15.

[156]携程旅行网.2015中国游客旅游度假意愿报告[EB/OL].[2016-5-20].
http：//www.199it.com/archives/345791.html.

[157]马蜂窝.全球自由行报告2015[EB/OL].[2016-5-20].http：//
www.mafengwo.cn/gonglve/zt-735.html.

[158]MDG Advertising.旅行者如何使用社会媒体[EB/OL].[2016-5-20].
http：//www.199it.com/archives/64678.html.

[159]马蜂窝.全球自由行报告2015[EB/OL].[2016-5-20].http：//
www.mafengwo.cn/gonglve/zt-735.html.

[160]马蜂窝.自由行用户行为分析报告(2014-2015)[EB/OL].[2016-5-22].
http：//www.mafengwo.cn/gonglve/zt-678.html.

[161]马蜂窝.全球自由行报告2015[EB/OL].[2016-5-20].http：//
www.mafengwo.cn/gonglve/zt-735.html.

［162］中国旅游研究院，携程．2016 年"五一"旅游报告与人气排行榜［EB/OL］．［2015-5-22］. http：//www. 199it. com/archives/469886. html.

［163］中国互联网统计中心．2014 年中国在线旅行预订市场研究报告［EB/OL］．［2015-5-22］. http：//www. cnnic. cn/hlwfzyj/hlwxzbg/201507/P020150715651604925304. pdf.

［164］马蜂窝．自由行用户行为分析报告（2014-2015）［EB/OL］．［2016-5-22］. http：//www. mafengwo. cn/gonglve/zt-678. html.

［165］《中国旅游发展报告》：携程成为中国旅游领跑者［EB/OL］．［2016-5-26］. http：//pages. ctrip. com/marketing/news. htm? file＝2016053102.

［166］易观智库，百度旅游，百度大数据．2015 中国自由行市场研究报告［EB/OL］．［2015-5-22］. http：//www. 199it. com/archives/427912. html.

附　　录

附录1　关于泛在网络中信息过载情况的调查问卷

您好，首先非常感谢您抽出宝贵的时间来填写这份调查问卷。我们正在进行一项关于目前网络和未来泛在网络中信息过载现象的调查，目的是为了了解网络环境中信息过载的现状及危害，并对此进行分析，提出解决未来泛在网络中信息过载问题的对策。此次调查不用登记姓名，您所提供的资料仅用于科研，不用于其他用途，希望您在百忙之中能认真填写表格，对您的资料我们将严格保密。再次感谢您！（注：多选题可多选可单选，若有其他选项请在后面横线上填写您的看法。）

名词解释：

泛在网络：也就是人置身于无所不在的网络之中，实现在任何时间、地点，使用任何网络进行人与人、人与物、物与物的信息交换，是当今社会发展的大趋势。Wi-Fi、3G、ADSL、FTTH、电子标签、无线射频等技术都是组成"无处不在网络"的重要技术。

一、被调查者基本资料

1. 您的性别？（　　　）

　A. 男　　B. 女

2. 您的年龄？（　　　）

　A. 18 岁以下　　　　　　　B. 18~30 岁

　C. 30~50 岁　　　　　　　D. 50 岁以上

3. 您的学历？（　　　）

　A. 专科以下　　　　　　　B. 专科　　　　　　　C. 本科

　D. 研究生　　　　　　　　E. 研究生以上学历

二、泛在网络中的信息过载现象

1. 泛在网的巨大效能和对人类生活的深刻影响正是依赖于网络应用所体现的信息数量增益,您认为现实生活中的网络信息量?(　　)

　　A. 信息量适中　　　　　B. 信息量较小　　　　C. 信息量较大

2. 在泛在网的支撑下,现在的网络日益强大,信息具有多样化的特征,您认为在网络上查找信息时,效果如何?(　　)

　　A. 帮助较大

　　B. 有一些帮助

　　C. 没有帮助甚至会影响工作效率

3. 泛在网络的使用,使得人们可以随时随地在网络上发布信息,您认为网络上信息的真实度怎样?(　　)

　　A. 都可信

　　B. 大多可信

　　C. 一小部分可信

　　D. 不可信

4. 由于泛在网络的发展,3G 手机、上网卡等的使用也更加频繁,人们获取信息就更加便利和多途径,您每天要处理和浏览网络上的信息要(　　)小时。

　　A. 少于 1 个小时　　　　　B. 1~2 小时

　　C. 2~4 小时　　　　　　　D. 4 小时以上

5. 当您需要查找某种信息时,您能在网络上(　　)

　　A. 迅速找到有帮助的信息

　　B. 找到大量但很多无关的信息

　　C. 找到大量但重复的信息

　　D. 找不到相关信息

6. 对于网络上的众多信息,您的做法是?(　　)

　　A. 一一查看　　　　　B. 大略浏览　　　　C. 置之不理

7. 泛在网络旨在实现在任何时间、地点,使用任何网络进行人与人、人与物、物与物的信息交换,您对此的态度是?(不定项选择)(　　　　)

　　A. 人们获取信息更加方便,生活、学习、工作更加便利

　　B. 是对传统信息获取方式(书刊、杂志、报纸等)的一种冲击,不利于这些行业的发展

    C. 网络上的信息更加良莠不齐，对未成年人，甚至成人都可能产生一些负面影响

    D. 人们浪费在网络上无用信息的时间增多，而很少去亲身体验、思考，不利于个人创新

8. 您认为网络上的信息对您的帮助没有达到预期效果的主要原因是？（多选）（　　　　　）

    A. 个人目标不明确

    B. 信息量过大不能充分吸收

    C. 自己处理信息能力较弱

    D. 信息质量差，垃圾信息较多

9. 随着网络技术的进步，泛在网络的应用，越来越多的"物品"需要进入信息网络内部进行通信，对此您的看法是？（　　　）

    A. 是社会进步的表现，不会有什么负面影响

    B. 网络上的信息将会更多，不便于管理

    C. 网络上的许多信息将会变得更加不相关，会产生焦虑，增加了查找有用信息的难度

    D. 其他_____

10. 在泛在信息社会中，社会生活面貌焕然一新，人们的生活方式将发生巨大变化，信息成为生活必需品且每个人都能够利用信息创造新价值，对此您的观点是？（　　　）

    A. 大量出现的信息会让人产生压力

    B. 人们获取信息途径增多

    C. 人们可以真正成为网络世界的主人

    D. 一些人只为利益而忽视了信息质量，不知道去哪获取有价值的信息

11. 您认为网络上出现的大量信息用哪些词形容更为贴切？（多选）（　　　）

    A. 资源　　　　　　　　B. 财富　　　　　　　　C. 污染

    D. 糟粕　　　　　　　　E. 其他_____

12. 泛在网络已经被公认为是信息通信网络演进的方向，您认为网络上大量信息的出现还会对您造成什么影响？

_____

附录2　微博刷屏与用户获取信息效果的调查问卷

您好，首先非常感谢您抽出宝贵的时间来填写这份调查问卷。我们正在进行一项关于微博刷屏与用户使用的调查，目的是为了了解微博刷屏的现状，并对此进行分析，从而研究此现象对用户获取信息的影响及其所造成的信息过载情况。此次调查不用登记姓名，您所提供的资料仅用于科研，不用于其它用途，希望您在百忙之中能认真填写表格，对您的资料我们将严格保密。此次调查将占用您的一些时间。

为此，我们向您致以诚挚的谢意！（注：多选题可多选可单选）

第一部分：微博用户使用情况

1. 您的性别是(　　　)
   A. 男　　　　B. 女
2. 您的学历(　　　)
   A. 高中及以下　　　　　B. 大专或本科　　　　C. 本科以上
3. 您的职业是(　　　)
   A. 学生　　　　　　　　B. 教师或医生　　　　C. 政府工作人员
   D. 一般企业白领　　　　E. 生产制造类员工
   F. 自由职业者　　　　　G. 其他
4. 您使用微博的目的是
   (1)通过浏览微博获取信息(　　　)
   A. 非常同意　　　　　　B. 同意　　　　　　　C. 不确定
   D. 不同意　　　　　　　E. 非常不同意
   (2)通过微博发布消息(　　　)
   A. 非常同意　　　　　　B. 同意　　　　　　　C. 不确定
   D. 不同意　　　　　　　E. 非常不同意
   (3)通过微博互动发展或巩固人际关系(　　　)
   A. 非常同意　　　　　　B. 同意　　　　　　　C. 不确定
   D. 不同意　　　　　　　E. 非常不同意
   (4)从众心理。别人都在用，我不用的话就 out 了(　　　)
   A. 非常同意　　　　　　B. 同意　　　　　　　C. 不确定
   D. 不同意　　　　　　　E. 非常不同意

（5）打发时间（　　　）

　　A. 非常同意　　　　　　　B. 同意　　　　　　　C. 不确定

　　D. 不同意　　　　　　　　E. 非常不同意

（6）其他＿＿＿＿＿＿＿＿＿＿

5. 您一般每天花费多少时间使用微博（　　　）

　　A. 1h 以内　　　　　　　　B. 1~2h

　　C. 2~4h　　　　　　　　　D. 4h 以上

6. 通过使用微博，您获取了哪些方面的信息（多选）（　　　　　）

　　A. 政治　　　　　　　　　B. 科教　　　　　　　C. 生活

　　D. 娱乐　　　　　　　　　E. 体育　　　　　　　F. 健康

　　G. 广告　　　　　　　　　H. 其他

第二部分：微博刷屏现状

7. 您觉得微博刷屏的现象普遍吗（　　　）

　　A. 从未　　　　　　　　　B. 偶尔

　　C. 经常　　　　　　　　　D. 总是

8. 您见过的刷屏率是（刷屏率＝浏览到的无用信息量/总浏览量（条））（　　　　）

　　A. 0　　　　　　　　　　　B. 0~5%　　　　　　　C. 5%~10%

　　D. 10%~20%　　　　　　　E. 20%以上

9. 您平常所见的"刷屏"现象一般出现在哪些方面的信息（多选）（　　　　）

　　A. 政治　　　　　　　　　B. 科教　　　　　　　C. 生活

　　D. 娱乐　　　　　　　　　E. 体育　　　　　　　F. 健康

　　G. 广告　　　　　　　　　H. 垃圾信息

　　I. 其他

第三部分：用户对微博刷屏的反应

10. 您会以"刷屏"的方式发送大量没有意义的信息吗（　　　）

　　A. 从未　　　　　　　　　B. 偶尔

　　C. 经常　　　　　　　　　D. 总是

11. 面对刷屏，您采取以下措施

（1）将关注对象分组（　　　）

　　A. 非常同意　　　　　　　B. 同意　　　　　　　C. 不确定

　　D. 不同意　　　　　　　　E. 非常不同意

（2）取消某些关注对象（　　　）

    A. 非常同意　　　　　　　　B. 同意　　　　　　　C. 不确定

    D. 不同意　　　　　　　　E. 非常不同意

（3）举报某些刷屏关注（　　　）

    A. 非常同意　　　　　　　　B. 同意　　　　　　　C. 不确定

    D. 不同意　　　　　　　　E. 非常不同意

（4）以相同的方式进行"刷屏"（　　　）

    A. 非常同意　　　　　　　　B. 同意　　　　　　　C. 不确定

    D. 不同意　　　　　　　　E. 非常不同意

（5）不作处理，随遇而安（　　　）

    A. 非常同意　　　　　　　　B. 同意　　　　　　　C. 不确定

    D. 不同意　　　　　　　　E. 非常不同意

（6）不再使用微博（　　　）

    A. 非常同意　　　　　　　　B. 同意　　　　　　　C. 不确定

    D. 不同意　　　　　　　　E. 非常不同意

（7）其他_____

第四部分：微博刷屏的影响

12. 您觉得微博刷屏现象对您有什么影响吗

（1）有效信息的接收率降低（　　　）

    A. 非常同意　　　　　　　　B. 同意　　　　　　　C. 不确定

    D. 不同意　　　　　　　　E. 非常不同意

（2）信息种类下降（　　　）

    A. 非常同意　　　　　　　　B. 同意　　　　　　　C. 不确定

    D. 不同意　　　　　　　　E. 非常不同意

（3）信息质量下降（　　　）

    A. 非常同意　　　　　　　　B. 同意　　　　　　　C. 不确定

    D. 不同意　　　　　　　　E. 非常不同意

（4）学习和工作效率降低（　　　）

    A. 非常同意　　　　　　　　B. 同意　　　　　　　C. 不确定

    D. 不同意　　　　　　　　E. 非常不同意

（5）获取有效信息的成本增加（　　　）

    A. 非常同意　　　　　　　　B. 同意　　　　　　　C. 不确定

　　　D. 不同意　　　　　　　　E. 非常不同意

（6）自我诉求得到满足（　　　）

　　　A. 非常同意　　　　　　　B. 同意　　　　　　　C. 不确定

　　　D. 不同意　　　　　　　　E. 非常不同意

（7）提高对某信息的关注度（　　　）

　　　A. 非常同意　　　　　　　B. 同意　　　　　　　C. 不确定

　　　D. 不同意　　　　　　　　E. 非常不同意

（8）其他＿＿＿＿＿＿＿＿＿＿＿

13. 您认为"微博刷屏导致了信息过载"（　　　）

　　　A. 非常同意　　　　　　　B. 同意　　　　　　　C. 不确定

　　　D. 不同意　　　　　　　　E. 非常不同意

第五部分：微博刷屏的原因

14. 您觉得造成微博刷屏现象的原因是

（1）关注对象相似度比较高（　　　）

　　　A. 非常同意　　　　　　　B. 同意　　　　　　　C. 不确定

　　　D. 不同意　　　　　　　　E. 非常不同意

（2）某些关注对象的主观行为（　　　）

　　　A. 非常同意　　　　　　　B. 同意　　　　　　　C. 不确定

　　　D. 不同意　　　　　　　　E. 非常不同意

（3）信息涉及范围相对广泛，被多方面引用（　　　）

　　　A. 非常同意　　　　　　　B. 同意　　　　　　　C. 不确定

　　　D. 不同意　　　　　　　　E. 非常不同意

（4）言论发表过于自由且容易操作（　　　）

　　　A. 非常同意　　　　　　　B. 同意　　　　　　　C. 不确定

　　　D. 不同意　　　　　　　　E. 非常不同意

（5）未将关注对象分组（　　　）

　　　A. 非常同意　　　　　　　B. 同意　　　　　　　C. 不确定

　　　D. 不同意　　　　　　　　E. 非常不同意

（6）各种广告无孔不入（　　　）

　　　A. 非常同意　　　　　　　B. 同意　　　　　　　C. 不确定

　　　D. 不同意　　　　　　　　E. 非常不同意

（7）其他＿＿＿＿＿＿＿＿＿＿＿

15. 您认为微博刷屏从哪些方面导致了信息过载(多选)(　　)
    A. 微博中的信息量大大高于用户所需要的信息量
    B. 用户对信息反应的速度远远低于信息传播的速度
    C. 大量无关的、没用的、冗余的信息严重干扰了用户对相关有用信息的准确性 的选择
    D. 其他＿＿＿＿＿＿＿＿＿＿＿＿

附录3　网络环境下大众标注行为调查问卷

您好,首先非常感谢您抽出宝贵的时间来填写这份调查问卷。我们正在进行一项关于网络环境下大众标注行为的调查,目的是为了了解网络环境下大众标注行为的动机和影响因素,并对此进行分析,从而研究泛在网络中的信息组织机制。此次调查不用登记姓名,您所提供的资料仅用于科研,不用于其它用途,希望您在百忙之中能认真填写表格,对您的资料我们将严格保密。此次调查将占用您的一些时间,为此,我们向您致以诚挚的谢意!(注:多选题可多选可单选)

第一部分:基本信息

1. 您的性别(　　)
    A. 男　　　　　　　　　　B. 女
2. 您的年龄(　　)
    A. 10~20 岁　　　　　B. 20~25 岁　　　　C. 25~30 岁
    D. 30~40 岁　　　　　E. 40~50 岁　　　　F. 50 岁以上
3. 您的学历?(　　)
    A. 初中　　　　　　　　B. 高中　　　　　　C. 本科
    D. 研究生　　　　　　　E. 博士生
4. 您有过下列标注行为吗?(多选)(　　)
    A. 在 qq 上添加标签让其他人更了解自己
    B. 在博客(或日志)中添加标签管理自己写的文章
    C. 在网店上买完东西,添加一个标签供其他人参考
    D. 在豆瓣等网站上添加标签,以便找到兴趣相同的群组
    E. 添加标签,使别人能检索到分享自己的资源
    F. 发现一个对自己很重要的页面,添加到收藏夹

G. 在网站中，通过 Tag 找到自己想要的资源，同时也去发现与自己志
同道合的朋友

5. 如果上述标注行为您都没有进行过，那么(　　　)

A. 我进行过其他标注行为

B. 我从未进行过任何标注行为

6. 如果您从未进行过标注，那么(　　　)

A. 我曾有过标注动机，但因为某种原因没有进行标注

B. 我没有过标注的动机，从而也就没有进行过任何标注

7. 您了解标注吗？(　　　)

A. 很了解　　　　　　　　B. 比较了解

C. 知道　　　　　　　　　D. 完全不知道

8. 在使用互联网时您经常使用标签吗？(　　　)

A. 每天都在使用　　　　B. 经常使用　　　　C. 不确定

D. 偶尔使用　　　　　　E. 从来不用

9. 如果一个资源跟您只有一面之缘，估计以后再也不会再看到，但您又
觉得它的标签不太好，您会对它的标签进行修改吗？(　　　)

A. 一定会的　　　　　　B. 会的　　　　　　C. 不确定

D. 不会　　　　　　　　E. 一定不会

10. 您有没有过特别渴望进行标注的时候？(　　　)

A. 经常有　　　　　　　B. 偶尔有　　　　　　C. 不确定

D. 很少有　　　　　　　E. 从来没有

第二部分：动机分析

11. 我想进行标注是为了让更多人发现我写的内容(　　　)

A. 非常同意　　　　　　B. 同意　　　　　　C. 不确定

D. 不同意　　　　　　　E. 非常不同意

12. 我想进行标注是为了获得较高的关注度(　　　)

A. 非常同意　　　　　　B. 同意　　　　　　C. 不确定

D. 不同意　　　　　　　E. 非常不同意

13. 我想进行标注的目的是为了在同类资源中脱颖而出(　　　)

A. 非常同意　　　　　　B. 同意　　　　　　C. 不确定

D. 不同意　　　　　　　E. 非常不同意

14. 我想进行标注是因为我喜欢与别人分享好东西(　　　)

  A. 非常同意　　　　　B. 同意　　　　　C. 不确定

  D. 不同意　　　　　E. 非常不同意

15. 我想进行标注是因为我懂得交流共享是学习的有效途径(　　)

  A. 非常同意　　　　　B. 同意　　　　　C. 不确定

  D. 不同意　　　　　E. 非常不同意

16. 我想进行标注是因为我想为网络资源的组织建设尽一份力(　　)

  A. 非常同意　　　　　B. 同意　　　　　C. 不确定

  D. 不同意　　　　　E. 非常不同意

17. 我想进行标注是因为我想引起更多人的注意(　　)

  A. 非常同意　　　　　B. 同意　　　　　C. 不确定

  D. 不同意　　　　　E. 非常不同意

18. 我想进行标注是因为没有人关注我和我的资源会令我没有安全感(　　)

  A. 非常同意　　　　　B. 同意　　　　　C. 不确定

  D. 不同意　　　　　E. 非常不同意

19. 我想进行标注是因为我希望得到别人的肯定与关注(　　)

  A. 非常同意　　　　　B. 同意　　　　　C. 不确定

  D. 不同意　　　　　E. 非常不同意

20. 我想进行标注是因为我渴望把内心的情感表达出来(　　)

  A. 非常同意　　　　　B. 同意　　　　　C. 不确定

  D. 不同意　　　　　E. 非常不同意

21. 我喜欢用"啊，真好""好开心""真给力"等类似情感型标签进行标注(　　)

  A. 非常同意　　　　　B. 同意　　　　　C. 不确定

  D. 不同意　　　　　E. 非常不同意

22. 在进行标注时，我使用感性思维更多一些，我更喜欢使用感性的词语来抒发情感(　　)

  A. 非常同意　　　　　B. 同意　　　　　C. 不确定

  D. 不同意　　　　　E. 非常不同意

23. 我想进行标注是为了表达我对资源的看法，使别人能有所参考与借鉴(　　)

  A. 非常同意　　　　　B. 同意　　　　　C. 不确定

  D. 不同意　　　　　E. 非常不同意

24. 我想进行标注是为了对资源本身的内容进行客观评价，不带有主观色彩（　　）

  A. 非常同意　　　　　　B. 同意　　　　　　C. 不确定

  D. 不同意　　　　　　E. 非常不同意

25. 我进行标注时使用理性思维多一些，主要是把我对资源的个人看法表达出来（　　）

  A. 非常同意　　　　　　B. 同意　　　　　　C. 不确定

  D. 不同意　　　　　　E. 非常不同意

26. 我想进行标注的目的是为了对我的资源进行分类管理（　　）

  A. 非常同意　　　　　　B. 同意　　　　　　C. 不确定

  D. 不同意　　　　　　E. 非常不同意

27. 我想进行标注主要是为了方便查找，因为我的资源实在是太多了（　　）

  A. 非常同意　　　　　　B. 同意　　　　　　C. 不确定

  D. 不同意　　　　　　E. 非常不同意

28. 我想进行标注主要是为了控制权限，因为有些资源我不想让别人看到（比如个人日记），或者只对某些跟我要好的人开放我的某部分资源（　　）

  A. 非常同意　　　　　　B. 同意　　　　　　C. 不确定

  D. 不同意　　　　　　E. 非常不同意

29. 我想进行标注是为了信息传递方便，因为我只需要向某些资源或个体传递信息（　　）

  A. 非常同意　　　　　　B. 同意　　　　　　C. 不确定

  D. 不同意　　　　　　E. 非常不同意

30. 我想进行标注是为了将资源（如链接）保存下来，方便以后浏览（　　）

  A. 非常同意　　　　　　B. 同意　　　　　　C. 不确定

  D. 不同意　　　　　　E. 非常不同意

31. 我想进行标注是为了反复阅读，达到记忆的目的（　　）

  A. 非常同意　　　　　　B. 同意　　　　　　C. 不确定

  D. 不同意　　　　　　E. 非常不同意

32. 我想进行标注是因为某些内容我不理解，但我又不想马上查资料，因此标记下来，以后再说（　　）

  A. 非常同意　　　　　　B. 同意　　　　　　C. 不确定

  D. 不同意　　　　　　E. 非常不同意

33. 我想进行标注是因为某资源对我很重要，需要保存起来（　　）

A. 非常同意　　　　　B. 同意　　　　　　C. 不确定

D. 不同意　　　　　　E. 非常不同意

第三部分：标注动机的影响因素及结果分析

34. 您在标注时喜欢使用什么类型的标签呢？（多选）（　　　　　）

　　A. 与情感相关的　　　　B. 与时间相关的

　　C. 与任务相关的　　　　D. 其他

35. 您在标注时喜欢使用什么形式的标签呢？（多选）（　　　　　）

　　A. 复合词标签　　　　　B. 长标签

　　C. 缩略语标签　　　　　D. 符号标签

36. 您在标注时会使用特别个性的标签吗？（　　　　）

　　A. 经常会　　　　　　　B. 偶尔会

　　C. 很少　　　　　　　　D. 从不

37. 您平时主要对什么资源进行标注呢？（多选）（　　　　　）

　　A. 图书　　　　　　　　B. 音乐

　　C. 超链接　　　　　　　D. 博客

　　E. 商品　　　　　　　　F. 虚拟用户（如：社交网站中的好友）

38. 您对现有标注时的界面满意吗？（　　　　）

　　A. 很满意　　　　　　　B. 比较满意

　　C. 满意　　　　　　　　D. 不满意

39. 您对标签排行（标签云）的界面满意吗？（　　　　）

　　A. 很满意　　　　　　　B. 比较满意

　　C. 满意　　　　　　　　D. 不满意

40. 您在使用标签时经常遇到标签限制吗？（如选词、长度、形式、结构方面的限制）（　　　　）

　　A. 经常遇到　　　　　　B. 偶尔遇到

　　C. 极少数情况会遇到　　D. 从未遇到过

41. 您在进行标注时觉得标签在使用方面是否具有便利性？（　　　　）

　　A. 很方便　　　　　　　B. 比较方便

　　C. 不太方便　　　　　　D. 一点也不方便

42. 您平时喜欢在什么类型的网站中使用标签呢？（多选）（　　　　　）

　　A. 豆瓣　　　　　　　　B. Delicious（美味书签）

　　C. 社交网站（QQ 等）　　D. 新浪

　　E. 淘宝　　　　　　　　F. 学术论文网站　　 G. MyWeb2.0

43. 您了解类似信息组织，添加标注方面的知识吗？（　　　）

　　A. 很了解　　　　　　　B. 比较了解

　　C. 了解一点　　　　　　D. 一点也不了解

44. 您在标注时有没有意识到自己的标注行为是网络信息组织的一种方式？（　　　）

　　A. 完全意识到了　　　　B. 有点意识到了

　　C. 完全没有意识到

45. 您在标注时是出于某方面的迫切需要，还是觉得是可有可无的一种行为？（　　　）

　　A. 出于某种需要(如：管理资源，分享资源)

　　B. 觉得好玩

　　C. 其他人标注，我也想标注

　　D. 不确定，标注不标注都行

46. 您认为您是一个很有个性的人吗？（　　　）

　　A. 非常有个性　　　　　B. 比较有个性

　　C. 不太有个性　　　　　D. 不喜欢个性

47. 在选择标签进行标注时，您会选择推荐的标签，还是自己想到的标签？（　　　）

　　A. 总是使用推荐的标签

　　B. 偶尔会使用推荐的标签

　　C. 总是使用自己想到的标签

　　D. 偶尔使用自己想到的标签

　　E. 这两类标签都会使用

48. 您认为标注在您的网络活动中重要吗？（　　　）

　　A. 必不可少　　　　　　B. 比较重要

　　C. 能起到一定帮助作用　 D. 一点也不重要

附录 4　关于用户对知识服务网站反馈情况的调查问卷

　　您好，首先非常感谢您抽出宝贵的时间来填写这份调查问卷。我们正在进行一项关于用户对知识服务网站反馈情况的调查，目的是为了了解用户对目前网站反馈状况的评价和影响用户反馈行为的因素，并对此进行分析，从而研究泛在网络中的信息组织机制。此次调查不用登记姓名，您所提供的资料仅用于科研，不用于其他用途，希望您在百忙之中能认真填写表格，对您的资料我们将严格保密。此次调查将占用您的一些时间，为此，我们向您致以诚挚的谢意！

1. 您的性别：［单选题］［必答题］(　　　　)

    A. 男   B. 女

2. 您的年龄段：［单选题］［必答题］(　　　　)

    A. 18 岁以下   B. 18~25 岁   C. 26~30 岁

    D. 31~40 岁   E. 41~50 岁   F. 51~60 岁

    G. 60 岁以上

3. 您目前从事的职业：［单选题］［必答题］(　　　　)

    A. 中小学学生   B. 大学本科及以上   C. 生产人员

    D. 销售人员   E. 市场/公关人员   F. 客服人员

    G. 行政/后勤人员   H. 人力资源   I. 财务/审计人员

    J. 文职/办事人员   K. 技术/研发人员   L. 管理人员

    M. 教师   N. 顾问/咨询

    O. 专业人士(如会计师、律师、建筑师、医护人员、记者等)

    P. 其他

4. 您进行过反馈的知识服务网站？［多选题］［必答题］(　　　　)

    A. 新闻摘要类   B. 论坛

    C. 学术类网站   D. 信息分类网站

    E. 问答式检索类

5. 您进行反馈的主要原因是？［多选题］［必答题］(　　　　)

    A. 单纯对服务不满意，就想抱怨下

    B. 因为反馈后有积分或其他奖励

    C. 希望以后能提高产品某方面的质量

    D. 对于网站的使用有疑问希望能获得需要的帮助

6. 您是通过什么方式进行反馈的？［多选题］［必答题］(　　　　)

    A. 评价打分   B. 直接发表意见

    C. 投票   D. 提问解答式

7. 您通过什么反馈渠道进行过反馈？［多选题］［必答题］(　　　　)

    A. 电话反馈   B. 网站直接反馈

    C. 邮件反馈   D. 微信、微博等社交平台

    E. 其他

8. 您觉得您使用的大多数反馈通道的位置是您容易发现的么？［单选题］［必答题］（　　　）

　　A. 是的，在我容易发现的位置

　　B. 一般，需要花一点时间

　　C. 很难找，总是让我很着急

9. 您觉得什么机制会吸引你主动反馈？［多选题］［必答题］（　　　）

　　A. 提高人机回复效率，及时解决问题

　　B. 奖励机制，如赠送积分、抽奖等

　　C. 网页自动跳出反馈询问框

　　D. 建立用户互助、吐槽圈子

　　E. 定期进行服务满意度回访

10. 你觉得在人工反馈中，服务人员的态度友好么？［单选题］［必答题］（　　　）

　　A. 很友好

　　B. 比较友好

　　C. 不太友好

　　D. 一点也不友好

11. 您收到的回应方式是？［单选题］［必答题］（　　　）

　　A. 根本没回应

　　B. 仅有系统自带的谢谢

　　C. 智能机器人回应

　　D. 人工回应

12. 不同的反馈方式您期望得到回应的等级是？请根据您的实际情况选择最合适的选项。

　　1. 分表示非常不想要　2. 不太想要　3. 无所谓　4. 比较希望　5. 非常希望［矩阵量表题］［必答题］（　　　）

	1	2	3	4	5
评价打分方式	○	○	○	○	○
直接发表意见方式	○	○	○	○	○
投票式	○	○	○	○	○
提问解答式	○	○	○	○	○

13. 针对人工回应方式，您收到回复的平均时长是多少？［单选题］［必答题］(　　　)

    A. 1~10 分钟

    B. 10~30 分钟

    C. 30~60 分钟

    D. 60 分钟以上

14. 请根据您的实际情况选择最符合的项：1→5 表示非常不满意→非常满意［矩阵量表题］［必答题］(　　　)

	1	2	3	4	5
现有反馈服务的方便性	○	○	○	○	○
现有反馈服务的易用性	○	○	○	○	○

15. 请您对下列影响反馈服务质量因素的重要性打分：1→5 表示非常不重要→非常重要［矩阵量表题］［必答题］(　　　)

	1	2	3	4	5
反馈方式多样性	○	○	○	○	○
反馈渠道多样性	○	○	○	○	○
反馈通道易获取性	○	○	○	○	○
反馈吸引机制多样性	○	○	○	○	○
服务人员友好性	○	○	○	○	○
反馈响应及时性	○	○	○	○	○
反馈流程方便性	○	○	○	○	○
反馈流程易用性	○	○	○	○	○

16. 您进行反馈的意愿是？请根据您的实际情况选择最符合的项：1→5 表示非常不愿意→非常愿意［矩阵量表题］［必答题］(　　　)

	1	2	3	4	5
反馈意愿度	○	○	○	○	○

17. 您觉得下列反馈方式的有效度是？请根据您的实际情况选择最符合的项：1→5 表示非常没效→非常有效［矩阵量表题］［必答题］（　　　）

	1	2	3	4	5
评价打分方式	○	○	○	○	○
直接发表意见方式	○	○	○	○	○
投票式	○	○	○	○	○
提问解答式					

18. 下列知识服务网站的反馈服务您的满意度是？请根据您的实际情况选择最符合的项：1→5 表示非常不满意→非常满意［矩阵量表题］［必答题］（　　　）

	1	2	3	4	5
新闻摘要类	○	○	○	○	○
论坛	○	○	○	○	○
投票式	○	○	○	○	○
学术类网站	○	○	○	○	○
问答式检索类	○	○	○	○	○

19. 知识服务平台中，您对反馈服务的需求度是？请根据您的实际情况选择最符合的项：1→5 表示非常不需要→非常需要［矩阵量表题］［必答题］（　　　）

	1	2	3	4	5
需求度	○	○	○	○	○

20. 您的反馈行为频度是？请根据您的实际情况选择最符合的项：1→5 表示基本不反馈→非常频繁 ［矩阵量表题］［必答题］(　　　)

	1	2	3	4	5
反馈频度	○	○	○	○	○

21. 您认为现有反馈渠道的知识服务网站的比例是多少？［单选题］［必答题］(　　　)

    A. 0~10%

    B. 10%~30%

    C. 30%~50%

    D. 50%~70%

    E. 70%~100%